OEUVRES

COMPLÈTES

DE PIGAULT-LEBRUN.

TOME XI.

THÉATRE.

DE L'IMPRIMERIE DE FIRMIN DIDOT,
IMPRIMEUR DU ROI, DE L'INSTITUT ET DE LA MARINE,
RUE JACOB, N° 24.

OEUVRES

COMPLÈTES

DE PIGAULT-LEBRUN.

TOME ONZIÈME.

A PARIS,

CHEZ J.-N. BARBA, LIBRAIRE,

ÉDITEUR DES OEUVRES DE M. PICARD ET DE M. ALEX. DUVAL,
PALAIS-ROYAL, N° 51, DERRIÈRE LE THÉATRE-FRANÇAIS.

1822.

LE BLANC ET LE NOIR,

DRAME

EN QUATRE ACTES ET EN PROSE.

> Quiconque s'efforce de justifier le système de l'esclavage, mérite du philosophe un profond mépris, et du nègre un coup de poignard.
> RAYNAL, *tome* IV, *page* 225.

PRÉFACE.

J'ai lu Raynal, et j'ai écrit cet ouvrage.

Je vais entrer dans quelques détails, extraits de cette histoire, si intéressante pour les ames sensibles, et dont l'auteur aurait des autels chez les nègres, si les nègres savaient lire.

Sur les bords du Niger, les femmes sont presque toutes belles par la justesse des proportions. Modestes, tendres et fidèles, un air d'innocence règne dans leurs regards, et annonce leur timidité. Leur accent est extrêmement doux ; leurs noms seuls en indiquent le charme : Zélia, Calipso, Fanni, Zamé. Les hommes ont la taille avantageuse, la peau d'un noir d'ébène, les traits et la physionomie agréables. L'habitude de faire la guerre aux bêtes féroces leur donne une contenance noble. Leurs maisons sont construites de branches de palmier, couvertes d'osier ou de roseaux. Les meubles sont des paniers, des pots de terre, des nattes qui servent de lit, des calebasses, avec lesquelles on fait tous les ustensiles. Une ceinture couvre les reins, et tient lieu de vêtement. On se nourrit de gibier, de poisson, de fruits, de riz, de maïs; le vin de palmier sert de boisson. Les arts sont inconnus, et ces peuples seraient heureux, si la cupidité des Européens n'en égorgeait mille pour faire cent esclaves.

La plus grande partie de l'Afrique est divisée en petites peuplades, gouvernées par des chefs, qui n'attachent aucune idée à la gloire des conquêtes. L'esprit de rapine et de brigandage leur met seul les armes à la main. Les Portugais imaginèrent, en 1530, de faire cultiver, par des nègres, leurs possessions d'Amérique. Alors, les malheureux Africains s'armèrent pour faire des prisonniers, qui d'avance étaient condamnés à l'esclavage. Cent petits souverains trafiquèrent de leurs sujets. Leur avarice leur arracha bientôt les lois les plus atroces et les plus absurdes. Ils punirent, par l'esclavage, l'assassinat, le vol, les débiteurs insolvables, l'adultère, et par suite les fautes les plus légères. Dans un grand éloignement des côtes, il se trouve des chefs qui font enlever autour des bourgades tout ce qui s'y rencontre. On jette les enfans dans des sacs; on met un bâillon aux hommes et aux femmes, pour étouffer leurs cris, et on les traîne, pour les vendre, à Cabinge, Loango, Malymbe, qui sont des ports sur la côte d'Angola.

Les Européens ont détruit, en peu de temps, l'espèce humaine dans le nouveau monde. Ils dépeuplent insensiblement l'Afrique, en entretenant

PRÉFACE.

ces guerres cruelles et injustes. En 1768, il est sorti d'Afrique cent quatre mille cent esclaves. Année commune, il en sort soixante mille; et quatorze cent mille malheureux qu'on voit aujourd'hui dans les colonies européennes, sont les restes infortunés de neuf millions d'esclaves qu'elles ont reçus. Cette destruction horrible n'est pas l'effet du climat, qui se rapproche beaucoup de celui de l'Afrique : sa source est dans le mauvais gouvernement des esclaves.

En effet, une cabane étroite, malsaine, sans commodités, leur sert de demeure. Leur lit est une claie, plus propre à briser le corps qu'à le reposer. Quelques pots de terre, quelques plats de bois, forment leur ameublement. La toile grossière qui cache une partie de leur nudité, ne les garantit ni des chaleurs insupportables du jour, ni des fraîcheurs dangereuses des nuits. Ce qu'on leur donne de nourriture soutient à peine leur malheureuse existence. Privés de tout, ils sont condamnés, dans un climat brûlant, à un travail continuel, sous le fouet, toujours agité, d'un conducteur féroce.

On exige des négresses des travaux si durs pendant et après leur grossesse, que leur fruit n'arrive pas à terme, ou survit peu à l'accouchement. Des mères, désespérées par des châtimens que la faiblesse de leur état leur occasionne, ont arraché leurs enfans du berceau, et les ont étouffés dans leurs bras, dans un accès de fureur et de pitié, pour en priver des maîtres barbares.

La cruauté des maîtres est punie par la négligence, l'infidélité, la désertion, le suicide de leurs esclaves. L'esprit de vengeance fournit à quelques-uns des moyens plus destructeurs encore. Instruits dès l'enfance dans la connaissance des poisons qui naissent, pour ainsi dire, sous leurs mains, ils les emploient à faire périr les bœufs, les chevaux, les mulets, les compagnons de leur esclavage, tout ce qui sert enfin à l'exploitation des terres de leurs oppresseurs. Pour écarter le soupçon, ils essayent leur cruauté sur leurs femmes, leurs enfans, leurs maîtresses. Ils goûtent le double plaisir de délivrer leur espèce d'un joug plus horrible que la mort, et de laisser leurs tyrans dans un état de misère, qui les rapproche de leur situation. La crainte des supplices ne les arrête pas : ils tiennent leur secret à l'épreuve des tortures ; ils les soutiennent avec une fermeté inébranlable.

Les blancs croient atténuer leur barbarie, en calomniant ces infortunés. Ils en font des êtres atroces, que la crainte seule peut contenir; des hommes bruts, sans intelligence, sans sensibilité. Hé! quel blanc conserverait les facultés de son ame, réduit à la vie déplorable des nègres? Quel blanc n'éprouverait pas la soif de la vengeance, avec les mêmes motifs de haine et de fureur? Qu'on se rappelle ces traits sublimes qui démentent les détracteurs des noirs, ces traits qui les ont quelquefois étonnés. Ici, l'un de ces malheureux se coupe le poignet, d'un coup de hâche, plutôt que de racheter sa liberté par le ministère de bourreau. Là, un nègre marron apprend que son ancien maître est arrêté pour assassinat; il vient s'en accuser lui-même, se met dans les fers; fournit de fausses preuves, et subit le dernier supplice. Un vaisseau anglais laisse son chirurgien malade chez Cudjoc, nègre de la Guinée. Pendant sa convalescence, un bâtiment hollandais s'approche de la côte, met aux fers les noirs que la curiosité avait attirés sur son bord, et s'éloigne rapidement avec sa proie. Les amis, les parens de ces captifs courent chez Cudjoc pour massacrer le chirurgien. Ce nègre, féroce, insensible, inepte, les arrête et leur tient ce discours : « Les Européens qui « ont ravi nos concitoyens sont des barbares ; « tuez-les quand vous les trouverez. Mais, celui « qui loge chez moi est un être bon, il est mon « ami ; ma maison lui sert de fort; je suis son « soldat; je le défendrai. Avant d'arriver à lui, « vous passerez sur mon corps expirant. »

Des Anglais débarquent sur les côtes du Continent pour y faire des esclaves. Ils sont découverts par les Caraïbes, qui fondent sur la troupe ennemie et la mettent à mort ou en fuite. Un jeune homme, long-temps poursuivi, se jette dans les bois. Une Indienne le rencontre, sauve ses jours, le nourrit secrètement, et le conduit, quelques temps après, sur les bords de la mer. Une chaloupe vient le prendre. Sa libératrice était jeune et tendre ; elle le suit au vaisseau. On arrive à la Barbade ; le monstre vend celle qui lui avait conservé la vie, qui lui avait donné son cœur et prodigué les trésors de l'amour.

L'excès du malheur ramène l'homme au sentiment de sa dignité et de sa force. Les nègres s'insurgèrent souvent, et presque toujours sans succès. Au mois de février 1663, soixante-treize noirs, réunis dans une même habitation à Berbiche, égorgent leur tyran, et font entendre le cri de liberté. Ils sont remis sous le joug.

Les naturels de la Barbade, trop timides pour se venger des blancs, communiquent leur ressentiment aux nègres, qui avaient encore plus de motifs de haïr les Anglais. D'un commun accord, les esclaves jurent la mort de leurs tyrans. Le secret fut si bien gardé, que la veille de l'exécution, la colonie était sans défiance. Un perfide, un lâche avertit son maître. On arrêta la nuit suivante les esclaves dans leurs loges. Les chefs furent exécutés dès le point du jour. Le reste se soumit, servit et souffrit.

Lorsque les Espagnols furent obligés d'abandonner la Jamaïque à l'Angleterre, ils y laissèrent un assez grand nombre de nègres et de mulâtres, qui, las de l'esclavage, prirent la résolution de fuir dans les montagnes. Ils planté-

PRÉFACE. 13

rent du maïs et du cacao dans les lieux les plus inaccessibles. Mais l'impossibilité de subsister jusqu'à la récolte les fit descendre dans la plaine, qu'ils pillèrent. Les colons s'armèrent contre ces ravisseurs. Plusieurs furent massacrés; le plus grand nombre se soumit. Cinquante ou soixante trouvèrent encore des rochers, pour y vivre ou mourir libres.

Le nombre des fugitifs augmenta tous les jours. On vit les nègres déserter par essaims, après avoir massacré leurs maîtres, et dépouillé les habitations qu'ils livraient aux flammes. Leur nombre accrut leur audace: jusque-là, ils s'étaient bornés à fuir; bientôt on les vit attaquer, et faire d'horribles dégâts dans les plantations. En vain furent-ils repoussés, avec perte, dans leurs montagnes; en vain construisait-on des redoutes pour les contenir; leurs ravages continuèrent. Enfin les blancs résolurent d'employer toutes les forces de la colonie, pour détruire un ennemi si justement implacable.

Tous les colons se partagent en corps de troupes. On marche aux noirs par différentes routes; on attaque la ville de Nanny, qu'ils avaient bâtie eux-mêmes dans les montagnes bleues. Elle était fortifiée sans règle, et dépourvue d'artillerie. Elle fut bientôt réduite. Les autres entreprises n'eurent que des succès, balancés par des pertes. Les noirs se jetaient sur l'épée des Européens, pour leur plonger un poignard dans le cœur. Enfin, les réfugiés se retranchèrent dans des lieux inaccessibles, résolus de n'en plus sortir, et bien assurés d'y vaincre. Après neuf mois de combats et de courses, on renonça à l'espoir de les soumettre. Trelaunay, gouverneur de la colonie, sentit enfin que de tels hommes ne seraient jamais réduits par la force : il eut recours à des ouvertures pacifiques. On leur offrit la liberté, l'indépendance, et des terres à cultiver; on consentit qu'ils en jouissent sous des chefs choisis par eux, et ce traité, jusqu'alors inouï pour des nègres, fut accepté avec une joie réciproque. Cette république s'établit sur des bases inébranlables, parce qu'elle était composée d'hommes énergiques, sans besoins et sans vices.

Les prisonniers faits, pendant cette guerre, sur ces malheureux, furent attachés vivans à des gibets, où ils périrent lentement, consumés par le soleil ardent de la zone torride, supplice plus cuisant, plus affreux que celui du bûcher. Leurs tyrans savouraient, avec avidité, les tourmens de ces misérables, dont le seul crime était d'avoir voulu recouvrer des droits que l'avarice et l'inhumanité leur avaient ravis.

Telle est la donnée générale sur laquelle mon Drame est établi. Cet ouvrage, qui durait neuf quarts d'heure à la représentation, a été entendu trois fois sans le moindre signe d'improbation; mais avec un silence désespérant pour l'auteur. Trois fois les spectateurs ont pleuré, et fâchés probablement d'avoir pleuré, jamais ils n'ont voulu applaudir. Je me suis exécuté loyalement, et j'ai retiré la pièce. J'observerai simplement à la partie du public, qui lit assez couramment pour lire cette Préface, *très-lisiblement imprimée*, je lui observerai, dis-je, que ce même public m'a souvent traité en enfant gâté, quand je l'avais bien moins mérité. O mes chers contemporains! que nous sommes bêtes en masse! Quelques journalistes m'ont fait l'honneur de dire du mal de cet ouvrage. L'un d'eux (1), jadis censeur royal (et tout le monde sait que l'approbation d'un censeur royal équivalait à-peu-près à un brevet de sottise), ce censeur royal, donc, a bien voulu me faire sur mon style les reproches les plus amers, à moi qui ne lui ai jamais rien reproché, pas même son entrée à l'Académie Française.

---

(1) M. Suard.

LE SOLITAIRE ET LE BRIGAND,

FABLE.

Un homme, depuis son enfance,
Habitait parmi des brigands.
L'habitude, l'insouciance,
La trop facile jouissance,
Ce qui séduit dans tous les temps
De jeunes et de vieux enfans,
L'avaient perdu dès sa naissance.
Il connaissait bien la vertu,
Car enfin chacun à la sienne,
Et chacun, de Pékin à Vienne,
De son costume est revêtu :
J'entends cette vertu commode,
Par conséquent toujours de mode
Pour nous faibles individus ;
Les mots sont encore entendus.
Sortant un soir de son repaire
Pour jouir du déclin du jour,
Mon brigand trouve un solitaire,
Et fond sur lui comme un vautour.
« Mon ami, dit le philosophe,
« Pourquoi veux-tu me dépouiller ?
« Taillés tous deux en même étoffe,
« Comme moi tu peux travailler,
« Et récolter café, cannelle...
« Tu me frappes ! honte éternelle !
« La justice.... — Me fait bâiller,

PRÉFACE.

Lui répond l'homme à l'habitude ;
Ton discours n'est plus de saison.
Besoin fait taire la raison ;
Jouir est mon unique étude,
Mon bonheur, paresse et plaisir.
Sur le cri de ma conscience
Je m'efforce de m'étourdir.
Cédant à mon impatience
Sans même déplorer ton sort,
Obéis, je suis le plus fort.

A la fois cruels et sensibles,
Vous, à qui mon Nègre déplaît,
Il vous trouverait moins terribles
Sans la vérité du portrait.
Faits pour l'erreur et la folie,
Jouissons, chers contemporains ;
Mais pardonnons à qui s'oublie
Jusqu'à vouloir nous rendre humains.

PERSONNAGES.   ACTEURS.

BEAUVAL père, riche colon de Saint-
Domingue.   Amiel.
BEAUVAL fils.   Valienne.
TÉLÉMAQUE, nègre esclave.   Villeneuve.
SCIPION,   idem.   ....
MATHIEU, économe de l'habitation
Beauval.   Pélissier.
BARTHÉLEMI, courtier.   Roseval.
ZAMÉ, négresse esclave.   ....
Nègres, Négresses, Soldats.

La Scène est à Saint-Domingue, près du Cap.

Représenté sur le Théâtre de la Cité, le 14 brumaire de l'an IV.

LE BLANC ET LE NOIR,

DRAME.

ACTE PREMIER.

Le fond du théâtre représente des rochers. Depuis la coulisse de gauche jusqu'au milieu du théâtre, des nègres et négresses travaillent dans les roches. Le commandeur est derrière eux, le fouet à la main. L'économe va et vient, et examine ce qui se passe. Au bas des rochers, dans la partie droite du théâtre, sont les cases des nègres, ombragées de quelques arbustes du pays. A la gauche, est la case du colon.

SCÈNE PREMIÈRE.

TÉLÉMAQUE, BEAUVAL FILS.

(Au lever du rideau, ils sont assis sous des palmiers, près l'avant-scène, et se parlent affectueusement.)

BEAUVAL FILS.

LE beau jour, mon cher Télémaque !

TÉLÉMAQUE.

Ils le sont tous pour les êtres fortunés.

BEAUVAL FILS.

Ces palmiers nous garantissent de la chaleur.

TÉLÉMAQUE.

Nous seuls jouissons de leur ombrage.

BEAUVAL FILS.

Regarde, mon ami, quel magnifique tableau nous offre la nature.

TÉLÉMAQUE.

Monte sur ces rochers, tu y verras la nature souffrante.

BEAUVAL FILS.

De tristes idées t'affligent sans relâche.

TÉLÉMAQUE.

Je suis homme, et je m'attendris sur les maux de mes semblables.

BEAUVAL FILS.

Hé! que suis-je donc?

TÉLÉMAQUE.

Un ami de l'humanité, que tes préjugés ont égaré quelquefois; mais dont l'active compassion a souvent séché les larmes du malheureux Africain.

BEAUVAL FILS.

Je n'ai pas fait tout le bien que j'aurais voulu faire. Je dépends d'un père, dont les principes ne sont pas les miens. Mais, dans quelques années, peut-être, je vous consolerai des peines que vous aurez endurées; je serai avare de votre sang, économe de vos sueurs, et la mère inquiète et sensible n'arrosera plus de ses pleurs le berceau de son enfant.

ACTE I, SCÈNE I.

Attendons avec patience des jours que vous pouvez désirer, et que mes vœux ne doivent point prévenir. L'infortune ne t'atteindra plus mon cher Télémaque : ma tendre amitié veille sur toi. Tu es heureux enfin...

TÉLÉMAQUE.

Autant que peut l'être un esclave.

BEAUVAL FILS.

Rappelle-toi le passé, tu jouiras du présent. Un travail continuel et forcé, un soleil brûlant qui séchait ton sang dans tes veines, des nuits trop courtes pour reposer tes membres exténués, une loge étroite et malsaine, des alimens grossiers et insuffisans, un fouet toujours levé, et, pour prix de tes efforts, une vieillesse prématurée et malheureuse, tel fut ton sort pendant cinq ans ; telle était la triste et inévitable perspective que t'offrit long-temps ta mauvaise fortune. Aujourd'hui.....

TÉLÉMAQUE.

Aujourd'hui je suis encore un être dégradé, quoique mon ame, grande et fière, soit enfin indépendante. Je méconnus long-temps son activité et son énergie. Rangé parmi les animaux domestiques, j'avais contracté leur soumission aveugle, leur stupide bassesse ; je végétais, je languissais, accablé du fardeau de la vie. Un châtiment, injuste et cruel, réveilla cette ame assoupie ; un trait de lumière m'éclaira sur mes droits méconnus et violés : je cédai au besoin de venger mon sang, qui venait de couler sous un fouet impitoyable ; je me précipitai sur un barbare, je le renversai, je le saisis à la gorge, et j'allais l'étouffer. Tu parus; tu arrachas le monstre de mes mains, et, frappé de mon courage, étonné des idées fortes qui se heurtaient dans ma tête exaltée, de ces pensées nerveuses, communes à tous les hommes, mais qui s'effacent enfin dans l'esclavage et le malheur, tu t'intéressas à mon sort, et tu parvins à l'adoucir. Tu ne dédaignas pas un infortuné, que la nature a fait ton frère, et que les préjugés et la force destinaient à n'être que l'instrument de la cupidité. Tu m'appris à parler, à penser; tu fis de moi un homme, et tu t'es acquis un ami. Chaque jour ajouta à tes bienfaits. (*Montrant les nègres.*) Tu m'as séparé de ce malheureux troupeau; tu as obtenu de ton père qu'il m'attachât à l'intérieur de sa maison. Un travail modéré, une nourriture abondante, un logement agréable et commode, voilà ce que je te dois. Peut-être un jour te prouverai-je ma reconnaissance; je ne t'en parlerai jamais. Ta récompense est dans ton cœur; que ton cœur en jouisse. Le mien t'aime et te bénit en silence.

BEAUVAL FILS.

Non, ne me parle pas de reconnaissance. J'ai fait ce que j'ai dû, ce que j'ai pu...

TÉLÉMAQUE.

C'est la première fois que je te rappelle tes bienfaits; mon ami, ce sera la dernière. Celui qui exige un prix de ses services n'aime pas les hommes, il ne connaît que l'orgueil. Ton sort est de cultiver la vertu, de l'aimer, de la rendre aimable : remplis ta destinée, et laisse aux blancs leur avarice, leurs crimes...

ACTE I, SCÈNE I.

BEAUVAL FILS.

Et leurs remords.

TÉLÉMAQUE.

Celui qui connaît le remords n'est pas loin de redevenir vertueux. Les blancs en sont incapables.

BEAUVAL FILS.

Plaignons-les, ne les haïssons pas.

TÉLÉMAQUE.

Je plains le faible, je hais le crime, je le poursuis dans mes bourreaux.

BEAUVAL FILS.

Tirons le rideau sur les malheurs, sans cesse renaissans, dont nous accablons votre déplorable espèce. Sois modéré dans ta conduite, borné dans tes désirs, heureux de tes jouissances actuelles, plus heureux encore par l'espoir d'un autre avenir. Livre-toi aux impressions de l'amitié : elle effacera le souvenir de tes peines passées ; elle adoucira les désagrémens de ta condition présente. Si tu es raisonnable, que peux-tu vouloir de plus ?

TÉLÉMAQUE.

La liberté.

BEAUVAL FILS.

Je ne puis te la rendre encore.

TÉLÉMAQUE.

Puis-je ne pas la désirer ?

BEAUVAL FILS.

Tu peux au moins l'attendre avec patience : ton esclavage est supportable.

LE BLANC ET LE NOIR,

TÉLÉMAQUE.

Tu n'as adouci que le mien. Mon cœur brûle sur ces rochers, où les feux du midi dévorent ce que j'aime.

BEAUVAL FILS.

Tu aimes, mon ami? et tu me l'as caché!

TÉLÉMAQUE.

J'ai craint de t'affliger, en te confiant ce nouveau genre de peines.

BEAUVAL FILS.

Si je ne peux les calmer, je les partagerai. Parle, malheureux.

TÉLÉMAQUE.

Vois, sur la cime de ce rocher, cette infortunée couverte d'un lambeau de toile, qui ne peut la garantir ni de la chaleur du jour, ni de la fraîcheur des nuits. Regarde-la s'appuyer sur une bêche, que ses bras ne peuvent plus soulever. Vois ce féroce commandeur qui la menace, et qui exige d'elle des efforts impossibles. Ses regards se tournent vers nous ; ses soupirs m'appellent, et semblent t'implorer..... Terre qu'on n'a rendue fertile qu'à force de forfaits, terre odieuse, qui tous les ans reçois dans tes entrailles des milliers d'Africains, et qui leur fais acheter la mort par les tourmens et le désespoir, qui tuent trop lentement et trop tard, ne vengera-t-on jamais les victimes, dont les cadavres épars servent à te féconder? Les blancs, ces ennemis de la nature, n'apprendront-ils pas à frémir, en voyant cette terre humectée du sang

ACTE I, SCÈNE I.

et des sueurs de mes compatriotes?... Européens, c'est à ce prix que vous mangez du sucre.

BEAUVAL FILS.

Calme-toi, mon ami, calme-toi.

TÉLÉMAQUE.

Et pas une goutte d'eau pour rafraîchir ses lèvres desséchées! Zamé! Zamé!... Le bon Scipion lui en présente... Que le ciel te bénisse, infortuné, que le sentiment de tes maux n'empêche pas de compatir à ceux de tes semblables.

BEAUVAL FILS.

Cesse de te livrer à des transports inutiles, et peut-être dangereux. Ne déplorons pas les malheurs de Zamé : cherchons-en le remède. Dis-moi, que puis-je faire pour elle?

TÉLÉMAQUE.

Tu me le demandes? Ne vois-tu que moi dans la nature? suis-je le seul à qui tu doives des secours?

BEAUVAL FILS.

Il n'y avait qu'une place à donner dans la maison : je te l'ai fait obtenir.

TÉLÉMAQUE, tristement.

C'est vrai; il n'y en avait qu'une.

BEAUVAL FILS.

Une femme ne pouvait convenir...

TÉLÉMAQUE.

Et c'est ce qui m'afflige.

BEAUVAL FILS.

Quel autre moyen.....

TÉLÉMAQUE.

Mon ami, tu es riche.

BEAUVAL FILS.

Je le serai un jour.

TÉLÉMAQUE.

Et maintenant tu ne peux rien?

BEAUVAL FILS.

Je n'ai pas un ami dans toute la colonie. Je suis, dit-on, le protecteur des noirs, le censeur perpétuel des blancs. Ils me négligent, ils m'évitent, il me haïssent sans doute.

TÉLÉMAQUE.

La haine des méchans est un hommage à l'homme de bien.

BEAUVAL FILS.

Mais, l'homme de bien n'en peut tirer aucun avantage. Espère cependant. Mon père me fait une pension que, jusqu'à présent, j'ai employée à des superfluités. J'en ferai un plus digne usage. J'en serai économe ; je m'interdirai tous les plaisirs, pour n'en connaître qu'un, celui de te servir. Dès ce moment cet or est sacré. Il païera la liberté de Zamé, et, une fois au moins, ce métal m'aura servi à consoler l'humanité souffrante.

TÉLÉMAQUE, *après avoir embrassé son ami.*

On peut supporter ses maux quand on en prévoit

ACTE I, SCÈNE III. 27

le terme. Il est encore éloigné : que l'espérance, par une douce illusion, le rapproche et me soutienne.

(Il entre dans la grande case.)

SCÈNE II.

BEAUVAL FILS, seul.

Ils ont reçu comme nous un cœur de la nature, et ce cœur, flétri par la crainte, n'attend qu'une main bienfaisante qui daigne le ranimer. Toujours prêt à se livrer à la sensibilité, à l'amitié, à la reconnaissance, le bon Télémaque prouve aux détracteurs des noirs que les vertus sont de tous les climats et de toutes les couleurs.

SCÈNE III.

BEAUVAL fils, MATHIEU.

MATHIEU, s'essuyant le visage.

Il faut que ce terrain soit préparé aujourd'hui. Il y a beaucoup à faire ; mais quelque peu de sueur encore, et demain cette partie sera plantée. Bon jour, M. Beauval.

BEAUVAL FILS, sèchement.

Bon jour, monsieur.

MATHIEU, descendant les rochers.

Il fait horriblement chaud aujourd'hui.

BEAUVAL FILS.

Vous vous plaignez, vous, qui n'avez que des ordres à donner! Que peuvent dire ceux qui les exécutent?

MATHIEU.

Ce sont des noirs.

BEAUVAL FILS.

Ce sont des hommes.

MATHIEU.

Oh! nous allons recommencer nos éternelles disputes. Je vous l'ai dit, monsieur, je ne suis pas philosophe.

BEAUVAL FILS.

Hé, monsieur! jamais je ne vous ai soupçonné de l'être.

MATHIEU.

Savoir planter à propos, récolter dans le bon temps, vendre cher, acheter bon marché : voilà ma philosophie à moi, et c'est la véritable, puisqu'elle mène à la fortune. Je ne crois pas que la vôtre ait jamais enrichi personne : aussi, ne fais-je pas grand cas de ces principes nouveaux, qu'à la vérité je n'entends pas trop.

BEAUVAL FILS.

Je le crois.

MATHIEU.

Je ne pense jamais, moi, cela fatigue; et, pour tirer du temps un parti plus avantageux, pour éviter des distractions, ennuyeuses à la longue pour un propriétaire, j'ai défendu aux nègres de penser.

ACTE I, SCÈNE III.

BEAUVAL FILS.

Ah! vous ne voulez pas qu'un nègre pense!

MATHIEU.

Non. Je veux qu'il travaille.

BEAUVAL FILS.

Et qu'il n'ait pas une idée à lui?

MATHIEU.

Je trouve qu'on vit fort bien sans idées.

BEAUVAL FILS.

En effet, vous jouissez d'une santé parfaite.

MATHIEU.

Parce que j'exerce sobrement le physique, et que je ne fatigue jamais le moral. Il serait charmant, n'est-ce pas, de voir un économe divaguant à la journée au milieu de deux cents nègres, s'occupant à faire des orateurs, des savans, des penseurs?

BEAUVAL FILS.

Non, monsieur, il ne faut pas faire des savans; il faut être humain.

MATHIEU.

Humain! humain! Tenez, tout cela est admirable, doré sur tranche et relié en maroquin. Mon métier, à moi, est de faire du cacao, du café, de l'indigo, du sucre. Voilà le bon, le vrai, le solide; et cela ne pousse pas, ne mûrit pas, ne se récolte pas avec des argumens. Des bras, des bras; voilà ce qu'il me faut.

BEAUVAL FILS.

Vous en avez, et qui, de votre aveu, surpassent quelquefois votre attente.

MATHIEU.

N'importe, je me plains toujours. Si ces drôles-là me croyaient content d'eux, ils se relâcheraient bientôt. Aussi, je presse, je menace, je châtie; le travail se fait avec une activité...

BEAUVAL FILS.

Et le désespoir s'empare de ces malheureux.

MATHIEU.

Oh! ce sont leurs affaires; je ne me mêle pas de cela. J'ai calculé ce que doit rapporter un nègre, par an, par mois, par jour. Il faut, de gré ou de force, qu'il remplisse sa destination, et, quand il est usé, un autre le remplace.

BEAUVAL FILS, indigné.

Vous périrez d'une mort tragique, ou il n'y a pas de Providence.

MATHIEU, effrayé.

Que dites-vous, monsieur, que dites-vous? Serais-je menacé d'une insurrection?

BEAUVAL FILS.

Voilà bien les oppresseurs! Cruels et lâches à la fois, ils se ressemblent tous!

MATHIEU.

C'est que cela vaut la peine d'y penser, et le danger vous serait commun avec moi.

BEAUVAL FILS.

L'ami des hommes ne saurait les craindre.

MATHIEU.

C'est fort bien. Si cependant vous saviez quelque chose...

BEAUVAL FILS.

Je ne sais rien.

MATHIEU.

Parole d'honneur?

BEAUVAL FILS.

Je ne mens jamais.

MATHIEU.

Écoutez donc, je ne serais pas étonné du tout qu'il y eût quelque projet en l'air, quelque sourde machination. Ce grand vaurien de Télémaque, dont vous m'avez défait, peut-être très-à-propos, était un péroreur éternel, paresseux, gâtant les autres, tendant visiblement à la ruine de l'habitation; enfin...

BEAUVAL FILS.

Arrêtez, monsieur, et ne jugez point au hasard un homme que vous ne pouvez apprécier. Télémaque n'est plus sous votre dépendance, et loin d'avoir le droit de lui prodiguer des injures, peut-être lui devez-vous des égards.

MATHIEU.

Des égards, monsieur! des égards! Vous conviendrez que voilà des mots...

BEAUVAL FILS.

Non, monsieur, ce ne sont pas des mots. Je me flatte que vous ménagerez mon ami.

MATHIEU.

Dès que monsieur Télémaque est votre ami, il a des droits à mon respect.

BEAUVAL FILS

Point d'exagération, s'il vous plaît.

MATHIEU.

Mais, vous n'exigerez pas sans doute que ce respect s'étende jusqu'à un petit serpent, qui, j'espère, est sous ma dépendance, et à qui il a communiqué ses lumières et son venin, mademoiselle Zamé, noire comme l'ébène, spirituelle comme un démon, entêtée comme une mule, qu'on écoute comme un oracle, et que je crois très-propre à conduire une conspiration.

BEAUVAL FILS.

Hé, monsieur, calmez-vous : personne ne pense à conspirer.

MATHIEU.

Vous pouvez avoir raison. Cependant, tout à l'heure encore, elle donnait carrière à son imagination, et on applaudissait; et on s'arrêtait, et l'ouvrage n'avançait pas. Je vous ai remis tout cela en train à ma manière favorite : elle est prompte et sûre.

(Il imite le mouvement du fouet.)

BEAUVAL FILS.

Hé, quand ces malheureux respireraient un moment!

ACTE I, SCÈNE III.

MATHIEU.

Hé, monsieur, n'ont-ils pas la nuit pour respirer?

BEAUVAL FILS.

Il est vrai que vous la leur laissez encore.

MATHIEU.

Il le faut bien : on ne peut pas travailler au flambeau. Au reste, monsieur, vous avez vos principes, que je ne me permets pas de blâmer...

BEAUVAL FILS.

Je l'espère.

MATHIEU.

Mais, j'ai les miens, dont je ne m'écarterai point; et j'ai très-fort notifié à mademoiselle Zamé, qu'à sa première gentillesse, je lui ferais administrer cinquante coups de fouet, appliqués de main de maître.

BEAUVAL FILS, vivement.

Je vous le défends.

MATHIEU.

Quoi! monsieur...

BEAUVAL FILS.

Je vous le défends, vous dis-je.

MATHIEU.

Mais, monsieur, vos manières, vos discours sont évidemment subversifs de l'ordre, de la subordination. Vous oubliez que votre père approuve ma conduite, et que je n'ai d'ordres à prendre que de lui.

BEAUVAL FILS.

Mon indignation m'a emporté trop loin, je l'avoue.

Je me borne à vous prier de ménager Zamé, de la traiter doucement. Entendez-vous, monsieur ; c'est moi qui vous en prie. Mes prières peuvent être comptées pour quelque chose.

MATHIEU.

Certainement, monsieur, certainement.

BEAUVAL FILS.

Mon suffrage peut être aussi de quelque poids à vos yeux.

MATHIEU.

J'en fais sans doute le plus grand cas.

BEAUVAL FILS.

Songez, monsieur, que je pourrais me souvenir un jour que, sans vos calculs infâmes, sans vos lâches suggestions, mon père n'eût jamais suivi que l'impulsion de son caractère, naturellement bon et humain. Vous seul l'avez quelquefois égaré ; vous seul l'avez quelquefois rendu barbare. Pensez-y mûrement ; il est toujours temps de se corriger et de connaître enfin la noble ambition de devenir estimable.

(Il sort.)

SCÈNE IV.

MATHIEU, seul.

Je ne conçois rien à la négligence de son père. Il devrait penser sérieusement à guérir cette imagination malade. Ce jeune homme n'entendra jamais rien à la culture. Ses voyages ont commencé à lui gâter l'esprit, et maintenant il passe son temps à lire des rêveries philosophiques, qui le perdront tout-à-fait. On le verra sacrifier un jour la plus belle habitation à la philantropie, et me congédier, moi, pour avoir pris trop chaudement ses intérêts. Heureusement qu'en faisant sa fortune, je me suis aussi occupé de la mienne. Cela console de bien des choses.

SCÈNE V.

MATHIEU, BEAUVAL père, sortant de chez lui.

BEAUVAL père.

Vous rêvez, mon cher Mathieu. Quelque nouvelle spéculation vous occupe sans doute ?

MATHIEU.

Ma foi, monsieur, je pensais que le présent est souvent désagréable, et l'avenir toujours incertain.

BEAUVAL PÈRE.

Comment donc! de la philosophie, vous qui en êtes l'ennemi déclaré ?

MATHIEU.

C'est de la philosophie que je viens de faire là ? On est donc quelquefois philosophe sans le savoir ?

BEAUVAL PÈRE.

Et alors, on doit quelqu'indulgence à ses confrères.

MATHIEU.

Pourvu cependant qu'ils ne nous barrent pas dans nos opérations.

BEAUVAL PÈRE.

Ah! c'est trop juste : la tolérance doit être réciproque.

MATHIEU.

Oui, c'est une belle chose que la tolérance; mais, si vous n'y prenez garde, vous serez au premier jour le propriétaire tolérant de deux cents machines à argumens, qui ne feront rien, et qui ne mangeront pas moins : car, tout en frondant les goûts d'autrui, un philosophe est un animal de bon appétit, et qui ne se refuse rien.

BEAUVAL PÈRE.

Que voulez-vous dire?

MATHIEU.

Que, malgré mes soins, mon zèle, ma sévérité, il ne s'en est fallu de rien qu'on ne tînt tout-à-l'heure, dans ce champ de café, une séance d'académie.

BEAUVAL PÈRE.

Ah! ah!

MATHIEU.

Oui, monsieur, on raisonne parce qu'on pense, et l'on pense parce qu'on entend discourir.

BEAUVAL PÈRE.

N'avez-vous pas ma confiance? ne vous ai-je pas donné mes pouvoirs?

MATHIEU.

Pour les opérations journalières, d'accord; mais dans les momens de crise, dans les grands événemens, qui m'embarrassent, qui m'arrêtent...

ACTE I, SCÈNE V.

BEAUVAL PÈRE.

Hé! qui peut donc vous arrêter?

MATHIEU.

D'abord, la conduite des noirs, qui visent clairement à l'indépendance.

BEAUVAL PÈRE.

Ce n'est que cela?

MATHIEU.

Les sentimens trop connus de monsieur votre fils, qui semble se complaire à nourrir et même à autoriser un esprit d'indiscipline... Il me tracasse, il tranche, il ordonne ; il parle sans cesse humanité, comme si l'on faisait jamais de bonnes affaires avec de l'humanité.

BEAUVAL PÈRE.

Une mercuriale à mon fils, un acte de rigueur envers les autres, remettront tout dans l'ordre.

MATHIEU.

Vous vous chargez de la mercuriale?

BEAUVAL PÈRE.

Soyez tranquille ; je lui parlerai.

MATHIEU.

Je me charge, moi, de couper la parole au premier causeur, et d'une manière exemplaire.

BEAUVAL PÈRE.

Voilà qui est arrangé.

MATHIEU.

Mais il ne suffit pas de chapitrer votre fils : veillez

très-exactement sur lui, je vous en prie. C'est une tête exaltée, qui peut faire bien du mal en peu de temps.

BEAUVAL PÈRE.

Hé! mon ami, tous les jeunes gens n'ont-ils pas des passions et des ridicules? Mon fils s'est passionné pour la vertu? tant mieux : je n'aurai à trembler ni pour ses mœurs, ni pour sa réputation, ni pour sa fortune. L'usage du monde, le besoin du plaisir, la facilité de se satisfaire, l'amèneront insensiblement à des sentimens modérés ; et à trente ans, il sera comme un autre : il jouira de la vie, et fermera les yeux sur bien des choses qui le choquent aujourd'hui.

MATHIEU.

Et à trente ans, il ignorera encore les premiers élémens des affaires.

BEAUVAL PÈRE.

Hé! qu'importe? il trouvera une fortune faite.

MATHIEU.

Pourquoi ne s'occuperait-il pas à l'augmenter encore? On dissipe, quand on n'amasse pas.

BEAUVAL PÈRE.

Tenez, mon cher ami, à notre âge on ne connaît que deux mobiles, l'ambition et l'intérêt; et ce qui est étranger à ces deux passions est considéré comme puérile ou dangereux. Convenez cependant qu'une ame, où règnent la droiture, la candeur, l'équité, qui présente à l'imagination attendrie l'empreinte touchante de la nature, répand, sur ce qui l'environne, un charme séduisant. On semble respirer près d'elle le bonheur et la paix; on se livre, en s'éloignant, à cette douce rêverie qui naît de la persuasion. C'est ce qui m'arrive souvent, lorsque je quitte mon fils, et ces momens, où je me surprends l'homme de la nature, sont peut-être les plus délicieux de ma vie.

MATHIEU.

Oh! l'homme de la nature. C'est quelque chose de joli que l'homme de la nature! Nu comme un singe, timide comme un lièvre, mangeant froid, buvant chaud, couchant sur une branche, faisant l'amour à coups de poing à une guenon, qui répond à ses caresses en lui montrant les dents : voilà l'homme de la nature. Une case d'une propreté recherchée, des meubles élégans et commodes, une table abondante, des vins délicieux, une femme jolie et caressante, une société choisie, des esclaves prévenant le moindre désir : voilà le sort de l'homme social, et celui-ci vaut bien l'autre.

BEAUVAL PÈRE.

Comment donc, mon cher Mathieu! vous avez le talent des portraits : j'aime beaucoup votre homme social. Convenez cependant que celui que vous venez de peindre est malheureusement un peu rare.

MATHIEU.

Un sur mille, à peu près ; mais, que vous importe, puisque vous êtes du nombre des élus ? Il serait dur de renoncer à de semblables avantages.

BEAUVAL PÈRE.

Aussi n'en ai-je nulle envie.

MATHIEU.

Donnez-moi donc carte blanche.

SCÈNE VI.

MATHIEU, BEAUVAL père; BEAUVAL fils,
dans le fond.

BEAUVAL PÈRE.

A la bonne heure. Faites ce que vous croirez nécessaire, en me rendant compte cependant de vos opérations.

MATHIEU.

Voilà ce qui s'appelle parler. J'attaque le mal dans sa racine; je garantis le troupeau d'une épidémie : dès aujourd'hui, enfin, je vends mademoiselle Zamé.

BEAUVAL PÈRE.

Cette négresse me paraît bien constituée; elle est dans toute sa force.

MATHIEU.

Elle n'en trouve plus pour agir, depuis que toute son énergie a passé dans sa tête.

BEAUVAL PÈRE.

Si vous la jugez dangereuse.....

MATHIEU.

Infiniment dangereuse. C'est une élève de Télémaque, le bel esprit, le meneur de l'habitation. Il sera prudent aussi d'empêcher ce drôle-là de sortir de chez vous. Je crains la contagion.

BEAUVAL PÈRE.

Mais, pour éviter l'embarras des précautions, que ne vendez-vous aussi Télémaque?

MATHIEU.

Ce serait le parti le plus sage. Décidément ce sont deux mauvais sujets; mais, votre fils s'y intéresse fortement, et il ferait un tapage...

BEAUVAL PÈRE.

Mon fils se taira devant moi.

MATHIEU.

Il ne s'agit plus que de trouver un acheteur, et ce n'est pas chose aisée : mauvaise marchandise qu'une paire de philosophes. Tout le monde sait que cela n'est bon à rien.

BEAUVAL PÈRE.

On peut faire un sacrifice.

MATHIEU.

Oui; il faudra perdre quelque chose là-dessus.

BEAUVAL fils, à part.

Oh! le détestable homme!

BEAUVAL PÈRE.

J'aperçois mon fils. Laissez-nous ensemble.

MATHIEU, à demi-voix.

Je me retire. N'oubliez pas la mercuriale.

BEAUVAL PÈRE.

Je n'oublie rien. Comptez sur moi.

MATHIEU.

Et vous, sur votre serviteur.
(Il passe devant Beauval fils, qu'il salue d'un air hypocrite. Celui-ci le regarde avec mépris.)

SCÈNE VII.

BEAUVAL père, BEAUVAL fils.

BEAUVAL PÈRE.

Mon fils visite ses amis ?

BEAUVAL FILS.

Mon père vient voir ses esclaves ?

BEAUVAL PÈRE.

Mes esclaves font ma richesse.

BEAUVAL FILS.

L'amitié fait mon bonheur.

BEAUVAL PÈRE.

Mon fils est toujours exagéré.

BEAUVAL FILS.

Peut-être ne suis-je que raisonnable.

BEAUVAL PÈRE.

Hé! que suis-je donc, s'il vous plaît ?

BEAUVAL FILS, avec aménité.

Vous ne croyez pas, mon père, que j'aie voulu vous manquer ?

ACTE I, SCÈNE VII.

BEAUVAL PÈRE.

Non, mon fils. Je suis content de votre cœur ; je voudrais l'être autant de votre tête.

BEAUVAL FILS.

Quelquefois, j'en conviens, elle m'emporte au-delà des bornes.

BEAUVAL PÈRE.

Et souvent au-delà du vrai. Mon ami, l'exagération fait toujours des ennemis, et ne remédie à rien. L'homme sage voit avec peine les travers de son siècle; mais sa raison s'y plie, et il n'affiche pas l'orgueil insensé de s'ériger en réformateur.

BEAUVAL FILS.

Quoi, mon père!....

BEAUVAL PÈRE.

Écoutez-moi, mon fils. Ma morale vous paraît faible, et même relâchée; mais, vous m'approuverez un jour. Vous sentirez enfin qu'une immense fortune ne suffit pas à notre félicité ; qu'on n'est vraiment heureux que de la considération publique, de l'amitié de ceux dont nos goûts, nos besoins, nos plaisirs doivent nous rapprocher ; que ce n'est pas en frondant continuellement les hommes, qu'on acquiert des droits à leur affection ; qu'en s'éloignant d'eux, on les éloigne insensiblement de soi, et qu'on ne les ramène pas aisément quand on s'en est fait oublier, et peut-être haïr. Ma tendresse, toujours inquiète, toujours active, veut vous épargner des désagrémens inévitables, que votre docilité vous fera prévenir.

BEAUVAL FILS.

S'il m'était permis de répliquer...

BEAUVAL PÈRE.

Laissez-moi finir. C'est peu pour vous de traiter les hommes, en général, sans aucun ménagement; vous étendez les effets de votre misanthropie, même sur ceux qui ont ma confiance, et qui la justifient. Vos procédés, vos discours les découragent, les rebutent. Hé! quel tort ont-ils envers vous, que de s'occuper sans relâche de votre bien-être? Je veux oublier avec vous mon autorité et mes droits; je vous épargne même l'amertume que je pourrais mêler à mes reproches. Je suis un ami tendre, qui a à se plaindre de son ami, et qui veut ne parler qu'à son cœur. Ce langage est le seul qui vous convienne, vous l'entendrez, et vous saurez y répondre.

BEAUVAL FILS, avec épanchement.

Hé bien, mon père, puisque vous daignez être mon ami, puisque vous interrogez mon cœur, permettez-lui de s'épancher.

BEAUVAL PÈRE.

Vous savez avec quel plaisir je vous entends toujours, lors même que nous sommes divisés d'opinion.

BEAUVAL FILS, souriant.

Deux amis discutent librement?

BEAUVAL PÈRE, souriant.

Sans doute.

BEAUVAL FILS.

Ils peuvent s'expliquer avec chaleur, avec énergie?...

ACTE I, SCÈNE VII.

BEAUVAL PÈRE.

Sans difficulté.

BEAUVAL FILS.

Et sans crainte de se déplaire, et moins encore de s'offenser?

BEAUVAL PÈRE.

Où règne la contrainte, il n'y a pas d'amitié.

BEAUVAL FILS, *avec enthousiasme jusqu'à la fin de la scène.*

Le beau moment pour une ame forte et sensible! la belle, la respectable cause que celle que je vais défendre! Je m'élève contre l'oppression! Hé! qu'est-elle que l'abus de la force, et un détestable brigandage? Je hais, je condamne l'esclavage? Qu'est-il en effet, qu'un outrage à l'humanité? De quel droit un homme enchaîne-t-il un autre homme? s'il a le droit de m'attaquer, j'ai donc celui de me défendre; si je succombe sous ses efforts, j'ai du moins le droit de laver dans son sang la tache infamante dont il a flétri mon front. Mais examinons par quels moyens le Colon réduit son semblable à n'être que l'instrument de son avarice et de ses volontés. Il entretient à grands frais la guerre qui fournit les esclaves; il fait périr mille Africains, pour en amonceler cent dans un vaisseau que le défaut d'air et le désespoir changent bientôt en un cloaque infect : deux cinquièmes périssent dans la traversée, et ceux-là sont les moins malheureux; les autres, arrachés à leur patrie, à leurs parens, à leurs amis, débarquent sur une terre de proscription, où les attend un supplice, que la mort seule peut terminer. C'est là que, sous le fouet, toujours agité, d'un conducteur féroce, on leur mesure le temps, la nourriture, et jusqu'à l'air qu'ils respirent ; c'est là qu'on exige le sacrifice absolu de leurs facultés morales, qu'on intercepte la pensée, qu'un soupir est une faute, et qu'un geste est un crime. C'est là enfin que l'homme, dégoûté de son être, fuit jusqu'aux douceurs de l'amour; qu'il tremble d'être père, et que la mère, excédée de travaux, accablée de tourmens, ne présente à son enfant qu'une mamelle desséchée et des larmes stériles. O blancs, blancs! si ces images ne peuvent vous émouvoir; si votre ame ne se soulève pas contre elle-même, si vous ne sentez pas le trait déchirant du remords, puisse la foudre purger la terre de votre détestable espèce!

BEAUVAL PÈRE.

Les excès que vous venez de peindre sont heureusement très-rares. Le Colon, le plus barbare, est contenu par son propre intérêt.

BEAUVAL FILS.

Contient-il l'orgueil, la colère, la haine, l'amour dédaigné, toutes les passions que produit l'opulence, et qui le subjuguent et l'égarent? Contient-il un économe, un commandeur, à qui il a donné l'horrible droit d'exercer impunément leurs fureurs? Et pour colorer de telles atrocités, on affecte de calomnier les noirs, on les peint comme une espèce abâtardie; et cela, parce que le crime, rougissant de lui-même, veut se cacher sa propre difformité. Non, les nègres

ACTE I, SCÈNE VII.

ne naissent pas vicieux, et vous le savez bien. La nature leur a donné, comme à vous, des organes susceptibles d'intelligence, et un cœur capable d'aimer. Ils sont donc, plus que vous, bons, sensibles, vertueux, quand l'esclavage ne dégrade point leur ame, et quand la soif de la vengeance ne les rend pas féroces. Vous, qui comptez sur une éternelle impunité, qui vous livrez à une sécurité aveugle, qui méprisez un ennemi que la terreur teint enchaîné à vos pieds, craignez que l'excès même du malheur ne réveille un sentiment, qui ne s'éteint jamais. Craignez qu'un héros, un grand homme, paraissant tout-à-coup au milieu de ses compatriotes accablés, ne les relève en un instant, et n'écrase enfin l'astuce et la mollesse, par son génie et sa valeur. Le voyez-vous, invincible comme la victoire, implacable comme vous, se baigner à son tour dans des flots de sang humain, inventer des tourmens qui vous sont encore inconnus, vous disputer le prix affreux des forfaits, et être assez malheureux pour l'emporter sur vous? Prévenez ce réveil terrible : il en est temps encore. Régnez sur les noirs, mais par les bienfaits. Mon père, mon ami, mon respectable ami, vous pouvez en un moment effacer vingt années d'erreur : osez le vouloir et le faire. Vous perdrez une partie de votre fortune ; hé! qu'importe? l'homme de bien est toujours riche ; le méchant ne l'est jamais, même avec des trésors : il n'a pas la paix de l'ame, et c'est la véritable richesse.

BEAUVAL PÈRE.

J'aime au moins à ne pas me reconnaître dans les

tableaux déchirans que vous m'avez mis sous les yeux.
Je ne crois pas avoir à rougir devant mon fils.

BEAUVAL FILS, avec une timidité respectueuse.

Ah! mon père, mon digne et faible père! qu'a fait ce malheureux qu'on va vendre, que d'employer ses momens de repos à cultiver l'esprit d'une fille qu'il aime tendrement? Qu'a-t-elle fait elle-même que d'avoir répondu à ses soins? Hélas! ces infortunés oublient quelquefois ensemble et leur état et leurs maux. L'amour, par un prestige enchanteur, les soutient et les console. Par lui, le sourire du bonheur vient errer un moment sur leurs lèvres timides. Seuls dans la nature, ils ne voient qu'eux, et n'offensent personne. Et on va les séparer, et vous y avez consenti!.... Refuserez-vous du moins à mes prières de révoquer l'ordre que vous avez donné? ce que je vous ai dit est-il perdu pour l'humanité et pour votre cœur?

BEAUVAL PÈRE.

Je verrai, mon fils, je réfléchirai, et quelque parti que je prenne, croyez que je ne consulterai que la prudence et vos vrais intérêts. J'exige d'abord que vous vous répandiez dans le monde. La solitude où vous vivez, ne vous convient pas : elle nourrit des idées noires, qu'il est bon de dissiper. Nous sommes aux portes du Cap. Vous irez tous les jours à la ville; vous y fréquenterez des jeunes gens de votre âge, qui vous aimeront, qui vous rechercheront bientôt, si vous prenez la peine d'être aimable, et de contenir un caractère trop bouillant. Livrez-vous à la société, goûtez

ACTE I, SCÈNE VII.

des plaisirs qui ne coûteront rien à votre délicatesse, et qui, je crois, vous sont absolument nécessaires.

BEAUVAL FILS.

Hé! que verrai-je au Cap, qui ne blesse mes yeux, qui ne révolte mes sens, qui ne confirme des sentimens, malheureusement trop fondés?

BEAUVAL PÈRE.

Vous m'avez entendu, mon fils. Je vous ai dit que je le veux. Je reconnaîtrai votre soumission, en vous donnant les moyens de paraître convenablement. Voilà soixante portugaises ; ne les ménagez pas : je fournirai à vos besoins.

BEAUVAL FILS, plein de joie, et prenant la bourse.

J'irai au Cap, mon père, j'irai aujourd'hui même... Soixante portugaises! quelle fortune! quel usage j'en saurai faire!

BEAUVAL PÈRE.

Je ne vous en demanderai pas de compte : je vous connais, cela me suffit. Mon ami, la jeunesse supporte difficilement la contradiction et les conseils. (*Lui prenant la main.*) Mais, si jamais tu es père, si tu as à guider la fougueuse inexpérience d'un fils, tu te rappelleras, tu apprécieras un ami solide, qui t'a consacré sa vie, et qui n'existe que de l'espoir d'assurer ta félicité.

(Il rentre chez lui.)

SCÈNE VIII.

BEAUVAL FILS, seul.

O Télémaque! ô Zamé! êtres intéressans, qu'on se dispose à accabler, et qu'on veut que j'oublie dans des plaisirs insignifians et frivoles ; vous, dont l'affection est ma suprême jouissance, quelle délicieuse surprise mon cœur vous prépare aujourd'hui! Je cours, je vole au Cap, pour y trouver un agent discret qui vienne payer votre liberté. Je vous mettrai dans les bras l'un de l'autre, et je vous dirai : Soyez heureux, et connaissez votre ami.

FIN DU PREMIER ACTE.

ACTE II.

SCÈNE PREMIÈRE.

BEAUVAL FILS, seul, avec une gaieté franche.

Tout réussira au gré de mes desirs. Un homme adroit et sûr marche sur mes pas. Ses instructions sont précises; il ignore mon nom, le vrai motif de sa démarche, et mon secret me restera. Je le cacherai même à Télémaque et à Zamé, jusqu'à ce qu'ils s'éloignent de cette habitation. Leur joie, leur reconnaissance me trahiraient sans doute, et mon père blâmerait l'emploi que je fais de ses fonds : qu'il l'ignore à jamais. Encouragé par mon premier succès, je ferai de fréquentes promenades au Cap. Bientôt j'aurai dissipé mon argent; on m'en offrira, j'accepterai; je serai utile à d'autres infortunés encore, et, quand cette ressource sera tout-à-fait épuisée, je me renfermerai de nouveau entre Raynal, et Jean-Jacques, ces amis de la vertu, ces bienfaiteurs du monde.

SCÈNE II.

MATHIEU, sortant de la grande case, BEAUVAL fils.

MATHIEU.
Déja de retour, M. Beauval!

BEAUVAL FILS, conservant sa gaieté.
Je suis expéditif, M. Mathieu.

MATHIEU.
Vos parties de plaisir sont courtes.

BEAUVAL FILS.
Elles n'en sont pas moins piquantes.

MATHIEU.
Vraiment, vous vous êtes amusé?

BEAUVAL FILS.
Amusé, dites-vous? vous ne concevez pas le plaisir que j'éprouve. Il est inexprimable, pénétrant, enchanteur.

MATHIEU.
J'ai connu cela. C'est l'effet naturel d'une première jouissance.

BEAUVAL FILS.
Je ne m'en tiendrai pas à celle-là, je me le promets bien.

MATHIEU.
Et vous aurez raison, M. Beauval. Le plaisir vous rend enjoué, affable.....

BEAUVAL FILS.

Même avec vous, M. Mathieu.

MATHIEU.

Oui, vous me gâtez aujourd'hui. (*Cherchant à le pénétrer.*) La charmante ville, que le Cap !

BEAUVAL FILS.

On y trouve tout à la minute.

MATHIEU.

Mais qui y avez-vous donc trouvé qui vous ait fait jouir d'une façon si vive, si enchanteresse ?

BEAUVAL FILS.

Oh ! malgré ma bonne humeur, je ne me sens pas disposé à vous faire de confidences. Je suis discret sur mes plaisirs.

MATHIEU.

C'est vous priver d'une double jouissance.

BEAUVAL FILS.

C'est plutôt vous en ôter une.

MATHIEU.

J'en conviens ; je suis naturellement curieux.

BEAUVAL FILS.

Et, avec votre expérience, vous ne devinez pas ?

MATHIEU.

Non. Mais, quoique vous en disiez, un jeune homme a toujours besoin d'un confident, et vous allez me mettre sur la voie.

BEAUVAL FILS.

J'irai plus loin. Je vous conterai cela... dans quelques mois. Vous ne vous attendez pas à ce que je vous dirai. Je suis original; je ne fais rien comme le commun des hommes. Vous trouverez mon petit voyage piquant, mais très-piquant, je vous en réponds. Je vous conterai cela, je vous conterai cela.

(Il sort par le côté des cases des nègres.)

SCÈNE III.

MATHIEU, seul.

Il se moque de moi, un peu plus gaiement que de coutume : voilà tout le changement que j'aperçois en lui. Jamais ce jeune homme-là ne reviendra sur mon compte. Ma foi, je l'abandonne à son originalité. Qu'ai-je besoin de m'exposer à ses caprices, à ses mauvaises plaisanteries? Je mènerai mes noirs. Ceux-là, du moins, ne me contredisent jamais, et je n'ai pas de ménagemens à garder avec eux.

SCÈNE IV.

MATHIEU, TÉLÉMAQUE, SORTANT DE LA GRANDE CASE, ET PORTANT UN PANIER.

MATHIEU.

Voilà le protégé. Autre original plus insupportable encore. D'où viens-tu?

ACTE II, SCÈNE IV.

TÉLÉMAQUE.

De la grande case.

MATHIEU.

Où vas-tu?

TÉLÉMAQUE.

A mes affaires.

MATHIEU (1).

Que portes-tu?

TÉLÉMAQUE.

Ma ration de la journée.

MATHIEU.

Que tu vas partager avec ta Zamé?

TÉLÉMAQUE.

C'est mon intention.

MATHIEU.

Et bientôt tu déroberas ton maître pour fournir à ses besoins.

TÉLÉMAQUE.

Vous m'outragez, monsieur, et vous savez que je ne peux vous répondre.

MATHIEU.

Laissez-là vos grands mots, raisonneur assommant... Comment travailleras-tu, si tu ne manges pas, et il faut que tu travailles, peut-être. Tout cela finira,

---

(1) Pendant cette scène et le monologue suivant, les nègres descendent les rochers, vont à leurs cases, en sortent avec leur nourriture, et mangent assis à leur porte.

tout cela finira. On prendra des mesures promptes contre la paresse, la séduction, l'indiscipline. (*Télémaque va poser son panier au pied du tertre où il était assis au premier acte.*) Le drôle ne m'écoute seulement pas. Oh! je t'apprendrai à manquer de déférence pour un homme comme moi. Un noir, un misérable! Cent coups de fouet, cent coups de fouet à la première occasion.

(Il sort par le côté de la grande case.)

SCÈNE V.

TÉLÉMAQUE, seul.

Les promesses de Beauval, sont toujours présentes à mon esprit. L'image de Zamé, libre et heureuse, suspend le sentiment de mes peines. Peut-être ma liberté me sera-t-elle aussi rendue. Beauval ne laissera pas son ouvrage imparfait... Que dis-je? avec d'aussi faibles moyens, il lui faudra des années, et que d'événemens peuvent l'arrêter dans ses projets! Peut-être au moins ramènera-t-il son père à des sentimens humains... Malheureux! ton cœur t'abuse; ton imagination te présente des chimères, qu'elle embellit du charme de la vérité... Éloignons ces tristes idées; portons plutôt à Zamé des consolations que je rejette quelquefois, mais que son ame simple et naïve saisira avec avidité. C'est la tromper peut-être; mais c'est doubler ses forces, ranimer son courage, et soutenir sa patience.

SCÈNE VI.

TÉLÉMAQUE, ZAMÉ.

ZAMÉ, accourant à Télémaque.

Tu m'attendais, bon ami.

TÉLÉMAQUE.

J'accusais la lenteur du temps : il s'arrête quand tu es là haut.

(Il montre les rochers.)

ZAMÉ.

Il vole quand je suis ici.

TÉLÉMAQUE.

Oh ! oui. L'heure qui commence s'écoulera avec rapidité.

ZAMÉ, le consolant.

Bon ami, celles qui la suivront s'écouleront encore...

TÉLÉMAQUE.

Dans les plus durs travaux.

ZAMÉ.

Ils me ramèneront dans tes bras.

TÉLÉMAQUE.

L'intervalle est bien court !

ZAMÉ.

Oui, mais il est bien doux !

TÉLÉMAQUE.

O ma Zamé ! quand tu me quittes, je te suis des

yeux ; tu me souris, et je soupire ; tu prends ta bêche, et chaque coup retentit là (*montrant son cœur*).

ZAMÉ.

Je pense, en la soulevant, au bonheur que j'ai goûté près de toi, à celui dont je jouirai encore, et je ne suis pas tout-à-fait malheureuse. Viens, bon ami, approche-toi ; viens essuyer la poussière de mon front, me rafraîchir de ton haleine, me rendre des forces nouvelles en me pressant contre ton sein (1). (*Télémaque la serre dans ses bras.*) Que je suis bien ainsi ! tu dois t'en souvenir : voilà comme nous étions sur les bords du Niger, sous ce palmier heureux, où tu me donnas ton cœur, où tu reçus le mien.

TÉLÉMAQUE.

Les temps sont bien changés !

ZAMÉ.

Nous seuls sommes toujours les mêmes.

TÉLÉMAQUE.

Nous seuls ne changerons jamais.

ZAMÉ.

Oh! jamais, jamais. Bords du Niger, témoins de nos premiers amours, notre bonheur, s'est écoulé avec tes ondes. Sans prêtres, sans autels et sans maîtres, sans lois que celles de la nature, sans guide que notre innocence, tu me dis : Zamé, aime-moi, et je t'aimai.

---

(1) Ils vont s'asseoir sur la terre.

ACTE II, SCÈNE VI.

Déja nous éprouvions cette délicieuse ivresse, qu'on ne doit sentir qu'une fois, mais qui est éternelle pour les cœurs purs et constans... Tout-à-coup des méchans nous environnent, nous saisissent, nous traînent sur un vaisseau, et nous livrent aux blancs. Éperdue et tremblante, j'invoquais la mort; mes yeux rencontrèrent les tiens, et je sentis que j'aimais encore la vie. Ma voix calma ton désespoir; je te priai de vivre, et tu me le promis. Nous confondîmes nos larmes, et on leur permit de couler. Quelles étaient amères et douces, ces larmes, les premières que nous ayons versées!

TÉLÉMAQUE.

Effaçons le passé de notre mémoire : ces souvenirs séduisans et cruels rendent le présent insupportable.

ZAMÉ

Puis-je oublier les courts instans où j'ai joui de moi-même? Puis-je ne pas me complaire à en rappeler les délices?

TÉLÉMAQUE.

Ne m'en parle jamais : je t'en ai déja prié. Maintenant ces idées me poursuivent et m'affligent.

ZAMÉ, d'un ton caressant.

Bon ami, je n'ai pas voulu t'affliger. Embrasse-moi, et pardonne.

TÉLÉMAQUE, l'embrassant et s'arrachant de ses bras.

Nous nous attendrissons :craignons notre faiblesse.

ZAMÉ.

Est-elle tant à craindre?

TÉLÉMAQUE.

Tu n'en as pas prévu les suites.

ZAMÉ.

Je ne sais rien prévoir, moi; je ne sais qu'aimer.

TÉLÉMAQUE.

Hé! que fais-je donc, moi, qui ne respire, qui ne pense que toi, qui te cherche le jour, qui t'appelle la nuit, qui ne saurais toucher ta main, ton vêtement sans palpiter de plaisir, mais qui suis homme, courageux et décidé? Ivre d'amour, inébranlable dans mes résolutions, brûlant de desirs, constant à les surmonter, frémissant de la seule pensée de te rendre mère, et m'arrachant de tes bras, pour prévenir ma défaite : voilà les combats qu'il me faut livrer sans cesse à la nature et à Zamé. Tremble de devenir la plus forte, tu empoisonnerais mes jours et les tiens.

ZAMÉ.

Bon ami, tu m'affliges à ton tour.

TÉLÉMAQUE.

Je vais te consoler. Beauval, ce jeune homme, si aimant, si humain, qui a formé mon esprit, qui a mûri ma raison, ne met plus de bornes à ses bienfaits. Il ne s'occupe que de nous; il veut que tu sois libre, et, dans un an, l'argent que lui donne son père te rendra à toi-même.

ACTE II, SCÈNE VI.

ZAMÉ.

Et toi, bon ami?

TÉLÉMAQUE.

Je souffrirai bien moins quand tu seras heureuse.

ZAMÉ.

Puis-je l'être que de ton bonheur?

TÉLÉMAQUE.

Tu pourras au moins le préparer. Ta liberté te donnera le choix des moyens.

ZAMÉ.

Je n'en connais que deux, l'économie et le travail. Avec quelle ardeur je travaillerai pour toi! Avec quel plaisir je serrerai mes épargnes! Avec quel intérêt je verrai croître mon petit trésor! Mais avec quel délire j'accourrai te dire enfin : Tu es libre à ton tour, je n'ai donné qu'un peu d'or à ton maître, et j'en reçois bon ami.

TÉLÉMAQUE.

Alors, me précipitant dans tes bras, je te répondrai : Je te dois tout, et j'aime à te tout devoir. L'heure est venue où ton amant peut être ton époux. Allons prononcer le serment de nous aimer toute la vie, et quand nous nous verrons renaître, quand un gage d'un hymen si desiré viendra nous le rendre plus cher, je le recevrai dans mes bras, et l'élévant vers le ciel, je m'écrierai : O mon Dieu! c'est un être libre que je te présente : laisse-le vivre pour honorer la liberté, en en faisant un digne usage..... Des pleurs, ma Zamé, des pleurs!

ZAMÉ.

Ah! laisse-les couler : celles-ci sont les larmes du plaisir.

TÉLÉMAQUE, lui présentant son panier.

Mais le temps s'écoule, et tu n'as rien pris encore. Tiens, ceci te vaudra mieux que ce que tu as préparé.

ZAMÉ.

Tu veux te priver de ta nourriture.

TÉLÉMAQUE.

Heureux celui qui donne!

ZAMÉ.

Oui, ce qu'on peut recevoir.

TÉLÉMAQUE.

Tu le dois, puisque je t'en prie.

ZAMÉ, d'un ton caressant.

Tu n'insisteras pas, puisque je le défends.

TÉLÉMAQUE.

Vois donc de quelle jouissance tu me prives.

ZAMÉ.

Pense donc quels regrets je m'épargne.

TÉLÉMAQUE.

Prends, prends aujourd'hui, et demain nous verrons.

ZAMÉ.

Demain, tu exigeras encore ce que je ne t'accorderai pas.

TÉLÉMAQUE.

Il est si doux de céder à ce qu'on aime!

ZAMÉ, avec un tendre sourire.

Quelquefois, bon ami.

TÉLÉMAQUE.

Hé bien, je garderai le nécessaire, je t'apporterai le superflu.

ZAMÉ.

Tu me tromperas.

TÉLÉMAQUE.

Je n'en ai pas besoin. Chez le blanc tout abonde; ce n'est qu'ici qu'on connaît la misère.

ZAMÉ, d'un ton caressant.

Allons, viens, viens à la porte de ma case. (*Ils vont s'asseoir à l'entrée de sa case, la première du côté de l'avant-scène.*) Tu mangeras avec moi?

TÉLÉMAQUE.

Je te regarderai.

ZAMÉ.

Ce n'est pas la même chose.

TÉLÉMAQUE.

Oh! non, c'est bien meilleur.

SCÈNE VII.

TÉLÉMAQUE, ZAMÉ, MATHIEU, BARTHÉLEMI.

ZAMÉ.

Prends, bon ami, mange. Je me suis rendue; rends-toi à ton tour. (*Télémaque mange avec elle.*) Tu préfères ce que j'ai touché, et j'aime à retrouver sur ce vase l'endroit où tu as porté tes lèvres. (*Elle boit.*) Tiens, nous sommes encore sur les bords du Niger. Il nous manque un troisième.

TÉLÉMAQUE.

Que l'amour le remplace.

ZAMÉ.

Celui-là ne nous quitte jamais.

TÉLÉMAQUE.

Ne parlons plus de cela; nous en sommes convenus.

ZAMÉ.

J'y penserai du moins. Tu le veux bien, bon ami?

TÉLÉMAQUE.

Cruelle fille que tu es!

(Ils mangent.)

BARTHÉLEMI, descendant de la scène, et regardant autour de lui.

Tout ce que je vois est étonnant, en vérité. (*A part.*) Télémaque et Zamé; ne nous brouillons pas avec les noms. (*A Mathieu.*) Une répartition de bras, un ordre de travail, un air d'opulence... C'est magnifique, en vérité!

MATHIEU.

Tout cela se fait à force d'activité, de soins...

BARTHÉLEMI.

Et d'intelligence, M. Mathieu. Vous êtes trop modeste.

MATHIEU.

Ma foi, je conviens qu'il en faut, sur-tout à présent.

BARTHÉLEMI.

A présent, rien ne va : le commerce est en stagnation. Pour éloigner d'affligeantes réflexions, je vais, je viens, je me promène. Quand je me fâcherais.....

MATHIEU.

Il n'en serait ni plus ni moins.

BARTHÉLEMI.

C'est ce que je me dis.

MATHIEU, à part.

Si je pouvais l'empêtrer de mes deux noirs.

BARTHÉLEMI, à part.

On ne m'a remis que soixante portugaises, et j'ai affaire à un drôle aussi fin que moi.

MATHIEU, à part.

Comment l'amener à mon but?

BARTHÉLEMI, à part.

Il faut prendre cela de loin.

MATHIEU.

Plaît-il?

BARTHÉLEMI.

Vous dites que.....

MATHIEU.

Je disais qu'un homme à talent tire toujours parti des plus dures circonstances, et je parierais qu'en vous promenant, vous faites, par-ci, par-là, quelques bonnes affaires.

BARTHÉLEMI.

Des misères, M. Mathieu, des misères. Autrefois, il me passait par les mains deux à trois cents nègres par an : aujourd'hui, on tremble d'acheter.

MATHIEU.

Il y aurait cependant un grand coup à faire, et si j'étais en fonds....

BARTHÉLEMI.

Comment cela, M. Mathieu?

MATHIEU.

On assure que la traite est positivement abolie.

BARTHÉLEMI.

Diable!

MATHIEU.

Et l'importation des noirs une fois arrêtée, cette marchandise-là montera à un prix fou.

BARTHÉLEMI.

Croyez-vous cela, M. Mathieu?

MATHIEU.

Comment, si je le crois! vous ne sentez pas la beauté, la solidité de la spéculation? Cent pour cent de bénéfice.

BARTHÉLEMI.

Oui, cet aperçu a quelque chose d'attrayant; mais il court un bruit qui dérange un peu votre spéculation.

ACTE II, SCÈNE VII.

MATHIEU.

Quel est-il, papa Barthélemi?

BARTHÉLEMI.

On assure que les gens de couleur obtiennent là-bas l'abolition de l'esclavage.

MATHIEU.

En vérité!

BARTHÉLEMI

Et ce projet une fois répandu, cette marchandise-là sera sans valeur.

MATHIEU.

Croyez-vous cela, papa Barthélemi?

BARTHÉLEMI.

Comment, si je le crois! vous ne sentez pas la certitude, l'infaillibilité d'une baisse prodigieuse? Cent pour cent de perte, M. Mathieu.

MATHIEU.

Tenez, papa Barthélemi, ne perdons pas le temps à finasser. De la franchise, de la bonne foi.

BARTHÉLEMI.

Je crois que c'est le plus court, M. Mathieu : nous ne nous duperons pas.

MATHIEU.

Non, nous nous connaissons.

BARTHÉLEMI.

Il y a long-temps que j'ai cet honneur-là, M. Mathieu. D'ailleurs, la bonne foi est l'ame du commerce.

5.

MATHIEU.

Voilà pourquoi vous en avez tant, papa Barthélemi.

BARTHÉLEMI.

Vous me flattez, M. Mathieu.

MATHIEU.

Non; vous êtes l'homme le plus loyal de la colonie.

BARTHÉLEMI.

Après vous, M. Mathieu.

MATHIEU.

Vous n'êtes pas venu ici sans quelque dessein, convenez-en.

BARTHÉLEMI.

Je ne dis pas non, M. Mathieu. Mais, je sais ce que je dois payer un nègre, parce que je connais les chances que j'ai à courir, et on ne m'étourdit ni avec des nouvelles à la main, ni avec des complimens, M. Mathieu.

MATHIEU, à part.

Il joue serré.

BARTHÉLEMI, à part.

Tu y viendras. Nous verrons ton Télémaque et ta Zamé.

MATHIEU.

Au fait. Voulez-vous acheter?

BARTHÉLEMI.

Oui, et non.

MATHIEU.

J'entends. Si vous trouvez un bon marché...

BARTHÉLEMI.

Cela pourrait me déterminer, M. Mathieu... Avez-vous quelque chose à vendre?

MATHIEU.

Oui, et non.

BARTHÉLEMI.

Ah! fort bien. Si vous trouvez un prix avantageux.....

MATHIEU.

Je ferai comme vous. Je pourrai me déterminer.

BARTHÉLEMI.

Ce n'est pas le moyen de nous entendre.

MATHIEU.

Peut-être. Nous pourrions tous les deux faire une bonne affaire. Tenez, papa Barthélemi, je vous ai toujours aimé, et avant d'annoncer ma marchandise au Cap, je vous en offre la préférence.

BARTHÉLEMI.

C'est superbe de votre part.

MATHIEU.

Une négresse de vingt ans; grande, forte, faite comme les Grâces, et séduisante comme elles.....

BARTHÉLEMI.

Et vous vous en défaites?

MATHIEU, en confidence.

Le fils du propriétaire en est amoureux, et le père veut rompre cette intelligence.

BARTHÉLEMI.

C'est une raison assez spécieuse en apparence. Mais, il y a une petite difficulté.

MATHIEU.

Quelle est-elle? Je la lèverai, papa Barthélemi.

BARTHÉLEMI.

Je ne le crois pas, M. Mathieu. C'est que ce n'est pas une femme que je veux. Je m'en défais difficilement quand elles sont jeunes et jolies. Nos dames trouvent qu'elles conviennent trop à leurs maris.

MATHIEU, à part.

Diable! (*Haut.*) J'ai encore un jeune homme... C'est un trésor, par exemple, que celui-là.

BARTHÉLEMI.

Je le crois, M. Mathieu. Hé bien, ce trésor?

MATHIEU.

Un jeune homme de la plus belle espérance, qui a l'esprit très-cultivé, qui possède sa langue, qui connaît l'histoire, les sciences abstraites; honnête, doux, laborieux.....

BARTHÉLEMI.

Et vous vous en défaites?

MATHIEU.

Oui, parce que ce serait un meurtre d'employer un tel homme à la culture de la terre. Mais, ce sera un sujet couru par certains colons, qui, dédaignant l'usage, ne rougiraient pas de lui confier l'éducation de leurs enfans.

ACTE II, SCÈNE VII.

BARTHÉLEMI.

Et vous faites ce savant ?...

MATHIEU.

Soixante-dix portugaises, et c'est donner.

BARTHÉLEMI, avec humeur.

Voilà comme vous êtes, M. Mathieu ; on ne peut pas traiter avec vous.

MATHIEU.

Ma foi, M. Barthélemi, vous voulez avoir tout pour rien.

BARTHÉLEMI.

Un nègre soixante-dix portugaises ?

MATHIEU.

Il y a nègre et nègre.

BARTHÉLEMI.

J'aurais pour ce prix le meilleur cuisinier de la colonie, et un bon cuisinier est bien autrement couru qu'un précepteur. Votre savant ! votre savant !

MATHIEU.

Il faut voir la marchandise, M. Barthélemi, avant de se récrier sur le prix. Télémaque, ici. (*Télémaque s'approche.*) Examinez cette structure. Epaules larges, poitrine ouverte, jarret tendu, gras de jambe fourni, la force d'Hercule et la beauté d'Adonis, à la couleur près.

BARTHÉLEMI.

Tout cela est bel et bon. Mais, soixante-dix portugaises, M. Mathieu...

TÉLÉMAQUE.

Ciel! qu'entends-je!

MATHIEU.

Par considération pour vous, je pourrai rabattre quelque chose.

BARTHÉLEMI.

J'en donne soixante, et vous lâcherez la négresse par-dessus le marché.

MATHIEU.

Non pas, non.

TÉLÉMAQUE, indigné.

Quel opprobre! Ne se lasseront-ils jamais de traiter des hommes comme le plus vil bétail?

MATHIEU, bas à Télémaque.

Vas-tu me jouer ici un tour de ton métier?

BARTHÉLEMI.

Ne t'a-t-on pas acheté? Donc on peut te revendre.

TÉLÉMAQUE, à Mathieu.

Qui vous en a donné l'ordre?

MATHIEU, bas à Télémaque.

Tais-toi, ou je te ferai donner une leçon....

TÉLÉMAQUE, furieux.

Toujours la menace à la bouche, et la cruauté dans le cœur.

BARTHÉLEMI.

Oui, je vois bien que c'est un savant; mais, sa douceur me paraît équivoque, M. Mathieu. De quels yeux il me regarde!

MATHIEU, bas à Télémaque.

Tremble, si tu me fais manquer mon marché.

TÉLÉMAQUE.

Tremblez vous-même, si vous osez le consommer. Je laisse ici un vengeur.

MATHIEU.

Tu me menaces, je crois. Un nègre menacer un blanc! voici du nouveau, par exemple.

BARTHÉLEMI, à part.

Mon jeune homme le connaît mal, sans doute.

ZAMÉ.

Bon ami, tais-toi; c'est Zamé qui t'en prie.

BARTHÉLEMI, à part.

Ah! c'est elle.

ZAMÉ.

M. Mathieu, pardonnez-lui, pardonnez-lui.

MATHIEU.

Je ne pardonne jamais.

TÉLÉMAQUE, à Zamé.

Avait-il besoin de te le dire? Ne le connais-tu pas?

ZAMÉ.

M. Barthélemi, que ce soit au moins pour le même maître; ne nous séparez pas. Le bonheur d'être ensemble est le seul bien qu'on ne nous ait pas ravi. Serez-vous plus cruels que les autres? Voulez-vous que je meure de chagrin.

MATHIEU, à Zamé.

Allons, vas-tu faire aussi des phrases, toi? (*A Barthélemi.*) Finissons. Vos soixante portugaises, et emmenez-les.

BARTHÉLEMI.

Non pas, non. Il faudrait être fou pour se charger d'un pareil sujet : c'est un diable que ce nègre-là. Il y a de quoi mettre une habitation en feu. D'ailleurs, je ne suis que préposé, et je veux consulter mon commettant.

MATHIEU.

Son nom?

BARTHÉLEMI.

Je l'ignore. Je ne crois pas même l'avoir jamais vu. Mais, il doit revenir, et je ne compromettrai pas mon crédit, ma réputation; enfin, je ne tromperai pas ce jeune homme.

TÉLÉMAQUE, s'écriant.

Un jeune homme!

BARTHÉLEMI.

Il a payé noblement ma commission; je lui dirai ce que je pense. Je pourrai lui conseiller de prendre la noire; elle est jolie, et je le crois amateur : il m'en parlait avec un feu, un enthousiasme... Mais, cet enragé!...

TÉLÉMAQUE, hors de lui.

On achète Zamé, et c'est pour un jeune homme!.. Zamé au pouvoir d'un jeune homme! mon sang bouillonne.

MATHIEU.

M. Télémaque est jaloux.

TÉLÉMAQUE.

Oui, toutes les passions sont en moi des fureurs. Elles me seront funestes sans doute.....

MATHIEU, à part.

Je l'espère.

TÉLÉMAQUE.

Mais, ma chute sera terrible, et j'entraînerai mes ennemis avec moi.

BARTHÉLEMI.

Au revoir, M. Mathieu. Vous avez bien fait de me montrer votre marchandise. (*Sortant.*) Soixante portugaises d'un Télémaque! on les donnerait pour s'en débarrasser.

SCÈNE VIII.

MATHIEU, TÉLÉMAQUE, ZAMÉ.

MATHIEU.

Et ces êtres-là ont la manie de se croire quelque chose! Il semble, à les entendre, que tout soit profit avec eux : on les jette à la tête des gens, c'est comme si on ne parlait pas. Vous triomphez, maintenant que vous me restez sur les bras! Mais, je vous apprendrai ce qu'on gagne à faire de l'esprit. (*A Télémaque.*) Tu te prévaux de la faiblesse du fils : je te ferai voir ce que je puis sur le père.

TÉLÉMAQUE.

Vendre Zamé; et c'est pour un jeune homme!
(Il reste accablé.)

MATHIEU, à Zamé.

Pour toi, qui te trouves mal de la seule idée de quitter ce mauvais sujet-là, je te rendrai la vie si dure, mais si dure, que tu ne trouveras pas une seconde par mois à donner à tes amours. (*Sortant.*) Cela s'avise d'être amoureux, de pousser les beaux sentimens! c'est incroyable, en vérité. Des amours nègres! voilà quelque chose de bien intéressant.

(Il monte les rochers.)

SCÈNE IX.

TÉLÉMAQUE, ZAMÉ.

(Pendant cette scène, les noirs retournent au travail.)

TÉLÉMAQUE, hors de lui.

O mort, mort que j'ai tant de fois invoquée, ne viendras-tu jamais!

ZAMÉ, suppliante.

Bon ami! bon ami!

TÉLÉMAQUE.

Qu'on me laisse, qu'on me laisse... je ne me connais plus. La haine de ce monstre, la soif de son sang, les transports de l'amour malheureux, les fureurs d'une jalousie effrénée, tout se réunit pour aliéner ma raison.

ACTE II, SCÈNE IX.

ZAMÉ.

Bon ami, c'est Zamé qui te parle.

TÉLÉMAQUE.

Zamé! Zamé!... c'est toi qui m'as perdu. Sans ce cruel amour, je vivrais sans bonheur, mais sans craintes... Maudit soit à jamais le premier jour où je t'ai vue : il a empoisonné ma vie... Tu pleures! pardon, pardon.... Je suis un malheureux; je t'assassine à mon tour. Pardon, pardon!

ZAMÉ.

Bon ami, je ne pleure pas de tes reproches, je pleure sur l'état où je te vois.

TÉLÉMAQUE.

Ce Barthélemi, qui compte pour rien un fleuve de larmes, et qui est à genoux devant une once d'or; ce Barthélemi t'arracherait de mes bras pour te livrer à un blanc!... Bientôt, sans doute, un nouvel émissaire de ce jeune homme... Quel est-il? où t'a-t-il vue? comment ose-t-il prétendre... Ah! Beauval, Beauval, tu m'avais flatté... et tu nous abandonnes, et tu ne viens pas prendre ta part du fardeau qui m'accable.

ZAMÉ.

Tu n'as donc plus pitié de moi? tu veux donc que je meure de ta peine?

TÉLÉMAQUE.

Meurs, meurs, si tu en as le courage; ton amant est prêt à te suivre. Mais, te laisser au pouvoir d'un blanc, dont les lâches désirs... Emporter au tombeau cette idée insupportable! non; ce serait un supplice plus affreux encore que ma déplorable existence.

ZAMÉ.

Bon ami, ne m'insulte pas. Hé! que me fait cet homme? Il n'en est qu'un pour moi dans toute la nature.

TÉLÉMAQUE.

Aveugle que tu es, ouvre les yeux. Tu peux disposer de ton cœur; le reste n'est plus à toi... Combats, privations, sacrifices qui m'avez tant coûté, seriez-vous perdus pour l'amour?... Et ce serait un blanc..... il souillerait des trésors!... Non, non; quoi qu'il en arrive, je ne résiste plus. (*Il l'entraîne vers sa case.*) Viens, viens, suis-moi. (*S'éloignant d'elle avec effroi.*) Arrête, malheureux! Hé! n'est-il pas assez d'esclaves!

ZAMÉ, tremblante.

C'est fait de moi. Tous les noirs sont retournés au travail. C'est fait de moi.

TÉLÉMAQUE, dans le plus grand désordre.

Ciel! et le dernier qui se rend au travail est toujours puni cruellement... et l'atroce Mathieu qui n'attend qu'un prétexte... Éloigne-toi, dérobe-toi à ses recherches. (*La poussant dehors.*) Je cours chercher Beauval; il t'épargnera le châtiment cruel qui t'est sans doute réservé.

(L'économe, qui observait Zamé, du haut des rochers, descend avec le commandeur, et sort du même côté que Zamé.)

SCÈNE X.

TÉLÉMAQUE, seul.

Pour la première fois, la crainte entre dans mon ame. Mon sang se glace dans mes veines... Il n'y a plus un moment à perdre, si je veux arrêter... Mais, où le trouver, et si je ne le rencontre pas... (*Parcourant le théâtre en désordre.*) Beauval! Beauval!

SCÈNE XI.

BEAUVAL père, TÉLÉMAQUE.

BEAUVAL PÈRE.

Je te cherchais. Arrête, et reconnais ton maître.

TÉLÉMAQUE, d'une voix étouffée.

Mon maître! mon maître!

BEAUVAL PÈRE, d'un ton menaçant.

Faut-il te prouver que je le suis?

TÉLÉMAQUE, sortant.

Il faut sauver Zamé.

SCÈNE XII.

BEAUVAL PÈRE, seul.

Mathieu voit juste. Il n'y a plus ici ni ordre, ni subordination, et la malheureuse facilité de mon fils perdra tout. Imprudent jeune homme, tu veux épargner le sang, et tu ne vois pas que tu me forceras à en répandre. Je voulais leur parler, à lui et à ce malheureux, qui ne connaît plus de frein : l'un me brave sans ménagement, l'autre va venir. Si je ne peux le persuader, puissé-je au moins le contenir. Oublions un moment ma faiblesse, et déployons la rigueur d'un père justement irrité.

SCENE XIII.

BEAUVAL père, BEAUVAL fils.

BEAUVAL PÈRE.

Approchez. Je vous ai montré tantôt l'indulgence d'un ami, et vous en abusez. Je vous ai accordé ma confiance, et vous l'avez trahie. Vous n'êtes sensible qu'à l'orgueil de soutenir et de propager des opinions nouvelles et dangereuses. Vous animez les noirs contre moi ; vous les poussez à la révolte. Déja ils m'osent méconnaître ; bientôt ils oseront davantage, et, sans l'avoir prévu, vous êtes leur complice. Vous tournez contre moi jusqu'à mes bienfaits. (*Beauval fils fait un geste.*) Prétendez-vous m'en imposer ? Barthélemi vous a entrevu en sortant ; il vous a reconnu, et m'a rendu mes fonds.

BEAUVAL FILS.

Je les plaçais au plus haut intérêt.

ACTE II, SCÈNE XIII.

BEAUVAL PÈRE.

Je vous défends de m'interrompre.

BEAUVAL FILS.

Ne puis-je me justifier?

BEAUVAL PÈRE.

Non, vous ne le pouvez pas, et tant d'obstination commence à me lasser.

BEAUVAL FILS.

L'homme raisonnable écoute ; le despote impose silence.

BEAUVAL PÈRE.

Oubliez-vous que vous parlez à votre père? L'amour de l'humanité vous apprend-il à méconnaître les droits de la nature ?

BEAUVAL FILS.

On veut quelquefois les étendre au-delà de leurs limites.

BEAUVAL PÈRE.

Oserez-vous les fixer?... Mais, je vois que vous êtes incapable de rien entendre. Vous dédaignez ma tendresse, vous méprisez mon autorité. Tremblez de m'offenser davantage, et d'attirer sur vous toute ma colère. Tremblez que je ne vous abandonne au délire de votre imagination, et qu'on ne vous reproche un jour de m'avoir sacrifié à mes esclaves. Abjurez des principes destructeurs de toute société : je le veux, je vous l'ordonne, et si vous résistez, je ne vous connais plus.

(Il rentre chez lui.)

SCÈNE XIV.

BEAUVAL FILS, seul.

Funeste amour de l'or, me raviras-tu jusqu'à la tendresse de mon père? J'en gémirais sans doute; mais, je ne peux ni me repentir, ni changer.

SCÈNE XV.

TÉLÉMAQUE, BEAUVAL FILS.

TÉLÉMAQUE, accourant.

Cours, vole, si tu veux prévenir un nouveau crime. Zamé, toute à sa peine, n'a pas entendu appeler au travail, et ton économe nous déteste. Cours, te dis-je, et reviens me rassurer.

(Beauval fils monte les rochers en courant. Télémaque tombe accablé sur le tertre.)

SCÈNE XVI.

TÉLÉMAQUE, seul.

Un voile funèbre obscurcit mon imagination. Mon ame, oppressée, affaiblie, ne peut soutenir ces assauts multipliés. L'amour fait de moi un enfant pusillanime. Je soupire, je pleure, et c'est sur Zamé... Pour la sauver, je tomberais, je crois, aux pieds de ses tyrans.

SCÈNE XVII.

TÉLÉMAQUE, ZAMÉ, soutenue par SCIPION.

ZAMÉ.

Les cruels! comme ils m'ont traitée! Mes genoux ploient... Soutiens-moi, Scipion.

SCIPION.

N'a pas chagriné toi, bonne petite Zamé.
(Il la conduit vers sa case.)

TÉLÉMAQUE, courant à Zamé.

Il est donc consommé ce lâche assassinat! Zamé! Zamé! Et tu l'as pu permettre, et tu ne tonnes pas, toi, qui, dit-on, veilles sur ton ouvrage! Ah! tu n'existes pas, puisque le coupable prospère. (*Tombant à genoux.*) Pardonne-moi, mon Dieu; j'ai osé te blasphémer... tu as permis ce dernier crime, pour les punir tous à la fois. Ta main lente, mais toujours sûre, va s'appesantir sur nos assassins. Mathieu!... Mathieu! le lâche!... le barbare!... (*Se relevant.*) O mon Dieu! je te reconnais à la sainte fureur qui s'empare de moi. Non, je ne veux plus verser de larmes inutiles; non, je ne veux plus mourir. (*A Zamé.*) Je vivrai pour laver tes blessures dans le sang de tes bourreaux, et ce sont les traces du tien qui nous conduiront à la vengeance. (*A Scipion.*) Ote-moi cet objet, je crains de m'attendrir.

(Scipion emmène Zamé dans sa case.)

SCÈNE XVIII.

TELÉMAQUE, seul.

Ce n'est plus ma maîtresse, ce n'est plus moi que je prétends venger. Je conçois un dessein plus grand, plus généreux. Le succès est difficile sans doute. Mais les obstacles m'irritent au lieu de m'abattre, et qui brave la mort est sûr de la donner.

SCÈNE XIX.

SCIPION, TÉLÉMAQUE.

TÉLÉMAQUE.
Scipion, puis-je compter sur toi?

SCIPION, la main sur la poitrine.
Oh! jusqu'à mouri.

TÉLÉMAQUE.
Sais-tu garder un secret, même dans les tourmens?

SCIPION.
Mo connai souffri, Zami.

TÉLÉMAQUE.
De quel œil vois-tu les blancs?

SCIPION.
Mo haï trop gnion damné race comme chi-là.

TÉLÉMAQUE.
Et l'esclavage?

ACTE II, SCENE XIX.

SCIPION.

Mo pas capab supporté li enco.

TÉLÉMAQUE.

Tu as aussi d'anciens outrages à punir.

SCIPION.

Moi tendé après gnion bon moment pou ça.

TÉLÉMAQUE.

Il suffit. Je t'associe à ma gloire. Reportons sur les blancs tous les maux qu'ils ont accumulés sur nous. Mais, dis-moi, les noirs sentent-ils enfin l'abjection de leur état? Sont-ils capables d'oser briser leurs fers?

SCIPION.

Yo va fait tout ça qui plai à Télémaque.

TÉLÉMAQUE.

C'est assez. Retourne vers eux. Quand nos tyrans se livreront aux douceurs du repos, rassemble en ce lieu leurs victimes. Si nous sommes découverts, les noirs seront sortis pour jouir un moment de la fraîcheur de la nuit : la proximité même de la grande case écartera le soupçon. Rassemble-les, te dis-je, et prépare-les à m'entendre. Je paraîtrai au milieu de vous, et la persuasion à la bouche, et le fer à la main, je vous conduirai à la vengeance et à la liberté.

FIN DU SECOND ACTE.

ACTE III.

(Il fait nuit.)

SCÈNE PREMIÈRE.

TÉLÉMAQUE, seul, sortant furtivement de la grande case.
(Cette scène et la suivante à demi-voix..)

O nuit! pour la première fois, peut-être, l'innocence t'implore, et s'enveloppe de tes ombres : dérobe-nous à tous les yeux. Sommeil, verse tes pavots sur des têtes coupables; verse-les à pleines mains. Que le crime repose pour la dernière fois. Et toi, Providence éternelle, qui voulus nous éprouver, toi qui réveilles dans nos ames le sentiment de nos droits, trop long-temps oubliés, et qui vas mettre enfin un terme à nos malheurs, éclaire nos esprits, guide nos pas, et dépose en nos mains le glaive de ton immuable justice.

SCÈNE II.

TÉLÉMAQUE, SCIPION, sortant de derrière les cases.

TÉLÉMAQUE.

Qui s'approche?

SCIPION.

Hé! zami à toi, Scipion.

TÉLÉMAQUE.

Les as-tu vus? leur as-tu parlé? les as-tu convaincus?

SCIPION.

Yo tous ben préparés.

TÉLÉMAQUE.

Ils sont libres, s'ils m'écoutent.

SCIPION.

Guettez, guettez. Yo tous véni.

SCÈNE III.

SCIPION, TÉLÉMAQUE, ZAMÉ ; NÈGRES, NÉGRESSES, se rangeant autour de Télémaque.

TÉLÉMAQUE.

Je suis opprimé ; vous l'êtes comme moi. L'esclavage m'est insupportable ; vous devez en être las. Je brûle de me venger ; qui de vous n'en a pas le désir? Si ce désir est légitime, qui doit, qui peut nous arrêter ? Écoutez-moi.

Je ne crains pas de rencontrer ici de ces hommes pusillanimes, qui, s'étonnant d'une grande entreprise, reculent à l'aspect du danger. Je ne prétends pas exciter votre courage, allumer votre ressentiment, en retraçant des attentats, toujours présens à votre mémoire. Je ne vous parlerai pas des cicatrices dont vous êtres couverts; je n'invoquerai pas les mânes de ces malheureux, qui, incapables de supporter leurs maux et d'en punir les auteurs, se sont donné la mort, seule ressource que laissent à l'homme la faiblesse et la lâcheté. Je laisserai, dans la paix du tombeau, ces tendres enfans, que des mères désespérées ont étouffés dans leur berceau. Non, je ne vous rappellerai pas des souvenirs cruels, que le temps n'efface jamais. Cependant, nos ancêtres, nos amis, nos femmes, nos enfans, l'Afrique enfin, demandent vengeance, et ne sont pas encore vengés! Repentons-nous, unissons-nous, et que le cri *liberté* se fasse entendre pour la première fois sur ce rivage détesté.

TOUS, en étouffant leurs voix.

Libetté! libetté!

TÉLÉMAQUE.

Fille de la nature, elle appartient à tous les hommes. Le lâche s'en laisse dépouiller, et gémit en silence: l'homme courageux, surpris ou égaré, peut tomber dans les fers; mais bientôt, rappelant son énergie, cédant aux mouvemens d'une juste indignation, il secoue ses chaînes. Elles tombent, et écrasent ses tyrans.

TOUS, tombant à genoux.

Salut, bonne libetté, salut.

TÉLÉMAQUE.

Que cet enthousiasme est beau! qu'il est d'un heureux augure! (*On se relève.*) Cependant, je ne vous dissimulerai pas les périls qu'il vous faudra affronter.

ACTE III, SCÈNE III.

L'entreprise est dangereuse, autant qu'elle est honorable. Les blancs sont accoutumés au meurtre, et nous ne savons que souffrir. Ils ont fait de la guerre un art terrible; et, sans ressources dans notre génie, sans armes que celles du désespoir, nous n'avons pour nous que la justice de notre cause, une fureur aveugle, qui peut être impuissante, et si nous succombons, les plus affreux supplices nous sont réservés. Défendons-nous jusqu'au dernier soupir. Qu'une mort glorieuse soit au moins l'objet de nos derniers vœux. Hé! n'est-elle pas préférable à l'infamie dont nous sommes couverts, à la vie déplorable que nous traînons, à la vieillesse affreuse qui nous attend?

TOUS.

Oui, nous vlé libetté, ou mouri.

TÉLÉMAQUE.

Qu'il m'est doux de vous voir partager mes transports! Mes amis, je viens de vous mettre à une épreuve que je croyais nécessaire. Avec quel plaisir je reconnais combien elle était inutile! je vous ai peint des dangers exagérés sans doute: examinons maintenant les avantages que nous offrent notre courage, notre patience, notre sobriété.

Deux républiques nègres se sont élevées au milieu des blancs, et reposent aujourd'hui sur des bases inébranlables. D'abord peu nombreux, comme nous, mais comme nous déterminés à mourir ou à vaincre; persévérans dans leurs projets; trouvant bientôt une armée dans l'affection de leurs frères, comme nous trouverons, dans les nôtres, les ressources qui nous manquent encore; se retirant aujourd'hui dans des rochers inaccessibles; demain, se répandant dans la plaine comme un torrent destructeur, et portant avec eux la dévastation et la mort; emportant dans leur retraite les riches moissons qu'avaient cultivées leurs mains; harcelant, fatigant sans relâche un ennemi, que sa mollesse leur livrait quelquefois sans défense; élevant des remparts, livrant des batailles, se consolant d'une défaite par l'espérance d'une victoire, et voulant être libres enfin, n'ont-ils pas forcé les blancs à dépouiller leur fierté, à traiter avec eux en égaux, et à consacrer leur indépendance ? Nègres de Sarmaca et de la Jamaïque, mes héros et mes modèles, comme vous, nous détestons l'esclavage; comme vous, nous adorons la liberté; comme vous, nous trouverons dans nos rochers des retranchemens formés par la nature. C'est de là que partiront des coups, d'autant plus sûrs, qu'ils seront moins attendus. C'est là que nous jouirons enfin de nous-mêmes, sans superflu, mais sans besoins; sans orgueil, mais sans bassesse; sans lois peut-être, mais sans vices. C'est alors que l'univers, étonné, connaîtra ce que peuvent des hommes libres. Amour sacré de l'indépendance, à toi seul appartient le droit de produire des héros, et de faire des prodiges!

SCIPION.

Vif, vif Télémaque.

TOUS.

Li va gouverné, li va commander nous.

ACTE III, SCÈNE III.

TÉLÉMAQUE.

C'est moi que vous daignez choisir !

TOUS.

Vif, vif Télémaque.

TÉLÉMAQUE.

Je ne le dissimule pas, je suis flatté de cet honneur, et je saurai le mériter. Vous jurez donc de m'obéir?

TOUS.

Oui, jusqu'à mouri.

TÉLÉMAQUE.

Je reçois vos sermens, recevez aussi les miens. Je jure de combattre, de vaincre et de mourir pour vous ; de vous donner l'exemple de la fermeté, de la constance et de la résignation; de m'oublier moi-même pour ne m'occuper que de mes frères, et d'obéir à mon tour quand ils me l'ordonneront.

TOUS.

Vif, vif Télémaque.

SCIPION.

Môh, maldition sus blancs. Yo va souffri bourreaux là, yo va mouri.

TOUS.

Oui, nous vlé vengeance. Vengeance !

TÉLÉMAQUE.

Ah! je respire enfin. Le voilà donc ce jour de la justice si long-temps attendu! elle sera terrible : les blancs n'en pourront accuser qu'eux. Allez goûter un moment de repos. Le jour commence à paraître : bientôt on vous appellera au travail. Rassemblez-vous selon votre coutume, et laissez écouler la journée. Vers le milieu de la nuit, soyez à la porte du colon, je vous introduirai. Allez, préparez-vous à frapper.

ZAMÉ, avec effroi.

Bon ami, et son fils ?

TÉLÉMAQUE, vivement.

Beauval! mon ami, le vôtre! il vivra pour le bonheur des hommes. Il vivra, et vous le permettrez. Vous êtes sensibles aussi à la reconnaissance.

TOUS.

Oui, paddon, paddon pou li.

SCIPION.

Li mérité couleur à nous : mais, pou tous aut là sans paddon.

TOUS.

Sans paddon.

TÉLÉMAQUE.

Écrasons nos tyrans, sacrifions-les à notre sûreté. Nous serons généreux, quand nous cesserons de les craindre. Allez, mes amis, soyez prudents et discrets, et que l'éclair ne parte qu'avec la foudre.

(Les nègres rentrent dans leurs cases.)

SCÈNE IV.

TÉLÉMAQUE, seul.

Ce jour est donc le dernier de nos jours d'esclavage... Demain le soleil éclairera des hommes libres et vengés. Quelles grandes destinées se préparent en ce moment! Cent malheureux osent conspirer dans l'ombre, proclamer la liberté de la moitié de l'espèce humaine, et c'est sur moi que repose l'exécution de ces vastes et magnifiques projets! Puissé-je, plus heureux que ceux qui m'ont précédé dans la même carrière, changer les destinées de l'Afrique, et faire bénir mon nom des siècles à venir.

Et ce jeune homme, qui nous est si cher, et que nous avons promis d'épargner... si, dans les ténèbres et le désordre, un bras furieux, égaré, le frappait avec les victimes... des larmes vaines et tardives ne consoleraient pas l'amitié. Il faut l'éloigner de ces lieux; il le faut, je le dois, je le veux.... Laisser entrevoir nos desseins! les confier à un homme, que l'intérêt personnel, l'habitude de l'autorité, les jouissances du luxe, de la vanité, de la mollesse peuvent porter à révéler cet important mystère!... Que dis-je? ces faiblesses sont d'un blanc : dès long-temps Beauval ne l'est plus. Ses principes, ses vertus, l'amitié, tout me répond de lui. J'oserai déposer mon secret dans son sein, et à force de confiance et d'estime, je le réduirai au silence.

SCÈNE V.

TÉLÉMAQUE, BEAUVAL FILS, sortant de la grande case.

TÉLÉMAQUE, avec un morne sang-froid.

Déja debout?

BEAUVAL FILS.

J'ai eu un sommeil pénible et souvent interrompu. J'ai cru même entendre des cris...

TÉLÉMAQUE.

Tu ne t'es pas trompé.

BEAUVAL FILS.

Tu n'as donc pas dormi?

TÉLÉMAQUE.

Non, je n'ai pas dormi.

BEAUVAL FILS.

Quand le cœur souffre, le sommeil fuit.

TÉLÉMAQUE.

Il reste au cœur qui souffre l'espérance et le temps.

BEAUVAL FILS.

Puissent-ils te consoler!

TÉLÉMAQUE.

Ils me consoleront.

BEAUVAL FILS.

J'ai déploré le sort de Zamé...

TÉLÉMAQUE.

Ne parlons plus de cela.

BEAUVAL FILS.

Et je n'ai pas perdu tout espoir. Je m'exposerai à la colère de mon père; je le verrai à son réveil.

TÉLÉMAQUE.

Ton père dort! ton père peut dormir!

ACTE III, SCÈNE V.

BEAUVAL FILS.

Tu l'accuses, et je ne puis te blâmer.

TÉLÉMAQUE.

Non, je ne l'accuse plus.

BEAUVAL FILS.

Quel étonnant sang-froid!

TÉLÉMAQUE.

Ne faut-il pas se vaincre soi-même?

BEAUVAL FILS.

Heureux encore l'infortuné qui en a le courage.

TÉLÉMAQUE.

Malheur à qui ne l'a point! L'homme le plus heureux n'est pas à l'abri des revers. Que lui reste-t-il lorsque la fortune l'abandonne?

BEAUVAL FILS.

L'active et compatissante amitié.

TÉLÉMAQUE.

Oui, quand il n'a pas mérité son sort.

BEAUVAL FILS, *l'examinant attentivement.*

Mon ami, tu m'inquiètes.

TÉLÉMAQUE.

Je suis calme.

BEAUVAL FILS.

Ce calme est effrayant; il annonce la tempête.

TÉLÉMAQUE, *avec abandon.*

Quand on sait la prévoir, on doit s'y préparer.

BEAUVAL FILS.

Que signifient ces mots entrecoupés, ce regard sombre, cette démarche incertaine? Malheureux, explique-toi; ne me laisse pas davantage dans cet horrible anxiété. Parle, parle, par pitié pour ton ami. Que médites-tu? que veux-tu?

TÉLÉMAQUE.

Te sauver.

BEAUVAL FILS, avec effroi.

Me sauver! Hé! qui veux-tu perdre?

TÉLÉMAQUE.

Beauval, l'air qu'on respire ici ne te convient plus. Éloigne-toi, seulement pour un jour. Il le faut, je t'en prie.

BEAUVAL FILS.

Je ne te quitte point. Un secret affreux t'oppresse, il est prêt à s'échapper. Parle, au nom de l'amitié la plus tendre et la plus malheureuse.

TÉLÉMAQUE.

Auras-tu la force de m'entendre?

BEAUVAL FILS.

Je le crois.

TÉLÉMAQUE, lui prenant la main.

Mon jeune ami, du courage, de la résignation. Je vais parler.

BEAUVAL FILS.

Je frissonne.... Poursuis.

ACTE III, SCÈNE V.

TÉLÉMAQUE.

Ta fortune est perdue.

BEAUVAL FILS, hors de lui.

Après ?

TÉLÉMAQUE.

Et les blancs... Malheureux jeune homme, les blancs ! Éloigne-toi, éloigne-toi, si tu veux vivre. Demain, je n'aurai plus rien à t'apprendre.

BEAUVAL FILS.

Les blancs !... Eh bien, les blancs ? Tu en as trop dit pour ne pas achever.

TÉLÉMAQUE.

J'en ai dit assez pour être entendu.

BEAUVAL FILS.

Oui, je t'entends, cruel. Quel horrible dessein oses-tu concevoir !

TÉLÉMAQUE.

Jeune homme, oserais-tu le blâmer ?

BEAUVAL FILS.

Tremper tes mains dans le sang de mon père !

TÉLÉMAQUE.

Qui pardonne au coupable en devient le complice.

BEAUVAL FILS, sanglottant.

Grace, grace pour mon père !

TÉLÉMAQUE.

Le jugement est porté. Il est irrévocable.

BEAUVAL FILS.

Et, par un silence coupable, je le livrerais à vos coups!

TÉLÉMAQUE.

Je compte sur ta prudence.

BEAUVAL FILS.

Dis donc sur ma férocité.

TÉLÉMAQUE.

Tu es un traître si tu parles.

BEAUVAL FILS.

Je suis un monstre si je me tais.

TÉLÉMAQUE.

Tu foules à tes pieds l'humanité souffrante.

BEAUVAL FILS.

Barbare, commande-t-elle un parricide?

TÉLÉMAQUE.

Permet-elle de sacrifier les opprimés à l'oppresseur?

BEAUVAL FILS.

Je ne discuterai pas; je sauverai mon père.

TÉLÉMAQUE.

Tu nous traînes au supplice.

BEAUVAL FILS, sortant.

J'en mourrai de douleur; mais j'aurai fait mon devoir.

TÉLÉMAQUE, le ramenant.

Jeune homme, écoutez-moi. L'enthousiasme vous égare : réfléchissez avant d'agir. Je vous ai confié un secret dont vous ne devez l'aveu qu'à une estime que je croyais fondée. Je suis comptable au moindre noir de l'usage que vous ferez de ma confiance. Que dirai-je à ces malheureux, qui n'ont peut-être d'autre tort que de ne pas vous envelopper dans leur vengeance ? que direz-vous à l'aspect des tourmens où votre indiscrétion va les livrer ? Vous maudirez votre aveugle tendresse, vous en détesterez les funestes effets. Vos yeux ne se fixeront plus sur un noir, que votre ame, flétrie et humiliée, ne succombe sous le poids du remords. Laissez les considérations personnelles. Le véritable parricide est celui qui tue la liberté des nations. Consultez votre probité, les droits des hommes, la justice éternelle; interrogez votre conscience : voilà le juge incorruptible qu'il faut seul écouter.

SCÈNE VI.

BEAUVAL FILS, seul.

Me voilà donc entre mon père et les noirs! Il faut les perdre pour le sauver! cruelle alternative!...... et je n'ai qu'un moment, et ma raison impuissante... (*Après un temps, il reprend vivement.*) Mon père vivra. Télémaque ne consulte que ses intérêts : je n'écouterai, moi, je ne suivrai que la nature. La nature!.. et cette confiance dont je ne craindrais pas d'abuser... ces noirs qui m'estiment, qui m'aiment, qui veulent sauver mes jours... moi, les assassiner! O mon père! mon père! le sacrifice est impossible! non, je ne puis le consommer. Quelle situation ! elle est insupportable. Inspire-moi, mon Dieu : mon cœur est innocent, et je n'ai que le choix du crime.

SCÈNE VII.

BEAUVAL père, BEAUVAL fils.
(Pendant cette scène, les noirs vont au travail.)

BEAUVAL PÈRE.

Je vous rencontre à propos. Terminons des débats qui n'ont que trop duré. Rétablissons la paix dans une maison, que votre violence et ma sévérité perdraient peut-être sans retour. Que l'harmonie et la confiance se rétablissent entre nous. Chacun de nous a des torts : éloignons ces souvenirs fâcheux, et désormais, moins exigeans, moins attachés à la rigidité de nos principes, vivons heureux du bonheur l'un de l'autre. Mon fils, revenez à votre père ; c'est lui qui vous y invite. Il vous offre son amitié, il demande la vôtre, et vous ne lui résisterez pas.

BEAUVAL FILS, en désordre.

Mon père ! mon père !

BEAUVAL PÈRE.

Je t'entends. J'ai été trop loin, je le sais. Je t'ai affligé dans tes amis : j'adoucirai leur sort, je te le promets, mon fils.

BEAUVAL FILS, d'une voix étouffée.

Il n'est plus temps, il n'est plus temps.

ACTE III, SCÈNE VII.

BEAUVAL PÈRE, affectueusement.

Est-il trop tard pour nous aimer et nous entendre? Beauval, mon ami, mon fils, reviens à moi, et tu seras content de ton père.

BEAUVAL FILS, hors de lui.

Tant de bonté m'accable : je n'y étais pas préparé... Je ne me connais plus... Que résoudre, que faire?

BEAUVAL PÈRE, lui ouvrant les bras.

M'ouvrir ton cœur. Le mien t'attend, le mien t'appelle.

BEAUVAL FILS, se jetant dans ses bras.

Ah! c'en est trop, je ne résiste plus.

BEAUVAL PÈRE.

Ainsi donc, unis d'affection et d'intérêts, tu n'emploieras ton ascendant sur les noirs qu'à les rendre laborieux, dociles et soumis.

BEAUVAL FILS, égaré.

Soumis, dites-vous, mon père?

BEAUVAL PÈRE.

Votre état tient du délire! que dois-je en augurer?

BEAUVAL FILS, se contraignant.

Votre tendresse qui ne se dément jamais... votre retour inespéré... ma surprise... ma joie.... je répondrai par une soumission sans bornes aux avances, trop flatteuses, que vous avez daigné me faire. Vous m'avez prescrit de voir le monde : je le verrai ; mais avec vous, mon père. Vous guiderez mon inexpérience, et vous partagerez mes plaisirs. Partons pour le Cap, partons à l'instant même. Nous avons également besoin de nous remettre des secousses violentes qui nous ont agités hier.

BEAUVAL PÈRE.

Pense donc que nos travaux sont en pleine activité, et qu'il faut la surveillance du maître. Tu iras, mon ami; moi, je resterai.

BEAUVAL FILS, avec effroi.

Vous resterez!... vous resterez! Non, vous ne resterez pas, mon père.

BEAUVAL PÈRE, à part.

Il se passe quelque chose d'extraordinaire.

BEAUVAL FILS, feignant avec maladresse.

On dit qu'il est arrivé des vaisseaux d'Europe, et mille nouvelles intéressantes...

BEAUVAL PÈRE, l'examinant attentivement.

On vous a trompé; il n'est pas arrivé de vaisseaux.

BEAUVAL FILS, embarrassé.

On en attend, du moins. L'économe conduira les travaux; rien ne souffrira de votre absence. Venez, venez, je vous en supplie. Répondez à mon empressement par quelque condescendance.

BEAUVAL PÈRE, à part.

Son trouble, l'opiniâtreté de ses instances... Quel soupçon s'élève dans mon ame!

BEAUVAL FILS, suppliant.

Hé bien, mon père!

ACTE III, SCÈNE VII.

BEAUVAL PÈRE, le fixant.

J'irai demain, mon fils.

BEAUVAL FILS, hors de lui.

Demain, mon père, demain!... (*Sanglotant.*) Aujourd'hui! aujourd'hui!

BEAUVAL PÈRE.

(*Il fixe son fils avec sévérité, et après un temps :*) Vous êtes l'ami des noirs; vous prétendez m'entraîner au Cap. On conspire contre moi.

BEAUVAL FILS, épouvanté et très-vivement.

Je n'ai pas dit cela, mon père.

BEAUVAL PÈRE.

Vous avouez en ce moment.

BEAUVAL FILS.

Qu'ai-je avoué, grand Dieu!

BEAUVAL PÈRE.

C'est assez, monsieur. Épargnez-vous la honte attachée au mensonge; cessez de vouloir m'en imposer. Oui, je vais au Cap, et j'y vais seul. Dites à ceux dont vous connaissez les complots, dont vous dirigez peut-être les projets, que leur audace ne demeurera pas impunie.

BEAUVAL FILS, le suivant.

Attendez..... arrêtez.... écoutez.

BEAUVAL PÈRE, le repoussant.

Laissez-moi, laissez-moi. Je vous entendrai peut-être quand j'aurai sauvé votre père et votre fortune.

SCÈNE VIII.

BEAUVAL FILS, seul.

(*Il tombe accablé sur le tertre, et après un silence :*)
Il sait tout! que m'est-il échappé qui lui ait laissé entrevoir.... Il sait tout! que vont-ils devenir!

SCÈNE IX.

TÉLÉMAQUE, BEAUVAL FILS.

TÉLÉMAQUE.

Ton père te quitte ; tu n'oses me fixer : tu viens de commettre un crime.

BEAUVAL FILS.

Tout est découvert; vous êtes perdus. Je suis au désespoir.

TÉLÉMAQUE.

Malheureux, qu'avez-vous fait?

BEAUVAL FILS.

J'ai voulu sauver mon père. Mon désordre, mon trouble, l'on éclairé sans doute. Il a tout prévu, il va tout prévenir. Il est allé au Cap : il n'y a pas un moment à perdre.

TÉLÉMAQUE.

Les noirs sont trahis, livrés, et c'est par toi! Je n'ai pas dû le prévoir : à peine puis-je le croire encore. Ingrat jeune homme!

ACTE III, SCÈNE IX.

BEAUVAL FILS.

Venge-toi, épargne-moi le reproche. Mon juge suprême est là. (*Il montre son cœur.*)

TÉLÉMAQUE.

Oui, tu seras puni, et bien cruellement. (*Il tire un poignard.*) Vois-tu ce fer ? il terminera mes déplorables jours, au moment où j'aurai perdu tout espoir. Je défie l'univers. Je suis encore le maître de mon sort.

BEAUVAL FILS.

Et c'est moi qui te réduis à cette affreuse extrémité! Frappe, frappe par pitié, je t'en conjure à genoux.

TÉLÉMAQUE, furieux.

Où est ton père? quelle route a-t-il prise ?

BEAUVAL FILS.

Tu ne le sauras pas... tu ne le sauras pas.

TÉLÉMAQUE, revenant sur lui-même.

Pardon! pardon! je n'ai pas dû le demander.

BEAUVAL FILS.

Je le dérobe à ta vengeance; j'ai trahi votre secret : frappe, dis-je, tu me vois résigné.

TÉLÉMAQUE.

Jeune insensé, relève-toi. Laisse aux femmes, aux enfans, ces ridicules et vains éclats. Relève-toi, te dis-je ; je ne puis que te plaindre et t'aimer.

BEAUVAL FILS, se relevant.

Dieu! Télémaque me pardonne.

TÉLÉMAQUE.

Ma haine ne me rend pas injuste. Exiger que tu m'immoles la nature, c'est imiter les barbares que je prétends punir. C'est moi seul que je dois accuser. Moins aimant, moins inquiet pour le fils, je me serais tû, et le père tombait sous mes coups. Nous avons fait tous deux notre devoir. Je ne te reproche rien, et je t'estime encore.

BEAUVAL FILS.

Et tu es sans alarmes?

TÉLÉMAQUE.

M'en crois-tu susceptible? Je sonde la profondeur de l'abyme, et je n'en suis pas étonné. Ton père est allé au Cap; une force armée va le suivre : c'est moi qui le préviendrai. Ce qui est arrêté pour cette nuit sera exécuté à l'heure même. Éloigne-toi. Fuis ce spectacle de dévastation, d'incendie et de mort.

BEAUVAL FILS.

Mon père est en sûreté : que m'importe le reste!

TÉLÉMAQUE.

Il faut prendre un parti, et tu n'as qu'un moment.

BEAUVAL FILS, après un temps.

J'embrasse celui de la justice et de l'humanité.

TÉLÉMAQUE.

Tu nous suivrais?

BEAUVAL FILS.

J'y suis résolu.

TÉLÉMAQUE.

La misère nous accompagnera.

ACTE II, SCÈNE IX.

BEAUVAL FILS.

Je la supporterai.

TÉLÉMAQUE.

Tu le veux?

BEAUVAL FILS.

Je n'ai point à balancer. Je connais mon père. Il ne me pardonnera jamais le mal que vous allez lui faire. Son cœur m'est fermé sans retour. Je m'attache à toi, je ne te quitte plus, nous sommes inséparables. Je partagerai vos succès, je vous consolerai dans vos disgraces, et, si vous vous perdez, je me perds avec vous.

TÉLÉMAQUE.

Je te reconnais, et je retrouve un ami. Va m'attendre au pied du morne bleu. Dans deux heures j'y serai avec ma troupe. Quand j'y paraîtrai, il ne te restera plus rien au monde que mon amitié, mes tendres soins, mon zèle infatigable : puissent-ils te consoler de tes sacrifices, et te les faire oublier!

(Télémaque monte les rochers. Beauval fils sort par le côté droit. Le rideau tombe.)

FIN DU TROISIÈME ACTE.

ACTE IV.

Le théâtre représente des rochers escarpés. Vers le fond, à droite du spectateur, est une caverne, dont l'entrée est garnie d'une espèce d'abri en branchages.

SCÈNE PREMIÈRE.

TÉLÉMAQUE, SCIPION, ZAMÉ, dans le fond, arrangeant l'abri de branchages. NÈGRES, NÉGRESSES, armés de ce qu'ils ont trouvé sous leur main.

TÉLÉMAQUE.

Ainsi, nos premiers pas sont marqués par des succès. La victoire, souvent aveugle, a suivi la cause de la justice et de la liberté. Un choc terrible; la mort planant sur les blancs consternés, et marquant à loisir ses victimes; la plus noble audace signalant vos moindres coups; l'escorte de Beauval père, enfin, écrasée ou mise en fuite, et la gloire, pour prix de vos efforts, consacrant votre indépendance, voilà ce qu'a produit cette grande, cette inconcevable journée. Puissent celles qui la suivront, être de même immortelles !

ACTE IV, SCÈNE II.

Allez prendre les postes que je vous ai désignés. Soyez actifs et vigilans ; le ciel fera le reste. Demeure, Scipion.

(Les nègres et négresses gravissent les rochers, et disparaissent.)

SCÈNE II.

TÉLÉMAQUE, SCIPION, ZAMÉ, dans le fond.

TÉLÉMAQUE.

N'oublions pas cependant qu'un premier succès nous expose à des dangers sans cesse renaissans. Les blancs, vaincus et humiliés, reviendront en force, égarés par l'espoir d'effacer un affront qui pèse à leur orgueil. Prépare tout pour les recevoir. Que les plus braves gardent les hauteurs qui dominent ces gorges, par où seulement l'ennemi peut pénétrer. Nous n'avons point d'armes encore : sers-toi de celles que la nature a placées sous nos pas. Dépouille ces monts arides, dont les cîmes, blanchies par les siècles, semblent braver les hommes et le temps. Que ces masses, effrayantes et terribles, se détachent sous vos bras nerveux ; qu'elles soient prêtes à rouler au fond des abîmes ; que leur surface immense menace les bataillons entiers, et que leur poids, multiplié par la rapidité de leur chute, les écrase à la fois, et les enfonce dans le tombeau.

SCIPION.

Nous va fai ça tout à l'aue.

TÉLÉMAQUE.

Va, mon ami, je te rejoindrai bientôt ; bientôt je hâterai, je partagerai vos travaux.

(Scipion sort. Télémaque s'assied sur un quartier de roche, et réfléchit.)

SCÈNE III.

TÉLÉMAQUE, ZAMÉ, continuant d'arranger les branchages.

ZAMÉ.

Voilà donc la retraite que la nature offre à l'amour. Cet ombrage te semblera plus frais, cette grotte plus riante, quand ils seront arrangés par mes mains. (*Elle vient à Télémaque.*) Tu t'es occupé de tes devoirs : je viens d'en remplir de bien doux. Voilà ton asyle, jettes-y un coup-d'œil ; partout tu reconnaîtras mon cœur. Un banc de gazon, une table de pierre, un lit de feuillages, des fruits sauvages, mais savoureux, une eau claire comme le cristal de ces roches, voilà tout ce que Zamé peut t'offrir. Tu attacheras quelque valeur à ces objets, dont la simplicité nous rapproche de nous-mêmes. Viens, viens. Ici nous ne sommes plus esclaves; ici nous redevenons les enfans de la nature; n'écoutons et ne suivons qu'elle.

TÉLÉMAQUE.

Cette journée est toute à la patrie et à la gloire.

ZAMÉ.

Tu as des jours, des mois, des années à donner à ta

ACTE IV, SCÈNE III.

nouvelle patrie. On ne trouve souvent qu'un moment pour l'amour. Ah! combien dureront encore ces cruelles alarmes?

TÉLÉMAQUE.

Zamé, la liberté est douce; mais on n'y arrive souvent qu'à travers les écueils.

ZAMÉ.

Si ce passage est nécessaire, il est au moins bien douloureux. O hommes! ne parviendrez-vous à vous entendre qu'en commençant par vous déchirer?

TÉLÉMAQUE.

Ils ont justifié nos excès.

ZAMÉ.

Ils sont vaincus; cette retraite est sûre : il est si doux de pardonner!

TÉLÉMAQUE, avec force.

Pardonner à des tigres!

ZAMÉ.

Veux-tu leur ressembler?

TÉLÉMAQUE, avec sentiment.

Ah! par grace, Zamé, ne t'expose pas au juste mépris de tes compagnes. Vois ces femmes, qui, dans la chaleur du combat, intrépides et calmes auprès de leurs époux, ont, par d'incroyables efforts, déterminé la victoire; vois-les, te dis-je, animées du plus beau zèle, se préparer à de nouveaux dangers. Et toi, toi à qui je confiais le dépôt et le soin de ma gloire, tu tromperais un si doux espoir! Incertaine et tremblante,

tu voudrais m'inspirer tes alarmes et ta faiblesse.....
Ah! Zamé, Zamé!

ZAMÉ.

Ma faiblesse! N'est-il donc de grandeur qu'au milieu du carnage? Vois, à ton tour, ce jeune et sensible Beauval. La mort ne l'effrayait point; elle volait autour de lui; il ne voyait que ses victimes. Avare du sang des hommes, il ne pensait qu'à arrêter celui qui coulait de leurs blessures. Que d'infortunés ses généreux soins soulagent en ce moment! Combien il va en rendre à la vie! Cette gloire simple et douce, moins brillante, mais plus vraie, est-elle indigne de toi?

TÉLÉMAQUE, reprenant son énergie.

Beauval avait-il des fers à rompre, une maîtresse à venger?

ZAMÉ.

Ah! tu m'as trop vengée.

TÉLÉMAQUE, s'échauffant par degrés jusqu'à la fureur.

Mathieu, l'infame Mathieu a reçu la mort de moi, de moi qu'il a mille fois outragé. Je n'avais plus qu'un coup à porter, et j'étais satisfait. Dans la mêlée, j'avais entrevu Beauval père; il semblait me défier, et déja je m'ouvrais un passage pour arriver jusqu'à lui. Un gros de combattans nous éloigne l'un de l'autre, et nous ravit le plaisir cruel de nous entr'égorger. Il reviendra sans doute; je l'attends avec impatience. Tes tourmens qu'il ordonna de sang-froid, ces tourmens qui ont brisé mon ame, ces tourmens toujours présens à ma mémoire, voilà le gage d'une haine im-

placable, éternelle, qui veut, qui demande du sang, que rien ne peut assouvir. Qu'ils tombent, qu'ils périssent ces monstres que la nature a vomis dans sa colère. Qu'on ne me parle plus ni de pitié ni de clémence. Point de pacte entre le crime et la vertu.
(Il sort brusquement.)

SCÈNE IV.

ZAMÉ, seule.

Il me laisse. Il sait aimer encore, et ne sait plus m'entendre. Moi, qui ai tant souffert, j'ai tout oublié près de lui : lui seul ne veut rien oublier. Il a trouvé le bonheur; il cherche des combats. Ah! reviens, reviens à cette douce sympathie, qui confondit si long-temps nos ames, par qui nous n'avions qu'un désir, qu'une volonté, qu'un sentiment. Tu penses à me venger! Ah, bon ami! ton cœur, toujours ton cœur, rien que ton cœur... Revoyons cette grotte : peut-être y pourrai-je ajouter quelque chose. Travailler pour ce qu'on aime, c'est tromper l'ennui de l'absence, c'est hâter le moment du retour.

(Elle arrange, elle va et vient, et entre dans la caverne lorsque Beauval père paraît. Celui-ci se glisse entre les rochers avec précaution. Il est dans le plus grand désordre.)

SCÈNE V.

BEAUVAL père, ZAMÉ, dans le fond.

BEAUVAL PÈRE.

Où suis-je ?..... où porter mes pas incertains ?... Comment échapper aux dangers qui me poursuivent ? J'ai vu massacrer mon économe et mes amis du Cap. Barthélemi et moi, nous sommes presque les seuls qui se soient échappés, et nous ne devons la vie qu'au désordre inséparable d'un tel combat. Entraîné par la foule, jeté dans des routes inconnues, j'ai gravi ces rochers, où, loin de trouver un asyle, je ne rencontrerai peut-être que mes ennemis et la mort. Ah! nous avons réduit les nègres au désespoir, et leur valeur, leur funeste valeur en a l'effrayant caractère. Le fer, le feu, rien ne les étonne, rien ne les arrête. Ils se précipitent, ils frappent, ils tombent, ils meurent ; mais ils nous entraînent avec eux. Ah! mon fils, mon digne fils ! que de maux, que de regrets je me serais épargnés si j'avais pu te croire !... Où es-tu ? Tu n'as pas suivi ces barbares ; tu ne t'es pas armé contre ton père. T'ont-ils enveloppé dans la proscription ? Te comptent-ils parmi leurs victimes ? Ah! l'incertitude de ton sort rend le mien plus insupportable encore.

ZAMÉ

Un blanc !.... comment a-t-il pénétré jusqu'ici ? (*Elle approche.*) C'est Beauval... c'est Beauval, grand Dieu !

ACTE IV, SCÈNE V.

BEAUVAL PÈRE.

Zamé! Les noirs sont ici; tout est fini pour moi.

ZAMÉ.

Malheureux, que voulez-vous? que cherchez-vous?

BEAUVAL PÈRE.

Je n'attends plus que la mort.

ZAMÉ.

Elle est inévitable.

BEAUVAL PÈRE.

Je la recevrai du moins avec résignation.

ZAMÉ.

Épargnez-moi cet horrible spectacle. Fuyez, au nom de Dieu, fuyez.

BEAUVAL PÈRE.

Où fuir? quel chemin prendre?

ZAMÉ.

Je m'égare... je m'égare! La fuite est impossible; il n'y faut pas penser.

BEAUVAL PÈRE, accablé.

C'est donc ici qu'il faut mourir. Qu'ils viennent, je les attends. Je baisse la tête, je ferme les yeux, et je reçois le coup fatal sans me défendre, sans me plaindre... J'ai mérité mon sort! j'ai mérité mon sort!

ZAMÉ, vivement.

Tu es capable de remords!

BEAUVAL PÈRE.

Hélas! c'est tout ce qui me reste.

ZAMÉ.

Ce mot répare tout : tu mérites de vivre.

BEAUVAL PÈRE.

Et c'est toi qui me tiens ce langage! Tu ne me livres pas!

ZAMÉ.

Tu es homme, tu es malheureux, tu es sacré pour moi.

BEAUVAL PÈRE, navré.

J'ai fait couler ton sang.

ZAMÉ.

Je sauverai le tien. Je m'expose sans doute; mais je fais une bonne action, je le sens à mon cœur.

BEAUVAL PÈRE.

Sensibilité, bienfaisance, générosité, tout ce qui honore les hommes, tu le réunis en toi. Tant de grandeur m'accable, tant de vertu me confond.

ZAMÉ.

Je sais aimer, je ne sais point haïr. Mais ne perdons pas un temps précieux. Si tu étais découvert, rien ne pourrait te sauver. Suis-moi. Cette caverne va te cacher à tous les yeux : j'en éloignerai Télémaque. Cette nuit, je t'en sors en silence, je te conduis, je trompe nos sentinelles, je ne te quitte pas que tu ne sois hors d'atteinte.

BEAUVAL PÈRE.

Je m'abandonne à toi. Mais, dis-moi, qu'est devenu mon fils? Ah! rassure un trop malheureux père.

Ont-ils épargné sa jeunesse? m'ont-ils ôté plus que la vie? De grace, réponds-moi. Où est mon fils?

ZAMÉ, *l'entraînant vers la caverne.*

Il est ici; il soulage l'humanité; il jouit de ses bienfaits.

BEAUVAL PÈRE.

Il vous est cher encore! Qui donc a-t-il combattu?

ZAMÉ.

Hé! pouvait-il combattre? a-t-il des ennemis?

BEAUVAL PÈRE.

Il a respecté son père! Ah! combien je me sens soulagé!

ZAMÉ, *l'entraînant.*

Suis-moi, suis-moi donc... Veux-tu que je te voie mourir. (*Le poussant dans la caverne.*) Sois immobile, silencieux et confiant.

SCÈNE VI.

ZAMÉ, seule.

Je suis contente de moi. Ce vieillard, si long-temps égaré, revient en un moment à la raison, à l'équité. Il nous eût détestés en tombant sous nos coups : il vivra pour nous connaître, nous aimer et nous bénir. La sensibilité a donc aussi ses conquêtes! Ah! cette seule idée et m'élève et m'enchante. Que vois-je... encore un blanc qui fuit de ce côté... on le poursuit... on le gagne de vitesse. Il est perdu!

(Barthélemi entre en courant, éperdu, hors de lui. Les nègres le suivent à la distance de douze ou quinze pas. Barthélemi se jette dans la caverne ; les nègres veulent y entrer après lui. Zamé se précipite à leur rencontre, et les arrête.

ZAMÉ.

Un moment... un moment... C'en est fait d'eux... l'espoir s'éteint dans le fond de mon cœur.

(Elle étend les bras pour défendre l'entrée de la caverne.)

SCÈNE VII.

ZAMÉ, NÈGRES, TÉLÉMAQUE.

TÉLÉMAQUE, accourant.

Quel tumulte! quel bruit! on menace Zamé! elle est éperdue et tremblante... Malheureux, qu'osez-vous faire? vous attaquer à votre frère d'armes, l'outrager dans son épouse! (*Il se jette à l'entrée de la caverne.*) Le premier qui s'avance...

UN NÈGRE.

C'est gnion blanc après qui nous couri. Nous tené li là dedans.

TÉLÉMAQUE, furieux.

Un blanc dans cette caverne... et c'est vous qui suspendez les coups... Vous frémissez! êtes-vous coupable? Répondez, répondez.

ZAMÉ, tombant à ses pieds.

Je n'ai rien à répondre. J'implore mon époux.

TÉLÉMAQUE.

Ton époux! c'est ton chef, c'est ton juge qui t'in-

ACTE IV, SCÈNE VIII.

terroge. (*La relevant.*) Relevez-vous, éloignez-vous, je ne vous connais plus.

(Il entre dans la caverne.)

ZAMÉ, presque évanouie.

Mon sang se glace... ma tête se perd.

SCÈNE VIII.

ZAMÉ, NÈGRES, TÉLÉMAQUE traînant après lui BEAUVAL PÈRE.

TÉLÉMAQUE, envisageant Beauval père.

C'est lui ! c'est lui !

ZAMÉ.

Je succombe... je me meurs.

TÉLÉMAQUE, avec une joie féroce.

Te voilà donc en mon pouvoir ! ton supplice va commencer. Je vais en repaître mes yeux. Il sera long, il sera cruel comme toi. Tu demanderas la mort comme un bienfait, tu ne l'obtiendras pas. (*A Zamé.*) Toi, que j'ai tant aimée, que, malgré ma fureur, j'idolâtre peut-être encore, tu trahissais tes frères, ton époux, ta patrie ! Je combattrai mon indigne amour. Si je ne peux l'étouffer, je le réduirai au silence. J'en mourrai, je le sens ; mais, j'aurai été juste envers tout le monde... Elle ne m'entend plus : ses yeux se ferment, son ame l'abandonne. (*A Beauval père.*) Vois l'état où l'a réduite sa coupable pitié. Bourreau de mon épouse, tu l'assassines une seconde fois.

BEAUVAL PÈRE, avec calme et dignité.

Venge-toi sur moi seul, ménage cette infortunée. Le hasard a tout fait ; elle est innocente.

TÉLÉMAQUE, ivre de joie, aux nègres.

Mes amis, entendez-vous ?... elle n'est pas coupable... Non, elle n'est pas coupable. Le crime lui sera toujours étranger.

ZAMÉ, revenant à elle.

J'ai voulu t'en épargner un.

BEAUVAL PÈRE, à Télémaque.

Qu'ordonnes-tu ?

TÉLÉMAQUE.

La mort.

BEAUVAL PÈRE.

Je t'aurais cru capable de pardonner.

TÉLÉMAQUE.

Pardonnas-tu jamais ? (*Aux nègres.*) A la mort. (*Les nègres le saisissent.*)

ZAMÉ avec la plus grande force.

Arrêtez, arrêtez. (*A Télémaque.*) Tu parlais de vertu, et tu vas massacrer le père de ton ami! Tu invoquais l'amour; tu ne le connus jamais : jamais ce sentiment ne s'allia à la férocité, jamais il ne résista au cri de la douleur. Rugis, malheureux, ravage, détruis, égorge, et ne me parle plus d'aimer. Tu me menaces d'un entier abandon. Ah ! fuis dans le fond d'un désert; laisse-moi seule avec mon innocence. Toi, tu reposerais sur mon sein, souillé du sang d'un homme qui t'implore, qui n'est plus à craindre, et pour qui vainement j'aurai demandé grace ! Non. J'ai applaudi à des exploits nécessaires, je ne pardonnerai pas un lâche assassinat. Va, te dis-je, sois la proie des passions qui te dévorent, des remords qui suivent les forfaits. Le ciel est juste, et tu tomberas un jour, victime de tes propres fureurs.

SCENE IX.

ZAMÉ, NÈGRES, TÉLÉMAQUE, BEAUVAL PÈRE, BEAUVAL FILS.

BEAUVAL FILS.

Mon père !... mon père ! Où le conduisez-vous ?

ZAMÉ.

Ils vont l'assassiner.

BEAUVAL FILS, à Télémaque.

Mon ami, arrachons-le de leurs mains.

ZAMÉ.

Il dirige leurs bras.

BEAUVAL FILS.

(*Il pousse un cri d'horreur*, ah!... *En se couvrant le visage de ses mains, et reprenant avec force.*) Tu ne le commettras pas ce crime abominable. A peine l'aurais-tu consommé, que, désespéré, avili à tes propres yeux, tu chercherais, contre toi-même, un asyle dans mes bras, qui te repousseraient avec horreur. Fait pour les vertus comme pour la gloire, tu ne dégraderas point ton noble caractère. Tu as su combattre, vaincre; tu feras plus, tu te vaincras toi-même : ce dernier triomphe est digne de toi. Non, tu ne joindras pas l'ingratitude à la cruauté. Je t'ai comblé de bienfaits. J'ai abandonné pour toi fortune, amis, parens, patrie. Tu m'as juré de me payer de tant de sacrifices. Je ne veux que la vie de mon père, et tu me la refuserais! Je l'embrasse, je le presse dans mes bras : oseras-tu l'en arracher? Que dis-je? je le dépose dans les tiens. Le voilà. Je le livre à ta loyauté ; je le confie à l'amitié, à la reconnaissance, à l'honneur.

TÉLÉMAQUE, à Beauval père.

Retourne parmi les tiens. Dis-leur : Ces noirs, tourmentés, méprisés, avilis, sont capables de générosité. Leur chef a pu se venger; il m'a donné la vie. Ses soldats, magnanimes comme lui, l'ont entendu prononcer, et n'ont pas murmuré.

(Zamé, Beauval père et fils le pressent dans leurs bras.)

ZAMÉ.

Voilà la véritable grandeur. Ah ! sois toujours mon amant, mon époux, mon héros.

(Barthélemi sort de la caverne, et se range près de Beauval fils.)

BEAUVAL PÈRE.

Je reconnaîtrai ce procédé généreux. Tu m'accordes la vie; je l'emploierai tout entière à assurer votre commun bonheur. Oublions qu'il exista sur mon habitation un maître et des esclaves. Venez, mes amis, venez commencer votre fortune en m'aidant à

ACTE IV, SCÈNE IX.

relever la mienne. Mon fils, Télémaque, Zamé, oublions nos malheurs passés, au sein d'une aisance honnête, et d'une confiance réciproque, fondée sur l'estime, la reconnaissance, l'amour et l'amitié.

TÉLÉMAQUE.

Ce dernier trait me désarme et t'acquiert mon estime. Braves compagnons, hâtons-nous de prouver à nos ennemis que l'oisiveté, le brigandage, l'injustice, ne nous ont pas mis les armes à la main. L'homme est né pour le travail. Retournons dans la plaine, fertilisons ces champs que nous venons de ravager, et puisse l'exemple de Beauval, en éclairant les Colons sur leurs véritables intérêts, les déterminer enfin à consolider leur fortune par la justice et l'humanité.

FIN DU BLANC ET DU NOIR.

LE PETIT MATELOT

OU

LE MARIAGE IMPROMPTU,

COMÉDIE

EN UN ACTE ET EN PROSE.

PRÉFACE.

Une préface à un opéra! Pourquoi non ? Celle-ci sera courte, et c'est du moins une qualité dans une préface.

Je n'entretiendrai le public ni de lui, ni de moi; mais j'aime à dire ce que je pense, et j'avoue, avec un plaisir vif et vrai, que je dois le succès de cette bagatelle aux talens et aux soins des artistes qui ont bien voulu la faire valoir. Tous s'y sont prêtés avec cette complaisance, cette amabilité si flatteuses pour un auteur, et dont un auteur seul peut connaître le prix.

Madame Verteuil, toujours vraie, et quelquefois inimitable, n'a pas dédaigné un rôle accessoire, et je saisis avec empressement cette occasion de l'en remercier.

Aucun genre n'est étranger au véritable talent, et le public a souri aux espiègleries de mon petit *Sarpejeu*, qui, dès long-temps, a l'heureuse habitude de lui arracher des larmes.

Je tire de ces observations une conséquence assez naturelle: c'est que les arts ne sont pas perdus encore. C'est au petit nombre de spectateurs éclairés qu'il appartient d'en conserver, d'en ranimer le foyer, en encourageant des acteurs précieux qui ne s'occupent que de leurs plaisirs, et qui n'éprouvent pas toujours leur reconnaissance.

PERSONNAGES.	ACTEURS.
LE PÈRE THOMAS, villageois.	Juliet.
BAZILE, amant de Lise.	Duverney.
SABORD, capitaine corsaire.	Rézicourt.
FULBERT, fils de Sabord, 16 ans.	Mesd. Scio.
LA MÈRE THOMAS, villageoise.	Verteuil.
CÉCILE, âgée de 14 ans, sa fille.	Rolandeau.
LISE, âgée de 16 ans, idem.	Rosine.

La Scène est dans un village, sur le bord de la mer. Le fond du théâtre représente quelques rochers et la mer. A la droite du spectateur, près l'avant-scène, est une maison de paysan. A côté, est une tonnelle, sous laquelle sont des escabelles et une table, rangées sans ordre.

Représenté pour la première fois sur le théâtre de la rue Feydeau, le 7 nivose an IV de la république.

LE PETIT MATELOT,

OU

LE MARIAGE IMPROMPTU,

COMÉDIE.

SCÈNE PREMIÈRE.

LISE, CÉCILE, sortant de la maison.

DUO.

LISE.

Vois, ma sœur, quel beau jour
Nous promet la brillante aurore.

CÉCILE.

Tu ne me dis pas que l'amour
Pour toi va l'embellir encore.

LISE.

Pensons d'abord à nos parens ;
Pour nous c'est un plaisir, ma chère ;
Et pour les cœurs indifférens,
Ce n'est rien qu'un devoir austère.

Ensemble.

Pensons d'abord à nos parens,
Que nos tendres soins les honorent,
Plaignons les cœurs indifférens,
Quels plaisirs ils ignorent !

LISE.

Vite, ma sœur, préparons tout.

Le déjeuner sous la tonnelle.
(Elles arrangent.)

CÉCILE.

Prends la table par l'autre bout;
Approche donc cette escabelle.
Le pain, la tranche de jambon,
Du vin pour égayer mon père.

LISE.

Ajoutons-y ce melon ;
C'est le régal de ma mère.

CÉCILE.

Et ce joli fromage au lait,
Croyez-vous qu'il plaise à Bazile ?
C'est pour lui seul que je l'ai fait.

LISE, l'embrassant.

Ah ! je te reconnais, Cécile.

CÉCILE.

Hé, gai, gai, c'est aujourd'hui
Qu'on te marie.
Jeune amant, bonne métairie,
Bonheur constant, jamais d'ennui.
On dansera dans la prairie,
Et j'ouvre la danse avec lui.

Ensemble.

LISE.	CÉCILE.
Enfin mon cœur est à son aise.	Oh ! non, je ne me sens pas d'aise,
Quand le devoir prescrit l'amour,	Et sans savoir ce qu'est l'amour,
Il est tout simple qu'on se plaise	Il est tout simple qu'on se plaise
A le couronner à son tour.	A penser qu'on aura son tour.

CÉCILE, finement.

Toujours les yeux de ce côté.

SCÈNE I.

LISE.

Hé! mais... c'est par là qu'il arrive.

CÉCILE.

Il eût dû devancer le jour.

LISE.

Je ne dis pas cela, Cécile.

CÉCILE.

Hé! sois donc franche une fois en ta vie. Tu sèches d'impatience.

LISE, d'un ton précieux.

Le terme est fort, ma sœur.

CÉCILE.

Cela se peut, mais il est juste. En effet, Bazile est si aimable!

LISE.

Tu t'en es aperçue?

CÉCILE.

Et toi, friponne, et toi?

LISE, d'un air réservé.

Mais, moi, je l'épouse.

CÉCILE, jouant l'embarras.

Et moi, si je me marie un jour...

LISE.

Hé bien?

CÉCILE, se livrant davantage.

Je veux un homme qui lui ressemble. (*montrant son front.*) Son portrait est là, et l'amour m'en doit la copie.

LISE.

Quelles idées à ton âge!

CÉCILE, *jouant la petite femme.*

J'ai quatorze ans, ma sœur.

LISE.

Et, par conséquent, tu es encore loin du terme...

CÉCILE, *reprenant sa gaieté.*

Pas tant, ma sœur, pas tant. D'ailleurs, il n'est pas défendu de penser à l'avenir. Tiens, je me figure un joli petit espiègle, pas plus haut que cela. (*Elle marque sa taille avec sa main.*) Ses cheveux blonds tombent par boucles sur ses épaules; son œil bleu va à l'ame, et cependant il a de la vivacité; sa démarche est leste, son air assuré...

LISE.

Réservé, ma sœur.

CÉCILE.

C'est ce que je voulais dire.

LISE.

Le portrait de Bazile, enfin.

CÉCILE.

La nuance un peu moins foncée : voilà toute la différence.

LISE.

Que tu es folle, mon enfant !

CÉCILE.

AIR.

Ah ! laissez-moi déraisonner,
C'est le seul plaisir de mon âge.

SCÈNE II.

En attendant mon mariage,
Je veux au moins m'en amuser.
Tiens, me vois-tu dans mon ménage,
Toujours riant, et caressant
Mes marmots et leur tendre père;
De vrais amis me chérissant,
Et le pauvre me bénissant!
D'une erreur qui, déja, m'est chère,
Ah! crains de me désabuser.
Mon cœur a créé la chimère;
L'amour peut la réaliser.

LISE.

Voici mon père et ma mère.

CÉCILE.

Laissons donc là mon mariage, et revenons au tien.

SCÈNE II.

LISE, CÉCILE, Le père et la mère THOMAS.

LISE.

Bonjour, mon père.

CÉCILE.

Bonjour, maman.

LE PÈRE ET LA MÈRE THOMAS.

Bonjour, mes enfans.

LE PÈRE THOMAS.

Déja levée, Lise! On ne dort pas le jour qu'on se marie; je m'en souviens. Vous m'avez causé plus d'une insomnie, madame Thomas, et cependant j'avais déja du caractère. C'est une terrible chose que le mariage ! Tudieu ! comme cela fait penser les filles ! mais on s'y fait, on s'y fait. N'est-il pas vrai, madame Thomas ?

LA MÈRE THOMAS.

Monsieur Thomas, monsieur Thomas, de la prudence, de la retenue.

LE PÈRE THOMAS.

Tu baisses les yeux, Lise ? Il faut savoir prendre son parti, mon enfant. Tu te résigneras facilement.

LA MÈRE THOMAS.

Mon mari !

LE PÈRE THOMAS.

Ma femme ?

LA MÈRE THOMAS, montrant Cécile.

Cette petite fille...

LE PÈRE THOMAS.

Grandira, on lui en contera, le jeu lui plaira, on la mariera...

CÉCILE, avec une révérence.

Et elle vous remerciera.

LE PÈRE THOMAS.

Voyez-vous cela ?

LA MÈRE THOMAS.

Qu'est-ce que c'est, mademoiselle, qu'est-ce que c'est ? Je vous conseille de penser à ces choses-là.

CÉCILE, d'un petit air boudeur.

Mais, n'y pensiez-vous pas, ma mère ?

SCÈNE II.

LE PÈRE THOMAS.

Elle a raison; elle a parbleu raison.

LA MÈRE THOMAS, bas à son mari.

Allons donc, monsieur Thomas, observez-vous, je vous en prie.

LE PÈRE THOMAS, bas.

Je m'observe, madame Thomas. (*Haut.*) Où est donc le futur? Faudra-t-il l'aller chercher? De notre temps on était plus dégourdi. Vous souvient-il, madame Thomas, de la brêche au mur du jardin? hem? et le chien de basse-cour que vous endormiez; et l'échelle du petit grenier...

LA MÈRE THOMAS.

Ceci passe la permission, mon mari.

LE PÈRE THOMAS.

Et le tout en tout bien et en tout honneur, madame Thomas. Vous aviez de la vertu, et vous l'avez toujours conservée; diable!

LA MÈRE THOMAS.

Ah! ça monsieur, finirez-vous?

LE PÈRE THOMAS.

J'ai fini, madame Thomas. Mais, les amours de ces jeunes gens me rappellent ma jeunesse, et il est des souvenirs qui font toujours plaisir.

LA MÈRE THOMAS, bas à son mari.

Hé! sans doute; mais, ce n'est pas le moment d'en parler.

LE PÈRE THOMAS.

On vieillit ; mais, à l'aspect du bonheur, le cœur se réchauffe encore, et on ne sait pas où cela mène, madame Thomas.

LA MÈRE THOMAS.

Vous voulez absolument que je vous cède la place. Suivez-moi, mesdemoiselles, et laissez votre père conter, à qui bon lui semblera, ses merveilleuses prouesses.

LE PÈRE THOMAS.

Quoi! de l'humeur? Sérieusement, tu as de l'humeur? Je ne te reconnais pas là. On marie sa fille, on la marie selon son cœur, cette idée réjouit; on est naturellement gai, on se permet le mot pour rire. Y a-t-il là de quoi se fâcher?.Allons, le baiser de paix, et à table.

(Ils s'embrassent.)

CÉCILE.

Hé! voilà Bazile.

SCÈNE III.

LISE, CÉCILE, LE PÈRE ET LA MÈRE THOMAS, BAZILE.

LE PÈRE THOMAS.

Allons donc, allons donc, monsieur le marié. On a bien de la peine à vous avoir.

BAZILE.

Je craignais qu'on ne fût pas levé encore.

SCÈNE III.

LE PÈRE THOMAS.

Tu craignais... tu craignais... Craint-on quelque chose le jour qu'on se marie? (*Le poussant.*) Embrasse, embrasse donc, nigaud. (*La mère Thomas le tire par l'habit.*) Il n'embrassera pas sa femme, n'est-il pas vrai?

LA MÈRE THOMAS.

Déjeunons, déjeunons. Tu te tairas peut-être à table.

LE PÈRE THOMAS.

Oh! je t'en réponds : chaque chose à son temps. Allons, Lise auprès de Bazile, et Cécile entre sa mère et moi.

(On se place.)

QUINQUE.

LE PÈRE THOMAS.

On est vraiment heureux à table,
Entre sa femme et ses enfans.
Objets chéris, vin agréable,
Dissipent la froideur des ans.

CÉCILE, LISE, BAZILE, LA MÈRE THOMAS.

On est vraiment heureux à table;
Ce plaisir est de tous les temps.
La sève d'un jus délectable
Rapproche l'hiver du printemps.

(On mange.)

LE PÈRE THOMAS.

A ses vertus incontestables
On doit les plaisirs les plus vrais.
Femmes, buvez pour être aimables;
Vieillards, buvons pour être gais.

(On boit.)

LE PETIT MATELOT.

LISE ET CÉCILE.

Qu'on est heureux près d'un bon père
Qui vous porte au fond de son cœur!

CÉCILE.

Et veut-on doubler son bonheur,
On prend un baiser à sa mère.
(Elle embrasse sa mère.)

LISE ET BAZILE.

Nous aurons aussi notre tour.
Recevez ce tribut d'amour.
(Ils l'embrassent.)

TOUS.

Doux sentiment de la nature,
Présent des cieux,
Source d'une volupté pure,
Devoir saint et délicieux,
Que tes vives flammes
Pénètrent nos ames :
Qui sait aimer n'est jamais vieux.

RÉCITATIF.

BAZILE.

Mais, quel triste présage!
L'air s'obscurcit,
Le temps fraîchit,
L'onde noircit,
Tout annonce l'orage.
Voyez-vous cet épais nuage?
(On sort de la tonnelle.)
Il porte la foudre en son sein.
Déja j'entends dans le lointain
Ce bruit sourd, précurseur des tempêtes.
(Un coup de tonnerre.)

SCÈNE V.

TOUS.

L'orage est sur nos têtes ;
Les vents sifflent, la mer mugit,
L'ombre s'épaissit.
(plusieurs coups de tonnerre.)
Je tremble, je frissonne...
La force m'abandonne.
(Des coups plus forts.)
Ciel, entends nos accens plaintifs ;
Épargne-nous, je t'en conjure ;
Exauce des êtres craintifs,
Et rends le calme à la nature.

(On entend les derniers éclats. Les villageois s'enfuient et rentrent dans la maison. A la lueur des éclairs, on aperçoit Fulbert, qui gagne le rivage. Le bruit du tonnerre diminue, et finit avec l'orchestre. Le jour renaît.)

SCÈNE IV.

FULBERT, seul.

Sacrebleu! quel temps! De ma vie, je ne me suis trouvé à pareille fête. La bourrasque n'a pas duré, mais elle a été forte. Ces rochers sont d'un dur!... Je suis froissé, meurtri. Allons, allons, il ne faut pas y regarder de si près. Me voilà sauvé, c'est fort bien ; mais de quel côté tourner? Pas le sou, et... Voilà une maison; entrons-y. Pourquoi pas? Je conterai mon aventure, on m'offrira, j'accepterai, et je rendrai quand je pourrai. (*Il aperçoit la tonnelle.*) Une table mise! les débris d'un déjeuner! Déjeunons provisoirement, nous nous expliquerons après. (*Il se met à table.*) Du jambon! bon cela..... Du pain frais! à merveille. Du vin! goûtons d'abord le vin. (*Il boit.*)

Pas mauvais, pas mauvais. Inspectons le jambon. (*Il mange.*) Excellent, sur ma foi. Un reste de melon! nous lui dirons deux mots. (*Il mange.*) Un fromage au lait tout entier! On a deviné mon goût, ou le diable m'emporte.

(Il mange.)

SCÈNE V.

FULBERT, CÉCILE.

CÉCILE.

Le vent est tombé, la pluie cesse, rien ne sera dérangé. L'herbe est un peu mouillée; cela n'empêchera pas de danser.

FULBERT.

J'entends quelqu'un : voici l'instant critique.

CÉCILE, d'un petit air de dignité.

Que faites-vous là, mon ami?

FULBERT.

Je déjeune.

(Il mange de tout à-la-fois.)

CÉCILE.

Qui vous en a prié?

FULBERT.

Un appétit dévorant.

(Il mange.)

CÉCILE.

La plaisante raison!

FULBERT.

Je n'en connais pas de meilleure.

(Il mange.)

SCÈNE V.

CÉCILE.

D'où sortez-vous ?

FULBERT.

De la mer.
(Il mange.)

CÉCILE.

Où allez-vous ?

FULBERT.

Je ne vais pas, je reste.
(Il mange.)

CÉCILE.

Vous restez !...

FULBERT.

Partout où je suis bien.

CÉCILE, à part.

Il n'est pas sot.

FULBERT, à part.

Elle n'est pas mal.

CÉCILE, d'un ton de protection.

Voulez-vous me faire la grace de m'entendre ?

FULBERT, sortant de la tonnelle.

Ce sera sans doute un plaisir.

CÉCILE.

Dites-moi, en peu de mots, par quel hasard vous vous trouvez ici ?

FULBERT.

Par un hasard fort ordinaire. On s'embarque par un beau temps; le ciel se brouille, les vents tourbillonnent, le vaisseau porte sur des rochers, il s'entr'ouvre, on sait nager, on gagne terre. Il n'y a rien là que d'assez commun. On trouve un bon déjeuner, on en profite, c'est naturel; on le doit à un hôtesse charmante, et c'est un surcroît de bonheur.

CÉCILE, à part.

Comme il parle! quel jeu de physionomie! (*Haut.*) Voyons les détails. Je ne hais point les détails.

FULBERT.

Moi, je les aime beaucoup. Je m'appelle Fulbert, fils du capitaine Sabord, commandant le corsaire *l'Hirondelle*. Surpris, hier, par une brume épaisse et par un calme plat, les courans ont porté le bâtiment vers la côte. Aujourd'hui, à la pointe du jour, nous avons reconnu le danger. Il fallait un vent de terre pour nous en tirer : il était nord-nord-est.

CÉCILE.

Enfin...

FULBERT.

Le grain est venu, la tempête a suivi. Vous vous en êtes sans doute aperçue?

CÉCILE.

Oh! elle nous a fait perdre la tête.

FULBERT.

Mon père, qui ne la perd jamais, me dit : « Petit Sarpejeu... » Je vous demande pardon; mais, c'est son mot favori.

CÉCILE, minaudant.

Fi donc! c'est épouvantable.

FULBERT.

Vous exigez des détails.

SCÈNE V.

CÉCILE.

Je vous fais grace de ceux-là.

FULBERT.

Mon père me dit donc : « La terre n'est qu'à demi-portée de canon ; aborde : nous nous rejoindrons quand nous pourrons. » Il me prend par le collet, et me jette pardessus le bastingage

CÉCILE.

Dans la mer !

FULBERT.

Dans la mer. Je vais au fond, j'avale quelque peu d'eau salée, je reviens au-dessus, je joue des bras et des jambes, et me voilà.

CÉCILE.

Et votre père le capitaine, car, il est capitaine ?

FULBERT.

Il nage comme un requin : il se tirera de là.

CÉCILE.

Pauvre jeune homme ! Et qu'allez-vous devenir ?

FULBERT.

Je puis attendre le dîner.

CÉCILE.

Mais, où dînerez-vous.

FULBERT.

Avec vous, je l'espère.

CÉCILE, à part.

Il est sans façon. (*Haut.*) Et demain ?

FULBERT, avec ame.

Avec vous, encore avec vous, toujours avec vous. J'ai déja fait trois campagnes; j'ai essuyé deux naufrages et cinq combats : rien de tout cela ne peut vous être comparé.

CÉCILE, attendrie et rêveuse.

Fulbert?

FULBERT.

Mademoiselle.

CÉCILE.

Vous êtes fort?

FULBERT.

Comme un cable.

CÉCILE.

Actif?

FULBERT.

Comme un mousse.

CÉCILE.

Honnête?

FULBERT.

Si je ne l'étais pas, je le deviendrais près de vous.

CÉCILE.

Je conçois un dessein, et je vais l'exécuter. Attendez-moi ici.

SCÈNE VI.

FULBERT, seul.

La jolie petite mine! l'heureux caractère! On ferait

SCÈNE VI.

volontiers naufrage pour une rencontre comme celle-là... Ah! mille diables! ma boîte à tabac! si je l'avais perdue... (*Il la tire de sa poche.*) Pas une goutte d'eau n'a pénétré. Fumons une pipe. Ma pipe et cette aimable enfant, je ne connais rien de plus séduisant au monde.
(Il bat le briquet.)

CHANSON.

Contre les chagrins de la vie
On crie, et ab hoc et ab hac;
Pour moi, j'étais digne d'envie
Avec la pipe de tabac.
Aujourd'hui, changeant de folie,
Et de boussole et d'almanac,
Je préfère fille jolie,
Même à la pipe de tabac.

Le soldat bâille sous la tente,
Le matelot sur le tillac;
Bientôt ils ont l'ame contente
Avec la pipe de tabac.
Si pourtant survient une belle,
A l'instant le cœur fait tic tac,
Et l'amant oublie auprès d'elle
Jusqu'à la pipe de tabac.

Je tiens cette maxime utile,
De ce fameux monsieur de Crac:
En campagne comme à la ville,
Fêtons l'amour et le tabac.
Quand ce grand homme allait en guerre,
Il portait, dans son petit sac,
Le doux portrait de sa bergère
Avec la pipe de tabac.

SCÈNE VII.

LISE, BAZILE, FULBERT, LA MÈRE THOMAS, CÉCILE.

LA MÈRE THOMAS, accourant.

Ah! bon Dieu! bon Dieu! qu'est-ce que tu m'as conté là? Ce cher enfant! à son âge, deux naufrages et cinq combats! Mais, voyez donc comme il est gentil!

CÉCILE, à part.

C'est une remarque que j'ai déja faite.

LA MÈRE THOMAS.

Oh! le pauvre petit! il est mouillé jusqu'aux os. Vite, un bon feu et du vin chaud.

CÉCILE.

Je vais arranger cela, ma mère.

(Elle rentre.)

LA MÈRE THOMAS.

Elle est un peu étourdie; mais, elle a le cœur excellent.

FULBERT.

Elle a le cœur de sa mère.

LISE.

Mais, maman, ce n'est rien que de le sécher : il faut penser à l'avenir.

BAZILE.

Le voilà sans ressources, sans asyle.

LISE.

Il y aurait de la cruauté à le renvoyer dans cet état.

SCÈNE VII.

LA MÈRE THOMAS.

Qu'appelez-vous le renvoyer! un infortuné que la providence jette dans mes bras! je laisserais à un autre le plaisir de lui faire du bien! Non pas, non; il restera avec nous.

FULBERT, sautant.

Me voilà de la maison.

LA MÈRE THOMAS.

Dis-moi, mon garçon, sais-tu travailler à la terre?

FULBERT.

Je ne m'en doute pas. Mais, avec de la jeunesse et de la bonne volonté, on fait tout ce qu'on veut.

LA MÈRE THOMAS.

C'est ça, mon garçon, c'est ça. Le père Thomas se fait vieux, il a besoin d'être aidé; les bras sont rares, tu travailleras avec lui. Tu auras un peu de peine...

FULBERT.

Oh! j'y suis accoutumé.

LA MÈRE THOMAS.

Mais, le soir, on rentre gaiement, on soupe de bon appétit, et puis la veillée. Le père Thomas prend son gros livre; je file, en chantant la petite chanson; Cécile tricote et fait chorus. Je ne parle pas de Lise : fille qu'on marie est perdue pour sa mère. (*Une larme.*) Mais, enfin, c'est pour son bien. Toi, tu nous conteras tes naufrages et tes combats. A la fin de la semaine, on se rassemble dans la prairie; chacun porte son plat; on rit, on court, on danse. C'est là que les jeunes gens arrangent leurs mariages, et que les vieillards se félicitent de s'être mariés.

FULBERT.

Bien travailler, bien se divertir, et prendre le temps comme il vient, c'est ma devise à moi.

LA MÈRE THOMAS.

Il est charmant, il est charmant.

CÉCILE.

Tout est prêt, maman. Allons, Fulbert.
(Elle le prend par la main.)

FULBERT.

Je ne vous remercie pas; mais je vous aime. Vos tendres soins sont gravés là.

LA MÈRE THOMAS.

Hé! mon Dieu!... J'oubliais... Dame, on ne peut pas penser à tout à la fois. Et ce vaisseau qui est ouvert; et son père qui est resté dessus; et les autres... S'il était encore temps de leur porter du secours... Je vais soigner cet enfant, le père Thomas finit avec le notaire. Voyez cela, Bazile, voyez cela.

SCÈNE VIII.

LISE, BAZILE.

BAZILE, tirant une montre d'argent, avec un peu d'humeur.

Neuf heures!

SCÈNE IX.

LISE.

Qu'importe, mon ami?

BAZILE.

Et la noce?

LISE.

Et les naufragés? Je te demande ce sacrifice. Va, mon ami, va.

SCÈNE IX.

LISE, seule.

Amour, quelle est ta puissance
Sur des amans ingénus !
Tu doubles leur existence
Par le charme des vertus.
Feu sacré, feu légitime,
Oui, je cède à ton pouvoir.

Adorer ce qu'on estime,
Le doux, l'aimable devoir !
Digne objet de ma tendresse,
Tu partages mon ardeur :
De notre commune ivresse
Va naître notre bonheur.

Bazile revient. Il a un homme avec lui. C'est sans doute un de ces infortunés. La journée commence bien. C'est d'un bon augure pour l'avenir.

SCÈNE X.

LISE, BAZILE, SABORD, portant un petit sac de cuir attaché par une courroie, des pistolets à sa ceinture.

BAZILE.

Je suis au comble de la joie.

SABORD.

Moi, j'ai de l'humeur, monsieur, j'ai de l'humeur.

BAZILE.

Grâce au ciel, vous voilà sauvé.

SABORD.

Et mon vaisseau est à tous les diables.

BAZILE.

Qu'est-ce que cela en comparaison?...

BAZILE.

Qu'est-ce que cela? qu'est-ce que cela? Un *cutter* de quatre-vingt mille livres, le meilleur voilier de l'Orient, le corsaire *l'Hirondelle*! Cela ne se répare pas, monsieur, cela ne se répare pas.

BAZILE.

Si cependant vous vous fussiez noyé...

SABORD.

Voyez le grand malheur! ne faut-il pas finir? de cette maladie-là ou d'une autre, qu'importe?

BAZILE.

Et vos compagnons? point d'espoir?

SCÈNE X.

SABORD.

Serais-je ici, s'il y en avait encore un seul en vie? Tout est au fond de la mer. Le plus brave équipage de France. Cela vous sautait à l'abordage; il fallait voir ! Vaisseau attaqué, vaisseau à nous; c'était la règle. Enfin, les regrets ne servent à rien. Dieu leur fasse paix et miséricorde.

LISE.

Il ne prend pas seulement garde à moi.

BAZILE.

Ne voudriez-vous pas vous rafraîchir?

SABORD.

Me rafraîchir ! il m'a trouvé dans l'eau.

BAZILE.

Si vous préférez vous chauffer...

SABORD.

Je ne me chauffe qu'au feu du canon.

BAZILE.

Vous boirez donc un coup?

SABORD.

J'en boirai deux, jeune homme.

LISE.

Quel singulier caractère !

BAZILE, lui versant du vin.

Vous le trouverez bon?

SABORD.

Qu'est-ce que c'est que ça?

BAZILE.

Hé! parbleu! c'est du vin.

SABORD.

Depuis dix ans, je n'en bois plus.

BAZILE.

Si vous voulez de l'eau?...

SABORD.

Qu'appelez-vous de l'eau? Du rhum, du rack.

LISE.

Ah! quel homme!

BAZILE.

Malheureusement nous n'en avons pas.

SABORD.

Qui diable vous en demande? J'en ai, moi; je ne marche pas sans cela. (*Il tire une bouteille empaillée, boit un coup, et la présente à Bazile.*) A vous, luron.

BAZILE.

Je vous remercie, je n'en use pas.

SABORD, serrant la bouteille.

Tant pis pour vous.

LISE.

Si monsieur veut se débarrasser de ce sac?

SABORD.

Il ne m'embarrasse pas.

LISE.

Je le mettrais en lieu sûr.

SCÈNE X.

SABORD.

Il est ici plus en sûreté encore.

LISE.

Il n'est pas poli, ce monsieur-là.

SABORD.

Poli? pourquoi faire?

BAZILE.

Écoutez donc, monsieur; vous traitez ma future...

SABORD.

Je n'ai pas voulu l'offenser. Je suis dur, je m'emporte; mais je suis bon diable au fond. Laissons là ce galimatias. A propos, vous n'avez pas entendu parler d'un petit Sarpejeu, qui était mousse à bord de *l'Hirondelle*, et que j'ai jeté à l'eau, afin de le tirer d'embarras?

LISE.

Il vous intéresse?

SABORD.

Par-là corbleu! je le crois. Je suis son père.

LISE, avec joie.

Vous êtes son père!

SABORD.

Tout comme un autre. Cela vous étonne?

LISE.

Je ne dis pas cela, monsieur. (*A part.*) Ah! quel original!

SABORD.

Enfin, où est-il, ce petit drôle? L'avez-vous mis aussi en lieu de sûreté?

LISE.

Il est chez nous, monsieur, où il reçoit les soins qu'on doit à la jeunesse et au malheur.

SABORD.

Vous avez pris soin de lui? Vous êtes donc de braves gens? C'est bien cela, c'est bien. Je suis content de vous, et je vous remercie.

(Il leur présente la main.)

BAZILE, à part.

Il se radoucit, cependant.

SABORD.

Écoutez donc. Vous m'avez dit que vous vous épousiez?

BAZILE.

Sans votre accident, la cérémonie serait faite.

SABORD.

Que je ne dérange rien : jamais je n'ai gêné que l'ennemi. Et, dites-moi ; vous vous aimez? (*Lise baisse les yeux.*) Elle baisse les yeux ; elle baisse les yeux. On t'aime, mon garçon.

BAZILE.

Ah! comme on est aimé.

SABORD.

Cela ne suffit pas. Je ne me livre pas d'abord ; mais, quand je connais d'honnêtes gens dans le besoin, je n'ai rien à moi.

LISE.

Jamais, monsieur, nous n'avons été à charge à personne.

SCÈNE XI.

SABORD.

Qui diable vous parle de cela? Ce sac renferme cinquante mille écus en or ; c'est tout ce qui me reste. Un tiers à mes besoins, un tiers à mon fils, et l'autre à mes plaisirs : j'en aurai à vous rendre heureux. Pour peu que cela vous plaise...

LISE.

Gardez votre or, monsieur ; nous ne vendons pas nos services.

SABORD.

Voilà qui est plaisant, par exemple ! refuser de l'argent qu'on leur offre de bon cœur, tandis que, pour en avoir, je m'expose tous les jours à me faire casser la tête. Vous n'en voulez pas ; c'est votre dernier mot?

LISE.

Mille remercîmens.

SABORD.

N'en parlons plus. Allez, mariez-vous, et que le ciel vous bénisse.

SCÈNE XI.

SABORD, LISE, BAZILE, FULBERT, CÉCILE, LE PÈRE THOMAS, LA MÈRE THOMAS.

SEPTUOR.

FULBERT.

Hé, palsambleu, voilà mon père !

LE PETIT MATELOT.

SABORD.

Oui, c'est moi, petit Sarpejeu.

CÉCILE, LE PÈRE ET LA MÈRE THOMAS.

Quel moment prospère!
Il revoit son père!

CÉCILE, à part.

Il faut l'arrêter en ce lieu.
(A sa mère.)
Il doit être bien las, ma mère.

SABORD.

Allons petit Sarpejeu,
Remercie, et dis adieu.

CÉCILE, LISE, BAZILE, FULBERT, LE PÈRE ET LA MÈRE THOMAS.

Hé quoi! vous en aller si vite!
Vous vous reposerez un peu.

CÉCILE, à part.

Faut-il déja se dire adieu!

SABORD.

Le temps est bon, et j'en profite.
Je vais gagner le port voisin.
J'arme, j'équipe un brigantin,
Et je tente encor la fortune.
Je ris des fureurs de Neptune.
Il vient d'engloutir mon vaisseau;
Moi, j'en relance un autre à l'eau.

CÉCILE, LISE, BAZILE, LE PÈRE ET LA MÈRE THOMAS.

Entrez chez nous, entrez, de grace;
Vous prendrez un peu de repos.

SABORD.

Ah! ventrebleu! que de propos!

SCÈNE XI.

Je n'aime pas qu'on me tracasse.

CÉCILE, LISE, BAZILE, FULBERT, LE PÈRE ET
LA MÈRE THOMAS.

Entrez chez nous, entrez, de grace;
FULBERT. Entrez chez eux, entrez, de grace;
Vous prendrez un peu de repos.

FULBERT.

Je suis bien, et j'y reste.
On le veut, je cèderai.
Partez, je suis leste,
Je vous rejoindrai.

SABORD, à son fils.

Corbleu! je crois qu'on me résiste!
Petit Sarpejeu,
Qu'on me suive, ou, si l'on persiste,
On va voir beau jeu.

CÉCILE, à part.

Hé quoi! déja se dire adieu!

CÉCILE, LISE, BAZILE, FULBERT, LE PÈRE ET
LA MÈRE THOMAS.

En partageant notre allégresse,
FULBERT. En partageant leur allégresse,
* Vous oublîrez votre chagrin.
Entrez chez nous, rien ne vous presse;
FULBERT. Entrez chez eux, rien ne vous presse;
Vous partirez demain matin.

SABORD.

Vous m'excédez enfin.

CÉCILE, LISE, BAZILE, LE PÈRE ET LA MÈRE THOMAS.

Entrez chez nous, rien ne vous presse;
Vous partirez demain matin.

SABORD, se défendant.

Quelle diable de politesse !

CÉCILE, LISE, BAZILE, LE PÈRE ET LA MÈRE THOMAS.

Ensemble.

A nos vœux, rendez-vous enfin.
Entrez chez nous, rien ne vous presse.
Vous partirez demain matin.

FULBERT.

A leurs vœux, rendez-vous enfin.
Entrez chez eux, rien ne vous presse;
Vous partirez demain matin.

SABORD.

Corbleu ! vous m'excédez enfin.
Quel est le démon qui vous presse
De me garder jusqu'au matin ?

SCÈNE XII.

FULBERT, CÉCILE.

FULBERT, suivant Cécile, et lui donnant un petit coup sur l'épaule.

Un mot, mademoiselle Cécile.

CÉCILE, se retournant.

Bien volontiers, monsieur Fulbert.

FULBERT, à part.

Comment m'y prendre ?

CÉCILE, à part.

Que va-t-il me dire ?

FULBERT.

J'ai un besoin de parler !

CÉCILE.

Et moi de vous entendre !

SCÈNE XII.

FULBERT, avec un soupir.

Ah !

CÉCILE, avec un soupir.

Ah !

FULBERT.

Le difficile, c'est de commencer.

CÉCILE.

Sans doute ; le reste va de suite.

FULBERT.

Oui, il n'y a que le premier mot qui coûte, mademoiselle Cécile.

CÉCILE.

En conscience, je ne peux pas le dire, monsieur Fulbert.

FULBERT.

Jamais je ne me suis trouvé dans une pareille situation.

CÉCILE.

Ni moi non plus, je vous assure.

FULBERT, d'un ton décidé.

Je vous prie de croire que je ne tremble pas ainsi au feu.

CÉCILE.

Vous me flattez, monsieur Fulbert.

FULBERT.

J'aimerais mieux attaquer un vaisseau à trois ponts, ou le diable m'emporte.

CÉCILE.

Je ne me croyais pas si terrible.

FULBERT, avec impatience.

Mais, vous pourriez m'aider un peu, mademoiselle Cécile.

CÉCILE.

Je vous écoute, je vous réponds : que puis-je de plus, monsieur Fulbert?

FULBERT.

Oh! cet amour! cet amour!

CÉCILE.

Il fait quelquefois bien du mal.

FULBERT.

Et il pourrait faire tant de bien! (*Un soupir.*) Ah!

CÉCILE.

Ah!

FULBERT.

Je connais un jeune homme bien à plaindre.

CÉCILE.

Il ne souffre pas seul, monsieur Fulbert.

FULBERT.

Il a affaire à un père...

CÉCILE.

A un père comme il n'y en a point.

FULBERT.

Qui n'a jamais aimé.

CÉCILE.

Non, il n'en a pas l'air.

FULBERT.

Aussi, est-il sans compassion.

SCÈNE XII.

CÉCILE.

Il est des circonstances où elle paraîtrait si douce!

FULBERT.

Et où elle est si nécessaire!

CÉCILE.

C'est ce que je pensais, monsieur Fulbert.

FULBERT.

Se séparer aussi brusquement!

CÉCILE.

Lorsqu'on commence à se connaître.

FULBERT.

A s'apprécier.

CÉCILE.

A s'estimer.

FULBERT.

Quelque chose de plus, je crois, mademoiselle Cécile.

CÉCILE.

Je ne dis pas non, monsieur Fulbert.

FULBERT.

Plaire à un objet enchanteur, et le regretter toute sa vie!

CÉCILE.

C'est bien dur.

FULBERT, avec un soupir.

Ah!

CÉCILE, avec un soupir.

Ah!

FULBERT.

Et tout cela serait si facile à arranger!

CÉCILE.

Sans doute. Il ne faudrait que s'entendre.

FULBERT.

De l'argent d'un côté...

CÉCILE.

De bonnes terres de l'autre.

FULBERT.

Envie de prospérer...

CÉCILE.

Activité dans le ménage...

FULBERT.

Des forces, de la jeunesse...

CÉCILE.

Et avec tout cela un bon cœur...

FULBERT.

Un cœur tout à sa petite femme, mademoiselle Cécile.

CÉCILE.

Qui serait toute à son mari, monsieur Fulbert.

FULBERT.

Comme cela serait charmant! (*Un soupir.*) Ah!

CÉCILE.

Ah!

FULBERT, avec dépit.

Mais, il est des parens qui ne savent rien deviner.

SCÈNE XII.

CÉCILE.

Quelle rigueur!

FULBERT.

Ou quelle maladresse!

CÉCILE.

Cependant, il ne faut pas désespérer.

FULBERT.

Mais, on pourrait les pressentir.

CÉCILE, se livrant.

On pourrait même davantage.

FULBERT.

Se déclarer tout simplement.

CÉCILE.

Oui, c'est le parti le plus court.

FULBERT.

C'est même le seul quand le temps presse...

CÉCILE.

Et quand on est bien sûr l'un de l'autre.

FULBERT.

Alors on agit de concert.

CÉCILE, avec timidité et en minaudant.

Sans doute, et si vous répondez du jeune homme...

FULBERT, bien tendrement.

Oh! amour pour la vie.

CÉCILE, vivement, allant vers la maison.

Au revoir donc, monsieur Fulbert.

FULBERT, lui donnant un petit coup sur l'épaule.

Mademoiselle Cécile?

CÉCILE, se retournant.

Monsieur Fulbert?

FULBERT.

Vous ne me dites rien de la jeune personne.

CÉCILE.

Oh! amour pour la vie.

SCÉNE XIII.

FULBERT, seul.

Ouf! de quel poids je me sens soulagé! C'est une terrible chose qu'une première déclaration! On se sent si bête, mais si bête!... Enfin, la voilà faite, et comme dit fort bien ma petite Cécile, le reste va de suite. Elle est allée sans doute se confier à sa mère; moi, j'attends de pied ferme le capitaine Sabord, et s'il fait un peu trop le père, je lui ferai voir que je suis son fils.

ARIETTE.

Immobile comme un rocher,
Je ne tente plus de voyages.
Mon père peut aller chercher
Et des combats et des naufrages.
Il veut devenir fameux,
Et moi, je veux être heureux.
Près de toi, Cécile,
Fulbert le sera;

D'un bonheur tranquille
Son cœur jouira :
De gloire inutile
Il se passera.
Je donnerais toute une flotte
Pour un baiser de ce tendron.
Oui, je prends l'amour pour pilote
Et ma maîtresse pour patron.

SCÈNE XIV.

FULBERT, SABORD.

SABORD, sortant de la maison.

Je ne veux pas qu'on me conduise. M'entendez-vous ? je ne le veux pas. (*Il ferme la porte avec force.*) Que diable ! je ne souffre pas qu'on me contredise. (*A son fils.*) A moi, luron. Vent arrière, et en avant.

FULBERT.

Moi, j'ai vent debout, mon père.

SABORD.

Hé bien! tu louvoieras.

FULBERT.

Pas du tout. J'ai fond, et je jette l'ancre.

SABORD.

Petit Sarpejeu !

FULBERT.

C'est exactement comme j'ai l'honneur de vous le dire.

SABORD.

Ah! voici du nouveau. A ton père, à ton capitaine!

FULBERT.

Le père doit être indulgent, et le capitaine doit au moins m'entendre.

SABORD.

Ce petit drôle-là a un esprit d'indiscipline... De la modération, monsieur, de la modération.

FULBERT.

Faut-il que j'en donne l'exemple?

SABORD.

Non, monsieur; je me modère et j'écoute. Voyons, qu'avez-vous à me dire?

FULBERT.

Je vous ai toujours obéi aveuglément.

SABORD.

Vous n'avez fait que votre devoir.

FULBERT.

Vous avez voulu que je fusse marin, je le suis.

SABORD.

C'est le premier métier du monde.

FULBERT.

Vous m'avez mené au feu; je me suis battu.

SABORD.

Fort bien même, fort bien.

FULBERT.

Je viens de faire naufrage pour la seconde fois.

SCÈNE XIV.

SABORD.

Ah! par exemple, ce n'est pas mà faute. Enfin?...

FULBERT.

Enfin, je commence à me dégoûter du premier métier du monde. Jusqu'à présent, j'ai vécu pour vous, et je suis bien aise de vivre un peu pour moi.

SABORD.

Qu'est-ce que c'est, monsieur, qu'est-ce que c'est?

FULBERT.

Je veux être heureux, s'il vous plaît, mon père.

SABORD.

Hé! que vous manque-t-il pour cela, monsieur?

FULBERT.

Je vais vous l'apprendre, mon père.

SABORD.

Voyons, monsieur?

FULBERT.

On m'a accueilli dans cette maison...

SABORD.

Je sais cela. Au fait.

FULBERT.

Et j'y ai trouvé ce que je ne rencontrerai nulle part.

SABORD.

Diable! Hé, qu'avez-vous donc trouvé?

FULBERT.

Une mine comme on n'en voit pas, même sur les

côtes de Taïty; un œil noir qui vous perce son homme à jour; une vivacité, une gaieté....

SABORD.

Ah! je commence à comprendre : monsieur est amoureux.

FULBERT.

Comme un fou.

SABORD.

Un amoureux de seize ans!

FULBERT.

Ce sont les meilleurs, mon père.

SABORD.

Et une fille de quatorze ou quinze!

FULBERT.

Voilà comme je les aime, mon père.

SABORD.

Et moi, je vous défends de l'aimer, monsieur.

FULBERT.

Vous lui défendrez donc de me paraître aimable?

SABORD.

Je voudrais bien savoir où peuvent mener de semblables amours?

FULBERT.

A un bon et solide mariage.

SABORD.

Monsieur mon fils!

FULBERT.

Monsieur mon père!

SCÈNE XIV.

SABORD.

Qui vous a donné cette idée saugrenue?

FULBERT.

Elle est venue tout naturellement.

SABORD.

Et je m'y prêterai?

FULBERT.

Je l'espère.

SABORD.

N'y comptez pas, monsieur, n'y comptez pas.

FULBERT.

Mais encore, quelle raison?...

SABORD.

Comment, quelle raison! Ah! vous voulez des raisons : je vais vous en donner, monsieur. D'abord, votre prétendue ne me plaît pas.

FULBERT.

Ce n'est pas vous qui l'épousez, mon père.

SABORD.

Qu'on se taise quand je parle... Et le mariage ne convient pas à un marin, qui a son chemin à faire, et que je prétends pousser contre vent et marée. Voyez, monsieur, voyez Ruiter, Jean-Bart, Duguay-Trouin; ces gens-là ont commencé comme vous. L'histoire est pleine de leurs faits et gestes, et ne dit mot de leurs amours. Voilà les modèles qu'il faut suivre, qu'il faut même surpasser, et ils n'étaient point amoureux, monsieur, ils n'étaient point amoureux.

FULBERT.

Étaient-ils heureux, mon père?

SABORD.

Ma foi, je n'en sais rien, et je ne m'en inquiète guère. Ce que je sais, c'est que vos desseins me déplaisent, et cela doit vous suffire, je crois. Ainsi, qu'on ne m'en rompe pas la tête davantage.

FULBERT.

C'est votre dernier mot?

SABORD.

Absolument.

FULBERT.

Voici le mien. Vous m'avez fait garçon capitaine; moi, je me fais garçon fermier.

SABORD.

Monsieur mon fils, voilà une conversation qui finira mal.

FULBERT.

J'aimerai en attendant le mariage, et le mariage se fera quand on pourra.

SABORD.

Vous commencez à m'échauffer les oreilles, et furieusement.

FULBERT.

Les pères sont tous de même, exigeans, obstinés....

SABORD.

Tais-toi, ou par-là corbleu....

FULBERT.

Mais, j'ai une tête aussi.

SCÈNE XVI.

SABORD, tirant un pistolet de sa ceinture.

Que je ferai sauter, ou le diable m'emporte.

FULBERT, s'enfuit, et en s'en allant.

Je vais la mettre à couvert, mon père.

SABORD, à part.

Le coquin sait trop que je n'en ferai rien.

FULBERT, de loin.

Je ne crains pas le bout du pistolet, votre poudre est mouillée; mais, je me défie du manche.

SABORD.

Et, tu fais fort bien.

(Fulbert se cache derrière un arbre, et se glisse dans la maison quand le père Thomas en est sorti.)

SCÈNE XV.

FULBERT, SABORD, LE père THOMAS.

LE PÈRE THOMAS, à la cantonnade.

Laissez-moi donc faire, madame Thomas. Rentrez chez vous. J'ai de l'expérience; je connais le cœur humain. Rentrez, je vous en prie.

SCÈNE XVI.

SABORD, LE père THOMAS.

SABORD.

Ah! voilà le beau-père, qui va reprendre la conversation où elle en est restée. Je le rembarrerai de la bonne manière. Il s'approche, il s'approche. Nous allons voir beau jeu.

LE PÈRE THOMAS.

Monsieur le capitaine?

SABORD.

Qu'y a-t-il, monsieur le fermier?

LE PÈRE THOMAS.

J'ai à me plaindre de votre fils.

SABORD.

Arrangez-vous avec lui.

LE PÈRE THOMAS.

J'ai aussi des reproches à vous faire, monsieur le capitaine.

SABORD.

En vérité, monsieur le fermier?

LE PÈRE THOMAS.

Avec votre air de vouloir vous mettre en route, vous finissez par rester, et cela commence à me déplaire.

SABORD.

Vous êtes bien chatouilleux. Prenez donc garde de déplaire à monsieur.

LE PÈRE THOMAS.

Toutes réflexions faites, vous m'obligerez en vous éloignant au plus vite, vous et votre Fulbert.

SABORD.

Je suis sur la voie publique, et j'y resterai tant que bon me semblera.

SCÈNE XVI.

LE PÈRE THOMAS.

Un petit aventurier, que je reçois, que je caresse...

SABORD.

D'un ton plus bas, père Thomas, et pour cause.

LE PÈRE THOMAS.

Et qui s'avise de faire l'amour à ma fille.

SABORD.

Voyez le grand malheur.

LE PÈRE THOMAS.

Ma Cécile est une fille comme on n'en trouve point, pas même à la ville.

SABORD.

Vous allez voir qu'on la lui a moulée exprès.

LE PÈRE THOMAS.

Cela vous est au fait du ménage, propre, économe, soumise à ses parens.....

SABORD.

Que m'importe tout cela?

LE PÈRE THOMAS.

Une fille, enfin, qu'on ne jettera pas à la tête du premier venu.

SABORD.

Qui diable vous la demande? Croyez-vous que je serai embarrassé, quand je voudrai établir mon petit Sarpejeu? Écrivez à l'Orient; informez-vous du capitaine Sabord : valeur sans tâche, probité intacte. Ah! ah!

LE PÈRE THOMAS.

Que m'importe tout cela?

SABORD, montrant son sac.

Et j'ai ici de quoi trouver des beaux-pères qui vous vaudront bien, monsieur Thomas.

LE PÈRE THOMAS.

Tant mieux pour vous, monsieur le capitaine.

SABORD.

Et mon fils, avec sa jolie figure, tournera des têtes tant qu'il lui plaira. Hé! hé!

LE PÈRE THOMAS.

Oh! je dis, jolie figure.... Rien d'extraordinaire, pourtant.

SABORD.

Diable! vous êtes difficile. Votre Cécile ne le serait peut-être pas tant.

LE PÈRE THOMAS.

Un étourdi...

SABORD.

Cela va bien à un jeune homme.

LE PÈRE THOMAS.

Jureur...

SABORD.

C'est le ton d'un marin.

LE PÈRE THOMAS.

Qui ne respecte rien, pas même son père.

SABORD.

Mais, qui m'aime au fond. D'ailleurs, c'est mon

SCÈNE XVI.

affaire, monsieur Thomas : cela ne regarde personne.

LE PÈRE THOMAS.

Au reste, ce n'est pas de tout cela dont il s'agit. Ma fille est sage, mais elle a un cœur, et ce cœur-là pourrait déranger mes projets. Partez donc, je vous en prie, et partez promptement.

SABORD.

On partira, monsieur Thomas, on partira. Que diable !

LE PÈRE THOMAS.

A la bonne heure. J'aime à vous voir raisonnable. Cela mettra fin à mes débats avec ma femme. Ne s'est-elle pas engouée de votre M. Fulbert ?

SABORD.

En vérité ?

LE PÈRE THOMAS.

Et elle disait....

SABORD.

Que disait-elle, monsieur Thomas ?

LE PÈRE THOMAS.

Bah ! des idées de femme, comme vous pouvez croire.

SABORD.

Mais, encore ?

LE PÈRE THOMAS.

Si son père, disait-elle, était un homme comme un autre, on pourrait entrer en arrangement.

SABORD.

Hé ! qu'a-t-il donc de si extraordinaire, ce père ?

LE PÈRE THOMAS.

Mais, c'est un loup de mer, qui voudra mourir au pied de son grand mât.

SABORD.

Cela n'est pas décidé, monsieur Thomas.

LE PÈRE THOMAS.

Cependant il a un capital honnête, dont il pourrait vivre heureux et tranquille.

SABORD.

C'est vrai, au moins. Poursuivez.

LE PERE THOMAS.

Mais, il ne sera pas content que son pauvre petit Fulbert n'ait un bras ou une jambe emporté.

SABORD.

Quelle chienne d'idée a-t-elle donc du capitaine Sabord ?

LE PÈRE THOMAS.

Vous voyez bien que c'est une femme qui parle. Et elle ajoutait...

SABORD.

Qu'ajoutait-elle, monsieur Thomas ?

LE PÈRE THOMAS.

Nous sommes propriétaires de cent bons arpens de terre, qui s'étendent jusqu'au bord de la mer. Nous en donnons un tiers à Lise, le second sera pour Cécile, et, si ce mariage se faisait.... C'est une femme qui parle.

SCÈNE XVI.

SABORD.

J'entends bien. Après?

LE PÈRE THOMAS.

Le capitaine bâtirait une maison sur la hauteur, d'où il verrait la mer dans toute son étendue, et d'où il braverait les orages.

SABORD.

Après, après?

LE PÈRE THOMAS.

Nous lui ferions, derrière la maison, un joli potager, que nous cultiverions pour lui. En avant, sur le bord du roc, serait une tonnelle ombragée par de bons chasselas, sous laquelle le capitaine ferait un somme après dîner. Bientôt, de petits enfans le caresseraient, l'amuseraient, l'intéresseraient, et lui présenteraient le chicotin et le verre de rogome. Il les apprendrait à jurer; nous les instruirions à l'aimer et à le bénir. Il trouverait ici le bonheur qu'il cherche depuis trente ans sur toutes les mers, et qui est si près de lui.

SABORD.

En effet, un petit fils qui me présente ma pipe; un autre qui me verse le rogome, et qui égoutte le verre, en poussant mon gros juron, cela serait drôle, au moins.

LE PÈRE THOMAS.

Ma femme continue.

SABORD.

J'écoute, monsieur Thomas.

LE PÈRE THOMAS.

Une pointe de rocher s'avance sur la surface de l'eau, et présente un abri commode : on y mettrait un petit bateau. Les beaux jours, on irait à la pêche ; dans les temps gris, on prendrait ta vieille carabine.....

SABORD.

Oh! j'achèterais des fusils neufs.

LE PÈRE THOMAS.

Laissez-moi donc finir. On prendrait ta vieille carabine, et on ferait la guerre aux oiseaux de mer. Avec du travail on aurait une bonne table, avec de l'exercice un bon appétit ; on mangerait bien, on boirait mieux, on serait content de soi et des autres.

SABORD.

Votre femme vous disait tout cela. (*Se grattant l'oreille.*) Diable! diable!

LE PÈRE THOMAS.

Je l'ai reçue, oh! mais je l'ai reçue! dame, il fallait voir.

SABORD.

Vous avez eu tort, monsieur Thomas.

LE PÈRE THOMAS.

C'est que quand je me fâche, je crie aussi haut qu'un autre, monsieur le capitaine.

SABORD.

Vous avez eu tort, vous dis-je. Votre femme est une femme de bon conseil.

LE PÈRE THOMAS.

Ce qui me donnait le plus d'humeur, c'est que le

notaire est là, et que jamais elle ne m'a permis de finir.

SABORD.

Le notaire est là?

LE PÈRE THOMAS.

Parbleu! depuis deux heures.

SABORD.

C'est cet homme que j'ai vu.... Je vais lui dire deux mots, au notaire. Je vais lui dire deux mots. (*Riant.*) Ah, ah, ah, ah!

(Il entre dans la maison.)

SCÈNE XVII.

LE PÈRE THOMAS, seul.

Hé bien! voilà les hommes. Les plus durs à manier ont toujours un côté faible. Il ne faut que le trouver pour en faire ce qu'on veut.

SCÈNE XVIII.

LE PÈRE ET LA MÈRE THOMAS.

FINALE.

LA MÈRE THOMAS.

Il gourmande le notaire;
A l'instant il veut un contrat.

LE PÈRE THOMAS.

Tu vois que, sans avocat,
Je sais arranger une affaire.

Ensemble.

Ma femme, laissons-le faire;
Mon mari, laissons-le faire;
Attendons le résultat.

SCÈNE XIX.

Le père et La mère THOMAS, FULBERT, CÉCILE.

CÉCILE ET FULBERT.

Le notaire résiste,
Le capitaine insiste.
Vous vous moquez de moi,
Reprend l'homme de loi!
Faire un contrat à la minute!
On n'a jamais vu cela.
Le capitaine crie : Holà!
Je paîrai dix fois la minute;
Mais, vous en passerez par-là.

TOUS.

Qu'espérer ou que craindre
De ce nouveau débat?
Faut-il s'applaudir ou se plaindre?
Quel en sera le résultat?

SCÈNE XX.

Le père et La mère THOMAS, FULBERT, CÉCILE, LISE, et BAZILE.

LISE ET BAZILE.

Le notaire avec adresse,
Propose une simple promesse

SCÈNE XXI.

Portant un dédit.
Corbleu! c'est bien dit,
Reprend le capitaine.
Écrivez à perte d'haleine.

TOUS.

Vous serez heureux enfin.
Nous serons heureux enfin.
Rendez grace à votre destin.
Rendons grace à notre destin.

SCÈNE XXI.

Le père et La mère THOMAS, FULBERT, CÉCILE, LISE, BAZILE, SABORD, tenant un papier et une plume; Le NOTAIRE.

SABORD.

Signez sans réplique,
Paraphez, Thomas.

LE PÈRE THOMAS.

Vous êtes unique!
Je ne signe pas.

SABORD.

Corbleu! s'il réplique,
Parlez, mère Thomas.
Je sais donner, j'aime à répandre;
Mais, je ne veux pas attendre.

LA MÈRE THOMAS.

De grace signez donc, Thomas.

LE PÈRE THOMAS.

Hé, non! je ne signerai pas.

SABORD.

Je fais bien les choses ;
Je mets soixante mille francs.
Vous y joignez trente arpens,
Et voilà toutes les clauses.

(Thomas fait un signe d'improbation.)

Comment ! cela ne vous plaît pas ?
Parlez-lui donc, mère Thomas.

LA MÈRE THOMAS, CÉCILE.

Mon mari, de grace,
Mon père, de grace,
Laissez-vous fléchir ;
Votre ame de glace
Ne peut s'attendrir.

SABORD, lui conduisant la main.

Tout ceci me lasse.
Voulez-vous finir ?

(Il signe après Thomas.)

Il est dans la nasse.

(Le notaire reprend le papier.)

TOUS, à demi-voix.

Il est dans la nasse.

SABORD.

Il faut s'entendre jusqu'au bout :
Nous bâtirons la maisonnette
Sur le bord de l'eau.

TOUS.

Sur le bord de l'eau.

SABORD.

Pour peu que le temps le permette.
Le petit bateau.

SCÈNE XXI.

TOUS.

Le petit bateau.

SABORD.

De la gaîté, la chansonnette...

LE PÈRE THOMAS.

De bon vin sans eau.

TOUS.

Sans eau.

SABORD, *montrant Cécile.*

Et, dans les neuf mois, la brunette
Nous donnera du fruit nouveau.

FULBERT.

Je vous réponds de ce cadeau.

TOUS.

Des aînés, d'un pas agile,
Allons couronner l'amour.
Venez couronner l'amour.
Dans huit jours, Fulbert et Cécile
Auront leur tour.

RONDE.

Hé, gai, gai, de l'allégresse.
Chantons l'amour,
Chantons sans cesse,
Et la jeunesse
Et ce beau jour.

FIN DU PETIT MATELOT.

LES SABOTIERS,

COMÉDIE

EN UN ACTE ET EN PROSE,

MÊLÉE DE CHANT.

PERSONNAGES.   ACTEURS.

	Les citoyens
BERTRAND, sabotier.	JULIET.
GERVAIS, idem.	VALIÈRE.
BRUNO, garçon sabotier.	LESAGE.
	Les citoyennes
VALENTIN, fils de Bertrand.	LESAGE FILLE.
FAUSTINE, fille de Gervais.	ROLANDEAU.

La scène est dans une forêt. De chaque côté du théâtre, près l'avant-scène, est une hutte de sabotier. Un cellier, couvert en chaume, est adossé à chaque chaumière.

Représenté à Paris sur le théâtre de la rue Feydeau, le 5 messidor an IV.

LES SABOTIERS,

COMÉDIE.

SCÈNE PREMIÈRE.

(*Le jour commence à poindre.*)

VALENTIN, seul, couché au pied d'un arbre, son fusil entre les jambes.

Il est bon là, monsieur mon père : « T'as soupé, mon garçon; prends ma canardière, va veiller au loup : moi, j'vas me coucher. » Travailler d'jour et veiller d'nuit, c'est trop, quoi qu'il en dise. Aussi j'sors, et j'm'étends tranquillement au pied d'un arbre, mon fusil dans mes jambes. Si l'froid m'réveille, j'pense à Faustine, et j'devenons chaud comme un far rouge. Veiller! veiller! Eune chèvre d'plus, eune chèvre d'moins, queuqu'ça fait à moi? Tant qu' l's hommes auront des pieds, leux faudra des sabots, et tant qu'j'en pourrons faire, je n'manquerons de rian.

ARIETTE.

Foin de la mélancolie!
Faut rire et chanter toujours :
C'est l'amour et la folie
Qui nous donnent de beaux jours.

Quelquefois pourtant Faustine
M'torne la tête à l'envers;
Alle gronde, alle lutine,
Alle prend tout de travers.
Tout autre alors, faisant rage,
Perdrait les plus doux momens.
Pour moi, si jamais j'enrage,
C'est de bouder trop long-temps.

Je rions, et alle n'est pas ici. A' m'avait promis de descendre, et a' n'est pas levée encore, et me v'là, et j'l'attendons! Alle en prend à son aise! P'tite paresseuse, p'tite dormeuse, p'tite insoucieuse, p'tite...

SCÈNE II.

VALENTIN, FAUSTINE.

FAUSTINE, lui frappant sur l'épaule.

Courage, monsieux Valentin.

VALENTIN.

J'en allions dire ben d'autres, si ous ne vous étiez pas montrée; mais, drès qu'on vous voit, n'y a pu d'humeur.

FAUSTINE, piquée.

Ah! ous aviez d'l'humeur! ça vous arrive souvent.

VALENTIN.

C'est passé, mamselle; n'parlons pus d'ça, j' t'en prie.

FAUSTINE, appuyant.

Ah! ous aviez d'l'humeur!

SCÈNE II.

VALENTIN.

Hé ben, oui! ventreguenne! j'ons de l'humeur, et j'ons raison d'en avoir.

FAUSTINE.

Et peut-on savoir c'te raison?

VALENTIN.

J'en ons mille. Primo, d'abord, d'puis trois jours, ous n'voulez pus v'nir cueillir la noisette. J'avions tant d'plaisir à vous les trier! j'trouvions si douces celles qui veniont d'vot' main!

FAUSTINE.

Ous savez ben qu'c'est par prudence, monsieur l'querelleux. J' n' sommes pas encore d'âge à êt' mariés, et si nos pères soupçonniont...

VALENTIN, avec dépit.

Et quand i' soupçonneriont la vérité! queu mal qu'i' aurait à ça? Aussi ben, i' n'auront biantôt pus rian à soupçonner. J'ons l'cœur si gonflé qu'il en crève, et on n'cache pas long-temps c'mal-là. La prudence! la prudence! c'est-i' aussi par prudence qu'ous passer, r'passez cent fois, sans nous r'garder tant seulement du coin d'l'œil, et qu'ous dormez tranquillement, tandis que j'nous morfondons à vot' porte? On s'réveille, entendez-vous, mamselle, on s'réveille, surtout quand les pères dormont. Amour et repos n'marchont pas de compagnie. Je vaillons, sans nous en apercevoir; j' pensons à vous, ça occupe; j'vous rêvons telle qu'ous devriez être, et ça fait plaisir....

Hé bien ! voyez si alle parlera, si a' s'excusera, si a' m'apaisera. J' n' demandons pourtant pas mieux qu' d'êt' apaisé; c'est ben visib', ça... a' n'sonnera mot... et j' n'crierions pas ! oh ! qu' si fait j'crierons, et d'eune fiare manière encore.

FAUSTINE.

Valentin, Valentin, j' prendrons not' parti.

VALENTIN.

Et qu'eu parti qu'ous prendrez, voyons mamselle ?

FAUSTINE.

J'vous oublierons.

VALENTIN.

Ous vous corrigerez.

FAUSTINE.

J'vous oublierons, que j'vous dis.

VALENTIN.

Ça ne se peut pas. Oublier ce qu'on aime ! on oublierait putôt de boire et de manger.

DUO.

FAUSTINE.

Oui, je romprai, j'en jure ;
Je t'abandonnerai.

VALENTIN.

Si tu fais ça, j't'assure
Qu'à l'instant je mourrai.

FAUSTINE.

Qu'en pourra-t-on conclure ?
Toi seul auras eu tort.

SCÈNE II.

VALENTIN.

Et j'varrons qu'eu figure
Qu'tu f'ras après ma mort.

FAUSTINE.　　　　　　VALENTIN.
Ensemble.

Je t'oublierai, j'en jure ;　　Si tu fais ça, j't'assure
Je t'abandonnerai.　　　　Qu'à l'instant je mourrai.

VALENTIN.

Fi, la haineuse !

FAUSTINE.

Fi, le méchant !

VALENTIN.

Toujours boudeuse !

FAUSTINE.

Toujours grondant !

VALENTIN.

Quand on est jeune et leste,
Sans se tant désoler,
On peut trouver de reste
De quoi se consoler.

FAUSTINE.

Quand on est jeune et belle,
Pourquoi se tourmenter ?
Un amant qui querelle
N'est pas à regretter.

VALENTIN.

Tendre pastourelle !

FAUSTINE.

Charmant pastoureau !

VALENTIN.

Voyez qu'elle est belle !

FAUSTINE.

Voyez qu'il est beau !

FAUSTINE. VALENTIN.
Ensemble.

J'abjure un amour funeste J'abjurons l'amour funeste
Qui m'a long-temps tourmenté. Qui nous a tant tourmenté.
Je te hais, je te déteste, Je te hais, je te déteste,
Je reprends ma liberté. Je reprends ma liberté.

(Faustine rentre, et ferme brusquement sa porte.)

SCÈNE III.

VALENTIN, seul.

Hé ben, hé ben, queu'tu fais donc, Faustine ? N'vlà-t-i' pas qu'a s'renfarme au biau mitan d'la conversation ? A' sait qu'alle est jolie, alle est fiare, a' veut me m'ner; ça n'sera pas vrai, et morguenne tout coup vaille : a' boude, j'bouderons; quand a' reviendra, j'résisterons; a pleurera... hé ben ! j'varons, et d'ici là... j'enragerons... oui, j'enragerons; j'enrageons déja.

SCÈNE IV.

BERTRAND, sortant de chez lui, et tenant un piége à loup,
VALENTIN.

BERTRAND.

C'est toi, garçon ? la veillée a-t-elle été bonne ? as-tu vu l'loup ?

SCÈNE IV.

VALENTIN.

I' m' quitte, mon père.

BERTRAND.

Et tu n'cours pas après?

VALENTIN.

J'le rejoindrons sans courir.

BERTRAND.

Fallait faire feu.

VALENTIN.

C'loup-là n'craint pas la poudre.

BERTRAND.

Oui, mais les balles?

VALENTIN.

J'avons trop d'peur d'li gâter la peau.

BERTRAND.

Accoute, not' fieu, v'là deux ou trois jours qu'tu veilles, et stapendant la vilaine bête m'escroque tantôt un bouc, tantôt un chevreau. J'allons, tandis qu' j'y pensons, tendre c'piége sus ses traces; ça s'ra pus sûr, et tu dormiras.

(Il arrange le piège, et l'attache à un arbre avec une chaîne et un cadenas.

VALENTIN.

Je n'dors pus, mon père; je n'dors pus.

BERTRAND.

A l'affut, à la bonne heure; mais dans ton lit?

VALENTIN.

Pas pus d'eune façon que d'l'autre. J'sommes comme enragé, voyez-vous.

BERTRAND.

N'te fâche pas, garçon; t' l'auras, va, t' l'auras. L'père Gervais est i' levé?

VALENTIN.

Je n'nous embarrassons ni d'Gervais, ni d'sa fille. Qu'i' soyont couchés ou d'bout, qu'euqu'ça nous fait à nous?

BERTRAND.

C'est que j'ons à li parler d'eune affaire.

VALENTIN.

V'la sa hutte; frappez.

BERTRAND.

Et d'eune affaire importante.

VALENTIN, avec intérêt.

Pour moi?

BERTRAND.

Non, pour moi.

VALENTIN.

Diable, qu'euqu'c'est donc que c't' affaire?

BERTRAND.

On n'conte pas ça aux enfans, entendez-vous, monsieux. Allez casser une croûte, et pousser un somme.

VALENTIN.

J'nons ni faim ni sommeil.

BERTRAND.

C'est égal; j'veux qu'tu dormes. J'sommes ton père, peut-êt!

SCÈNE V.

VALENTIN.

Je n'dis pas qu'non, et maugré ça...

BERTRAND, levant la main.

Veux-tu t'aller coucher quand j't'en prions honnêtement.

(Valentin rentre avec humeur.)

SCÈNE V.

BERTRAND, seul.

Non, mais j'dis, n'y aurait qu'à l'i conter ça... Qu'eu qui sait? Faustine est si drôlette! M'est avis qu'alle doit culbuter toutes les têtes : l'fieu a d's yeux comme l'père et d's années d' moins. Motus donc jusqu'à la définition.

COUPLETS.

Pour plaire, une fillette
N'a rian qu'à le vouloir.
Est-elle gentillette,
On se sent émouvoir.
Vous sourit-elle, on grille,
Abusé par l'espoir;
Et, de fil en aiguille,
On cède à son pouvoir.

Le pus fou, le pus sage
Se laissont engager.
J'sentons ben qu'à not'âge
On court plus d'un danger.
Je bravons tout, je grille,
Et par fois un barbon

Peut, de fil en aiguille,
Festoyer un tendron.

Bertrand aime Faustine,
Bertrand l'épousera.
Près d'sa chienne d'mine
Bertrand rajeunira.
A ce mot seul je grille,
Et Faustine à son tour
Peut, de fil en aiguille,
S'trouver bian d'not' amour.

I' n' s'agit pus que d'savoir comment que j'nous y prendrons aveuc l'pare Gervais, qui pourrait ben n'pas êt' d'not' avis. Faudra... faudra prendre ça d'loin. Travaillons en l'attendant. Ça n' s'ra pas la première fois qu' j'aurons trouvé d'bonnes idées dans le fond d'un sabot.

(Il se met à l'ouvrage.)

SCÈNE VI.

BERTRAND, GERVAIS, BRUNO.

GERVAIS.

Allons donc, Bruno; allons donc, chien d'paresseux.

BERTRAND.

Dépêchons-nous d'penser; v'là l'beau-pare.

BRUNO, sortant en grondant.

Tians, paresseux ! Défendez au soleil d' s'coucher; i' f'ra jour pus matin.

SCÈNE VI.

GERVAIS.

Ça devrait ben êt' comme ça, pour l'profit d'un pauvre maître.

BRUNO.

Oui ; mais, pour l'r'pos d'un pauv' compagnon ?

GERVAIS.

Pas de raison ; à l'ouvrage.

BRUNO, travaillant.

M'y v'là, not' bourgeois. Mais quand j'nous reposerions un peu, n'y aurait pas grand mal.

GERVAIS, travaillant.

Plains-toi, j'te l'conseille. Ça dort tout d'un somme jusqu'à des trois heures du matin ; ça vous a d'la paille fraîche tous les ans, du pain d'orge tous les jours, du lait caillé à tous ses repas, et ça n'est pas content !

BERTRAND, travaillant.

Allons, voisin, faut commencer la journée gaiement, quand on veut la finir d'même, et j'ons queuqu'idée que c'telle-ci pourra faire rire queuques-un, qui n' s'en doute pas.

BRUNO.

Ça n' s'ra morgué pas moi, toujours.

GERVAIS.

Qu'eu qui t'parle à toi ?

BERTRAND.

Allons, allons, d'la gaieté, la chansonnette ; ça tue l'temps.

GERVAIS.

Parguenne, voisin, ous avons raison. Plein eune tête d'chagrin n'paye pas pour un sol d'dettes.

BERTRAND, à part.

Avant d'nous déboutonner, faut l'remettre dans son assiette.

COUPLETS.

GERVAIS.

Est-il un plus doux métier.
Que celui de sabotier?
Chausser la femme et la fille,
Caresser un pied mignon,
Et voir sourire un tendron,
Dont le petit cœur frétille ;
Non, il n'est pas de métier
Com' celui de sabotier.

BERTRAND.

Mon voisin, ce sabotier,
N'est encor qu'un écolier.
Rien qu'à voir brune agaçante,
Deviner ce qui lui sied ;
Trouver chaussure à son pied,
Et la renvoyer contente ;
C'est ainsi qu'un sabotier
Prouve qu'il sait son métier.

BRUNO.

Pour être bon sabotier,
Il faut donc être sorcier?
Ma méthode est aussi sûre.
Agissant sans discourir,
J'ai toujours su réussir,
En présentant la mesure.

SCÈNE VI.

Pour moi, garçon sabotier,
Voilà le fin du métier.

Not' bourgeois, en v'là encore eune paire, et qu'a l'fil, j'm'en vante.

GERVAIS.

Hé ben, refais-en eune autre.

BRUNO, cherchant.

Refais-en eune autre.... refais-en eune autre... n'y a pu d'bois ici.

GERVAIS.

Ah! hé queuqu'tu m'diras pour t'excuser? Je n't'avons pas commandé hiar d'en faire arriver eune voiture, après l'soleil couché?

BRUNO.

Après l'soleil couché! la belle imaginative!

GERVAIS.

Oui, grand vaurien. La promenade délasse.

BRUNO.

Pourquoi donc qu'ous vous couchez, vous?

GERVAIS.

J'crois qu'tu m'raisonnes? T'a une bonne place; mais, morgué, si tu veux la garder, faut changer d'vie, d'abord. Hé ben! partiras-tu?

BRUNO, sortant.

Queu chien d'métier! travailler comme un cheval, et êt' traité d'même! vaudrait autant êt' rentier.

SCÈNE VII.

BERTRAND, GERVAIS, travaillant.

BERTRAND.

Le v'là seul : il faut saisir l'occasion.

GERVAIS.

Hem ?

BERTRAND.

Et l'i couler ça en douceur.

GERVAIS.

Plaît-i', voisin ?

BERTRAND, embarrassé.

C'est que j'pensons à un certain queuque chose...

GERVAIS.

Dans c'monde-ci, on a toujours à penser.

BERTRAND.

Et quand on a d's affaire' en tête...

GERVAIS.

On n'a pas besoin d'réveil matin.

BERTRAND.

Non, morguenne, car ça empêche ben queuqu'fois d'dormir.

GERVAIS.

Accoutez donc. Quand on n'a pas d'temps à pardre, faut ben penser d'nuit à c'qu'on fera d'jour.

BERTRAND.

Surtout quand i' s'agit d'eune petite drôlerie, qui peut faire plaisir à soi et aux autres.

SCÈNE VII. 201

GERVAIS.

Oui, faut toujours obliger l'prochain, quand on y trouve son compte.

BERTRAND, s'approchant de Gervais.

J'n'ons pas d'pus près prochain qu'vous, père Gervais.

GERVAIS, s'approchant de Bertrand.

C'est vrai, au moins. Seriez-vous disposé à faire queuqu'chose pour nous?

BERTRAND.

Queuqu'chose d'incrédule.

GERVAIS.

Diable! ous allez donc m'faire eune fiare proposition?

BERTRAND.

Eune proposition à vous étourdir.

GERVAIS.

J'vous d'vinons. Ous allez m'céder eune d'ces deux pièces d'piquette qu'ous avez eues à si bon compte, et qui dormont là, dans vot' cellier?

BERTRAND.

Mieux qu'ça, pare Gervais, mieux qu'ça.

GERVAIS.

Ah, ah! ous allez donc me r'passer c'te coupe d'deux arpens qu'ous m'avez soufflée si adroitement?

BERTRAND.

C' n'est rian qu'tout ça, pare Gervais. J'veux vous passer ma parsonne tout entière.

LES SABOTIERS.

GERVAIS.

Et queu qu'ous voulez qu'j'en fassions d'vot' parsonne?

BERTRAND.

Accoutez, voisin. On finit par s'ennuyer au fond d'un bois, seul avec un p'tit gars, qui gagne ben gentiment sa vie; mais, qui n'est pas en état d'nourrir eune conversation. Et pis on rentre tard, on est las; rian d'prêt. L'potage est froid, la paille du lit n'est pas remuée. Tout va d'guingoi dan' eune hutte où n'y a pas d'minagère.

GERVAIS.

Ah! j'vous voyons venir.

BERTRAND.

Eune femme un peu drôlette vous fait aimer la vie, et vous fait oublier l'soir la fatigue d'la journée. Ça vous alleume eune bourrée, ça vous tire vos guêtres, ça vous fait des contes, ça vous met en train, et pis (*riant*), hé, hé, hé.....

GERVAIS.

C'est ça, c'est ça, voisin Bertrand.

BERTRAND, d'un air d'importance.

J'sommes calé, afin qu'ous le sachiez. J'ons douze bonnes paires de sabots prêtes à livrer, du bois pour travailler deux ans, d'l'orge pour l'année, d'la piquette pour neuf mois, les hardes d'not' défunte, et cent bons écus qui moisissont là dans un vieux sac d'bure. C'est queuque chose qu'ça, pare Gervais.

SCÈNE VII.

GERVAIS.

C'est eune fortune, voisin Bertrand.

BERTRAND.

Hé bien, tout ça est pour Faustine, et je n'vous demandons rian.

GERVAIS.

Rian? c'est beau d'vot' part.

BERTRAND.

Ous n'avez qu'un mot à dire.

GERVAIS, après un temps.

Je l'disons c'mot. Touchez-là ; c'est eune affaire faite.

BERTRAND.

Et l'plutôt s'ra l'mieux.

GERVAIS.

Hé ben, à d'main, voisin Bertrand.

BERTRAND.

Tope, voisin Gervais.

DUO.

BERTRAND.

Embrassez-moi, biau-père,

GERVAIS.

Mon gendre, embrassons-nous,
Et drès demain, j'espère
Que j'danserons tretous.

BERTRAND.

La noce sur la bruyère ;
Un de mes tonneaux debout.

GERVAIS.

Je fournis la bonne chère :
Tout une chèvre en ragoût.

BERTRAND.   GERVAIS.
Ensemble.

Plus de soupirs, plus de tristessse ;   Plus de soupirs, plus de tristesse ;
Drès demain, je sis son époux.   Demain vous serez son époux.
De gaieté, de vin, de tendresse   De gaieté, de vin, de tendresse
Faudra nous enivrer tretous.   Faudra nous enivrer tretous.

BERTRAND.

Me voyez-vous ouvrir la danse
Avec cet aimable tendron ;
Balancer, sauter en cadence,
Et l'i pousser un rigaudon ?

GERVAIS.

Ménagez-vous, mon gendre.
Dans un semblable cas,
Qui veut trop entreprendre,
Finit par un faux pas.

BERTRAND.   GERVAIS.
Ensemble.

Ah ! vous aurez un gendre   Ménagez-vous, mon gendre ;
Qui peut, dans tous les cas,   Dans un semblable cas,
Avancer, entreprendre,   Qui veut trop entreprendre,
Sans craindre les faux pas.   Finit par un faux pas.

GERVAIS.

Écoutez donc, voisin. Allez faire un tour dans la forêt. Pendant c'temps-là, j'parlerons à not' fille, car enfin je n'pouvons pas la marier sans l'i en couler deux mots. Faut la disposer à la résignation.

SCÈNE IX.

BERTRAND.

Résignation, résignation! j'sommes encore vardelet, et je l'prouverons.

GERVAIS.

Je n'dis pas non, voisin. Mais, encore un coup, faut que j'l'i parle à c't'enfant. Partez, que j'vous dis, et laissez-nous faire.

BERTRAND, sortant.

Parlez donc, beau-père, et surtout parlez bien.

GERVAIS.

Ah! ben! il est bon là! Faire des recommandations à un homme qui chante au lutrin.

SCÈNE VIII.

GERVAIS, seul.

Il est un peu mûr, l'papa Bertrand; mais, Faustine est sage, soumise; ça n'donnera son cœur qu'par avis d'parens. L'futur est riche; alle aime la braverie, a'mordera à l'hameçon. (*Appelant.*) Faustine! Faustine!

SCÈNE IX.

GERVAIS, FAUSTINE.

FAUSTINE.

Me v'là, mon père.

GERVAIS, avec une dignité comique.

Mamselle, accoutez ben c'que j'allons vous dire.

Ous êtes gentillette ; c'est un grand malheur : l'diable est toujours aux trousses d'une jolie fille. Ous êtes jeune ; ous taperez tête baissée dans l's embûches qu'i' vous tendra. Queuques-un de ses suppôts vous écartera du sentier d'l'honneur, et quand on s'en est eune fois fourvoyé, d'sa chienne d'vie on n'y remet les pieds, entendez-vous?

FAUSTINE.

Qu'eu qu'ous m'dites donc là, mon père?

GERVAIS.

Laissez-nous finir, mamselle, et n'nous coupez pas la parole. J'vous faisons eune instruction paternelle ; tâchez d'en profiter. Je n'sommes qu'un pauvre sabotier ; j'n'avons rian à vous bâiller qu'not' bénédiction, et ça n'est pas restaurant ; mais ous avez torné la tête d'un gros bonnet d'l'ordre, qui veut faire d'vous la première sabotière du pays, et ça n'est pas à refuser.

FAUSTINE.

Oh! j'ne refusons rien, mon père. (*A part.*) Tu me l'paieras, Valentin.

GERVAIS.

V'là eune fille ça, qui n'a pas d'volontés, qui n'court pas après les garçons.

FAUSTINE.

Les garçons! j'les déteste.

GERVAIS.

Et t'as raison. C'sont d's engeoleux.

SCÈNE IX.

FAUSTINE.

Des fléaux.

GERVAIS.

Des pestes, m'n enfant, des pestes. J'allons t'garantir d'tout ça. J'te bâillons à un homme d'not' âge, qu'est encore frais et dispos, et qui t'aime à l'adoration. A c'soir donc les fiançailles, à demain l'mariage.

FAUSTINE, effrayée.

D'main, mon père : c'est près jour.

GERVAIS.

Oui, not' fille. On ne peut trop se presser de faire eune bonne affaire.

FAUSTINE.

Mais, d'main, mon père.....

GERVAIS.

C'est un coup d'dés que l'mariage. C'n'est qu'après la partie qu'on sait si on a gagné ou perdu.

FAUSTINE.

La partie est sarieuse, et j'voudrions nous arranger d'manière à n'pas pardre.

GERVAIS, menaçant.

Ah! j'dis, pas d'rémora.

FAUSTINE.

Faut au moins l'temps d'connaître l'futur.

GERVAIS.

En un mot comme en cent, j'ons promis, et j'tiandrons parole. T'obéiras pisque j'te l'ordonnons. Bertrand, l'futur, nous attend. J'allons l'charcher, et j'te l'amenons. Ah ça! à not' retour pas de simagrées, entends-tu? On n'gagne rian auprès d'nous avec des grimaces.

SCÈNE X.

FAUSTINE, seule.

D'main, d'main! c'est près jour. J'voulions bien faire peur à Valentin ; mais, s'marier tout-à-fait...... Qu'eu qu'i deviendrait, c'pauvre garçon?.... Que j'sis simple de m'occuper de l'i! A-t-i' craint tantôt de m'faire d'là peine? Un petit ingrat, qui s'emporte sans sujet, qui m'met l'marché à la main.... ça mérite punition, et je l'punirai ; ma vanité y est interressée. C'est l'père Bertrand qui me recharche ; tant mieux : Valentin m'verra la femme d'un aut', devant qui 'i n'osera souffler. J'tâcherons d'paraître heureuse, et il enragera à tous les momens du jour, et n'y aura pas de remède, et j'serons pardue pour l'i.... C'est ça qu'est eune vengeance.... Pauvre Faustine, qu'penses-tu là? tu seras la femme d'un autre ; mais, c't'autre n'sera-t-i' pas ton mari? n'auras-tu pas sans cesse devant l's yeux s'tilà qu'tu préfères, et pourras-tu l'voir sans le regretter? il est jeune, i' s'consolera ; tous les maux seront pour toi, et v'là où t'aura mené un moment d'dépit.

ARIETTE.

Dans un moment d'humeur
On maudit ce qu'on aime :
Peut-on navrer son cœur
Sans s'affliger soi-même?

SCÈNE XI.

Valentin est un bon garçon ;
Faut ben l'i passer queuque chose :
Qui veut toujours avoir raison,
A de cuisans regrets s'expose.
Pardonner est vertu ;
Haïr n'est que faiblesse.
Ah! mon cœur combattu
Se rouvre à la tendresse.

Le voici. Faut au moins que l'raccommodement l'i coûte queuque chose.

SCÈNE XI.

FAUSTINE, VALENTIN, sortant de chez lui.

VALENTIN, un peu derrière.

La v'là ; a' m'a vu et a' retorne la tête.

FAUSTINE.

C'est ben dommage, en vérité.

VALENTIN.

Oh! a' n'me regardera pas. J'étouffe d'colère.

FAUSTINE.

Prenez donc garde de l'fâcher, c'biau monsieu.

VALENTIN.

A' croit que j'l'i parlerons l'premier.

FAUSTINE.

J'y compte un peu.

VALENTIN.

Hé ben! bernique.

FAUSTINE.

Bernique soit. Je tiendrai bon.

VALENTIN.

Si je n'l'aimions pas tant, queu plaisir que j'aurions à l'i lâcher queuque taloche !

FAUSTINE.

V'là pourtant comme i' s'corrige.

VALENTIN, s'approchant brusquement.

Savez-vous ben, mamselle, que quand.... lorsque....
Suffit. J'savons c'que j'voulons dire.

FAUSTINE, avec dédain.

Ah! c'est vous, mon ami.

VALENTIN.

Oui, vraiment, c'est nous : vous l'savez d'reste, d'puis eune heure qu'vous nous reluquez là du coin d'l'œil.

FAUSTINE.

En vérité ? Ah! j'ai ben aut' chose à penser.

VALENTIN.

Tian ! et à quoi qu'vous penseriez-donc ? n'allez-vous pas faire la rencharie ? J'ons eu tort tantôt. J'nous repentons, j'nous soumattons ; touchez là, et qu'tout soit fini.

FAUSTINE.

Il est trop tard. J'sis décidée, et je m'marie.

VALENTIN, stupéfait.

Bah !

SCÈNE XI.

FAUSTINE.

Demain, sans faute.

VALENTIN.

Ah! j'vous en prie, n'nous faites pas d'ces peurs-là. C'est qu'ça boulevarse d'la tête aux pieds, voyez-vous.

FAUSTINE, d'un air satisfait.

Un homme riche, assez jeune encore, me trouve sans défaut, et m'épouse.

VALENTIN, d'un air menaçant.

Son nom, vite, son nom : que j' l'i disions deux mots.

FAUSTINE.

Rien que l'voisin Bertrand.

VALENTIN.

Mon père! Ah ça! Faustine, est-ce eune gouaille qu'tu nous pousses là?

FAUSTINE, avec ironie.

Il est sûr qu'ça n'est pas croyab' : eune pauvre p'tite fille comme moi épouser un richard!

VALENTIN.

C'n'est pas ça qui nous étonne; c'est ta cruauté, ta parfidie. Auras-tu bian la force d'nous planter là, après tant d'promesses? Tu deviendrais not' belle-mère! j'serions témoin..... Ah! Faustine, si tu veux m'abandonner, m'trahir, m'désespérer, prends un aut'homme, qui qu'i' soit, et qu'au moins j'puissions en liberté arroser not' couchette d'nos larmes, et mourir ton nom

à la bouche, et ton image dans l'cœur..... Tu pleures.
FAUSTINE.
Ah! c'est ben malgré moi.
VALENTIN.
Tu m'aimes donc encore?
FAUSTINE.
Il le faut bian, pisque je n'peux m'en empêcher.
VALENTIN, bien tendrement.
Ah! répète-moi qu'tu m'aimes, répète-le sans cesse, répète-le, lors même que je n'y sommes pas : j'aimons tant à te l'entendre dire! j'aimons tant à croire qu'tu l'penses, quand je n'l'entendons pas! Ah! répète, répète. Ça répand un baume dans l'sang! si tu connaissais ça!
FAUSTINE.
Si j'connais ça! ah, si j'pouvais t'expliquer tout c'que je pense!
VALENTIN.
Faut ben que j'nous devinions : j'n'avons qu'un cœur pour nous aimer; j'sommes sans art pour nous l'dire... Ah! ça, pis qu'v'là la paix faite, et que j'jasons amicalement, dis-nous un peu queuqu'c'est que c't'embrouillamini d'mariage qu'tu nous as fait là?
FAUSTINE.
C'est ton père qui s'est mis en tête d'm'épouser; c'est l'mien qui n'demande pas mieux, et qui s'dispose à m'y forcer.
VALENTIN.
Sais-tu ben qu'c'est sérieux ça?

SCÈNE XI.

FAUSTINE.

N'crains rian, on n's'marie pas sans dire oui.

VALENTIN.

Et tu diras non?

FAUSTINE.

A tous l's hommes, hors à stila qu'j'ons choisi.

VALENTIN, hors de lui.

Ah! Faustine, Faustine, j'te paierons d'tant d'amour, d'tant d'constance par tout c'qui peut... c'qui doit... c'qui... Je n'pouvons achever not' pensée. Mets ta main sus mon cœur, c'est l'i qui t'dira l'reste.

QUATUOR.

FAUSTINE, la main sur le cœur de Valentin.

Ce pauvre cœur comme il bat!

VALENTIN.

C'est d'amour et d'allégresse.

FAUSTINE.

Vois si le mien est ingrat.

VALENTIN, la main sur le cœur de Faustine.

Il répond à mon ivresse.

Ensemble.

Ah! règne sur mon cœur,
Sur mon ame ravie.
Un moment de bonheur
Vaut un siècle de vie.

SCÈNE XII.

FAUSTINE, VALENTIN, BERTRAND, GERVAIS, DANS LE FOND.

VALENTIN.

Aimons-nous constamment
En dépit de nos pères.

FAUSTINE.

Cachons soigneusement
Nos amoureux mystères.

Ensemble.

Rien ne sépare des amans
'Qui s'aiment toujours davantage.
Reçois mes plus tendres sermens,
Et le plus doux baiser pour gage.

(Ils s'embrassent.)

FAUSTINE.

Cher Valentin !

VALENTIN.

Chère Faustine !

BERTRAND.

Oh ! le coquin !

GERVAIS.

Oh ! la coquine !

BERTRAND, GERVAIS, s'approchant.

Enfin, je vous pernons,
Biaux conteux de sornettes.

VALENTIN, FAUSTINE.

Ciel !

SCÈNE XII.

BERTRAND, GERVAIS.

Je vous réduirons,
Libertins, malhonnêtes !

VALENTIN, FAUSTINE.

Hé ! pourquoi tant de courroux ?
Quel mal faisons-nous, mon père ?

BERTRAND, GERVAIS.

Pour jamais, séparez-vous,
Ou, morgué, dans not' colère,
J'allons vous rouer de coups.

VALENTIN, FAUSTINE.	BERTRAND, GERVAIS.
Ensemble.	
	Ton amour est un crime
L'amour est-il un crime	Pis que j's'rai son époux.
A nous rouer de coups ?	Pis qu'i s'ra ton époux.
Pour qu'i' soit légitime,	C'est l'mien qu'est légitime ;
Hé bien, mariez-nous.	C'est l'sien qu'est légitime :
	Cédez et taisez-vous.

BERTRAND.

Comment, p'tit scélérat ! oser en conter à ta belle-mère !

VALENTIN.

C'est vous qui en contez à vot' bru.

BERTRAND.

Si tu dis encore un mot...

VALENTIN.

J'en dirons cent, j'en dirons mille. Pourquoi se taire quand on a raison ? J'raffolons de c'te fille-là, a' raffolle d'nous, et, palsanguenne, j' s'rons l'un à l'autre demain, aujourd'hui, tout d'suite, si on nous pousse à bout.

BERTRAND.

Oui-dà? (*Il le prend et l'entraîne dans son cellier, où il l'enferme à la clef.*) Séparation d'corps jusqu'à mon mariage, et pour cause.

FAUSTINE.

L'rudoyer, l'renfermer, c'pauv' garçon! c'est eune barbarie, c'est une indignité!

GERVAIS, à sa fille.

Hé bien! vas-tu t'mêler d'ça, toi?

BERTRAND, à Faustine.

N'vous fâchez pas. Je l'i ouvrirons après la noce.

FAUSTINE.

I' mourra donc là.

VALENTIN, la tête à une petite lucarne.

Me v'là dedans; j' m'en bats l'œil. L'cœur d'Faustine est aveuc moi.

BERTRAND.

Ah! son cœur, la belle trouvaille! Nous, j'allons avoir sa parsonne.

VALENTIN.

T'nez, mon père, ne m'parlez pas d'ça, ou j'allons nous casser la tête avec un sabot.

BERTRAND.

Casse, casse.

FAUSTINE.

Monsieur Bertrand, si ous l'laissez là, j'vous haïrai encore davantage.

SCÈNE XII.

GERVAIS.

S'i' l'i laissera? n'y aurait qu'à vous lâcher tous deux.

FAUSTINE.

Fi l'vieux jaloux.

BERTRAND.

Parlez l'i donc, beau-père.

GERVAIS.

Faustine, je n'sommes pas endurant, et j'ons l'bras long.

VALENTIN, à la lucarne.

J'allons défoncer une pièce d'vin.

BERTRAND.

C'est égal.

VALENTIN.

J'allons jeter l'habitacle à bas.

BERTRAND.

Oh! je t'en défie.

FAUSTINE.

Hé ben, je l'aiderons.

GERVAIS, la main levée.

J'vas m'échapper, et d'eune manière marquante.

Ensemble.

BERTRAND.

Échappez-vous beau-père.

FAUSTINE.

Le vilain homme!

VALENTIN.

Au secours! au secours!

SCENE XIII.

FAUSTINE, VALENTIN, BERTRAND, GERVAIS, BRUNO, accourant.

BRUNO.

Queu tintamare enragé faites-vous donc là, not' maître? l'feu est i' à la forêt.

BERTRAND.

Vite, beau-père, chez c'savant qui sait lire, qui d'meure au bout de c'te percée; eune promesse réciproque en quatre lignes....

GERVAIS.

Et l'mariage après la signature. M'est avis qu'i n'y a pas d'temps à perdre. (*Contrefaisant Faustine.*) J'déteste les garçons, mon père ; c'sont des fléaux, des..... voyez-vous la p'tite rusée. Bruno, on a enfermé un p'tit enragé dans c'cellier : empêche Faustine d'approcher d'là; n'la pards pas d'vue un moment. La force, entends-tu, la force, si ça devient nécessaire.

BRUNO.

Dites-donc, not' bourgeois? la voiture sera ici dans eune heure.

GERVAIS, sortant avec Bertrand.

Fais c'que j'te dis, et que la voiture aille au diable.

SCÈNE XIV.

VALENTIN, BRUNO, FAUSTINE.

BRUNO.

Tian, qu'il est donc drôle! est-ce qu'il aurait un coup de marteau, c'pauvre cher homme? (*A Faustine.*) La force, entendez-vous, mamselle, la force. Ous êtes belle comme un astre, et attrayante à l'avenant : hé ben! ça n'y fera rian du tout. Je n'savons pas d'quoi qu'i s'agit ; mais, c'est égal, j'obéirons à not' bourgeois. (*Faustine s'approche de Valentin; Bruno la fait passer de l'autre côté.*) Otez-vous d'là, mamselle, ôtez-vous d'là que j'vous dis. (*Valentin frappe à la porte à coups de pied et à coups de poing.*) Queu sabat qu'i fait donc! est-ce que le diable l'i est entré dans l'corps?

FAUSTINE, courant à Valentin (1).

Valentin! mon cher Valentin!

BRUNO, la ramenant.

Elle aussi ! C'est pis qu'un sort.

FAUSTINE, repassant.

Que je souffre de ta peine !

BRUNO, la ramenant.

Contez l'i ça d'plus loin.

---

(1) Dans toute cette scène, on peut couper ce qui gênerait l'action.

VALENTIN.

Veux-tu la laisser, garnement. T'es ben hardi d'toucher seulement sa cotte.

FAUSTINE.

(*Elle cherche à s'échapper vers le cellier de Bertrand; Bruno lui barre le passage.*) M'laisseras-tu passer? (*Bruno la fait reculer vers le cellier de Gervais.*) J'passerons.

BRUNO, la poussant toujours vers le cellier de Gervais.

Ous n'passerez pas, c'est du maléfice! I's avont tertous la fiavre chaude. (*Faustine se trouve près du cellier de Gervais; Bruno la pousse dedans, et l'y enferme.*) A la parfin m'en v'là l'maître.

FAUSTINE, la tête à une petite lucarne.

Veux-tu m'ouvrir?

BRUNO.

Pas si bête, pas si bête.

VALENTIN.

N'as-tu pas de honte d'la traiter comme ça?

BRUNO.

Ah! ben oui, d'la honte!

VALENTIN.

J'sortirons queuque jour, et tu me l'paieras.

BRUNO.

Essayez d'vous y frotter.

TRIO.

FAUSTINE.

Le mauvais cœur, le barbare!

SCENE XIV.

VALENTIN.

L'imbécile, l'animal!

BRUNO.

Finissez vot' tintamare.
J'som' un tantinet brutal.

FAUSTINE.   **VALENTIN**

Ensemble.

Mon cher Bruno, je t'en conjure,   Comment a-t-on l'ame aussi dure?
Par mes pleurs, laisse-toi fléchir.   Mon cher Bruno, viens nous ouvrir.

BRUNO.

Par prière ni par menace,
Non, vous n'obtiendrez rien de moi.
Croyez-m'en, laissez la grimace :
Du plus fort recevez la loi.

VALENTIN, FAUSTINE.   **BRUNO.**

Ensemble.

Par prière, ni par menace,   Par prière, ni par menace,
Quoi! nous n'obtiendrons rien de toi!   Non, vous n'obtiendrez rien de moi.
Hélas! quoiqu'on dise ou qu'on fasse,   Croyez-m'en, laissez la grimace :
Le plus fort fait toujours la loi.   Du plus fort recevez la loi.

VALENTIN, FAUSTINE.

Mon dieu! comment donc faire
Dans un tel embarras?

BRUNO.

Vous résigner, vous taire.

VALENTIN, FAUSTINE.

Je ne le pouvons pas.
(Ils frappent à grands coups chacun à sa porte.)

BRUNO.

Faudrait redoubler la garde;
Je n'pouvons être partout.
(Appelant au fond du théâtre.)

LES SABOTIERS.

Bertrand... Gervais ! Je regarde,
Et je n'voyons rian du tout.
I's allont prendre la fuite.
Bertrand ! Gervais !... Queu métier !
Pour les appeler pus vite,
Grimpons sur ce peuplier.
(Il va à l'arbre au pied duquel est le piège.)

VALENTIN, à demi-voix.

Bienheureux piège !
Lacets chéris !

BRUNO, voulant monter à l'arbre.

C'est pis qu'un siège !
(Il se prend par la jambe.)

Ah !

VALENTIN, s'écriant.

Le v'là pris.

BRUNO, s'agitant et criant.

C'est un supplice, eune rage.
Comment deviner un tel coup ?
On prévient le voisinage
Quand on met un piège à loup.

VALENTIN, FAUSTINE.

Oh ! la bonne aventure !
Comme nous, t'y voilà.

BRUNO.

Mais, qu'eu chienne d'figure
Qu' j'allons donc faire là ?

VALENTIN, FAUSTINE.	BRUNO.
Ensemble.	
Dans les lacets de la grive	Dans les lacets de la grive
Se prend ainsi le vautour.	Se prend ainsi le vautour.
A qui mal veut, mal arrive.	A qui mal veut, mal arrive.
T'as voulu ruser, balourd :	Je n'sommes rian qu'un balourd.
Pour prix d'ton himeur rétive,	Pour prix de mon himeur rétive,
T'es prisonnier à ton tour.	J'sis prisonnier à mon tour.

SCÈNE XIV.

VALENTIN.

Allons, Faustine, faut faire un coup d'atou ici. C'nigaud n'nous gêne pus. Grimpe sus eune futaille, sus des madriers, sus c'que tu pourras. Arrache la couverture ; j'en allons faire autant d'not' côté.
(Il rentre sa tête.)

FAUSTINE.

Bien pensé. Allons, courage.
(On entend le bruit de la paille et des perches cassées.)

BRUNO.

Hé ben, ces petits sorciers-là n'allont-i' pas démolir la maison ? Ah, mon Dieu, i' cassont, i' brisont... Si j'pouvions arracher c'maudit peuplier, je l'eux en bâillerions par la mine.

VALENTIN, *criant en dedans.*

Ça va, ça va.

FAUSTINE, *criant en dedans.*

Bon, tu m'aideras à finir.

VALENTIN, *sortant la tête par la couverture.*

J'ons fait not' trou.

FAUSTINE.

V'là qu'ça part.

VALENTIN, *sautant à terre.*

J'sommes dehors.

FAUSTINE, *sortant la tête par la couverture.*

M'laisseras-tu en si biau chemin ?

VALENTIN.

Je venons à ton aide. (*Il tire le verrou.*) Déniche d'plein pied.

LES SABOTIERS.

BRUNO.

Les v'là envolés.

VALENTIN.

Gagnons vite le milieu de la forêt. J'passerons la nuit comme j'pourrons, et demain, au point du jour, j'irons chercher un marieux.

BRUNO.

Oui, i' sera temps.

FAUSTINE.

Mon cœur m'dit de te suivre; ma conscience me l'défend, et c't'ella ne trompe jamais.

VALENTIN.

Mon Dieu, mon Dieu! Faustine, tes scrupules feront not' pardition à tous deux. Nos pères vont revenir; i' me remettront en prison, i' te prendront, i' t'entraîneront, i' t'épouseront, et queuque j'deviandrons? J' n'avons pus qu'un moment. Cruelle fille, peux-tu balancer?

(Faustine le regarde tendrement, et se jette dans ses bras.)

BRUNO.

V'là la conscience qui s'apaise.

FAUSTINE, avec un soupir.

Partons, puisqu'il le faut.

VALENTIN.

Ah! diable! j'oubliais... C'n'est pas tout d' s'en aller : l'troussiau de ma pauv' mère, et cent bons écus, qu'alle a eus en dot, m'appartenont de droit. J'vas chercher ça.

(Il rentre chez Bertrand.)

SCÈNE XV.

BRUNO, FAUSTINE.

BRUNO, à part.

Si j'pouvions la convartir! (*Haut d'un ton pathétique.*) Ah! mamselle Faustine, c'est ben vilain à vous d'jouer un pareil tour à votre pare; mais, pis qu'à toute force ous voulez ous en aller, que j' partions au moins aveuc vous, ça s'ra ben pus honnête : allez-nous charcher notre hachette; j'couperons c'te chaîne, et j'vous accompagnerons.

SCÈNE XVI.

FAUSTINE, BRUNO, VALENTIN, portant un paquet.

VALENTIN.

V'là tout l'bataclan. Aveuc c'te somme-là, j'pouvons faire l'tour du monde. Allons, Faustine, faut êt' valeureuse ici : appuie-toi sur not' bras.

FAUSTINE, prenant son bras.

Oh! j'en ai grand besoin. J'sis toute tremblante.

VALENTIN, sortant avec Faustine par le côté opposé à celui par lequel les deux pères sont sortis.

Adieu, Bruno. Tâche de t'tirer d'là, mon garçon. T'iras charcher l'ménétrier pour la noce d'mon père.

SCÈNE XVII.

BRUNO, seul.

Les v'là partis, et Dieu sait quand on les reverra. Not' bourgeois va me faire eune vie!... i' n'm'accusera toujours pas d'avoir quitté mon poste... Ces diables d'enfans!

SCÈNE XVIII.

BRUNO, BERTRAND, GERVAIS, dans le fond.

BERTRAND.

N'y a-t-i' pas d'quoi s'damner? On a besoin d'li eune fois en dix ans, et il est sorti, et on n'sait quand i' reviendra, et je n'savons écrire ni l'un ni l'autre.

GERVAIS.

J'trouverons not' homme pus tard, et en attendant j'manerons Faustine cheux sa marraine, jusqu'à qu'tout soit prêt.

BERTRAND, descendant la scène avec Gervais.

Et not' gars restera sous clef jusqu'à la définition.

GERVAIS, à Bruno.

Qu'eu qu'tu fais donc là?

BRUNO.

Je n'fais rian, j'enrage.

BERTRAND, riant et ouvrant le piége avec Gervais.

Tiens, c't animal qui s'est laissé prendre!

SCÈNE XVIII.

BRUNO.

Tiens, c't aut' qu'a tendu l'piége! riez, riez; ous avez d'quoi.

BERTRAND.

Allons, beau-père, opérez : la future cheux sa marraine.

GERVAIS, appelant.

Faustine! Faustine!

BRUNO.

Ah, ben oui, Faustine! i' sont loin s'i couront toujours. Les moiniaux sont dénichés.

BERTRAND, stupéfait.

I' sont partis!

GERVAIS.

Et par où?

BRUNO.

Par la couverture. La fille, l'garçon, l'trousseau d'la défunte, l's écus, tout est au diable.

BERTRAND.

J'nous sentons suffoqué.

BRUNO.

Riez, riez donc, père Bertrand.

BERTRAND.

L'coquin! nous voler not' femme, nos hardes, nos espèces!

BRUNO.

Ah! pour la femme, peut-êt' ben a-t-i' tort : pour l'argent et le trousseau, c'est eune autre affaire. I' dit qu'c'était la dot d'sa mère, et ça l'i revient par droit d'succession.

BERTRAND.

Courons après eux. Charchons, charchons partout.... nos hardes! nos espèces!

GERVAIS.

Un moment, voisin. Not' fille est sage; je n'craignons rian. Mais, c'que viant d'conter Bruno change diablement la face des affaires; c'est eune surprise qu'ous avez voulu m'faire.

BERTRAND.

Beau-père!

GERVAIS.

J'voulons l'bien d'not' enfant, et c'est naturel; j'ons cédé à l'appas d'une grosse fortune, qui la mettait à son aise, et v'là qu'au fait et au prendre tout s'en va en fumée, qu'tout est à vot' fieu, et qu'un jour aurait fallu tout rendre. Et c'n'est pas là d'la suparcherie, d'la surprise! fi! c'est indeigne d'vot' part. Ous n'aurez pas not' fille.

BRUNO.

J'avons t'i la barlue donc? Tenez, tenez, les voyez-vous, mamselle Faustine pérorisant, Valentin s'dépitant, et la suivant bon gré, maugré ses dents? Les v'là, les v'là, not' bourgeois.

BERTRAND.

Ah! tu vas me l' payer, p'tit engeoleux, p'tit escroqueux, p'tit...

SCÈNE XIX.
GERVAIS.

Pas d'emportement, voisin. I' ne revenont pas pour des preunes ; écoutons avant d'prononcer.

SCÈNE XIX.

BERTRAND, GERVAIS, BRUNO, VALENTIN, FAUSTINE, dans le fond.

VALENTIN.

On n'résiste pas à c'qu'on aime : tu le veux, j'obéis ; mais, tu varras que j'nous en repentirons.

FAUSTINE.

J'aurons fait not' devoir. (*Courant se jeter aux genoux de son père.*) J'vous ons offensé, mon père ; je revenons toujours tendre et soumise. Pardonnez-moi de m'êtr' défiée d'vot' cœur : i' n'fera pas l'malheur du mian.

GERVAIS, la relevant avec dignité.

C'est assez. Stila qui se repent a toujours droit au pardon : baise-moi, et n'pensons pus à rian.

BRUNO.

V'là un père, voisin Bertrand.

BERTRAND, brusquement à son fils.

Hé ben! tu n'me dis rian à moi?

VALENTIN.

C'est que j'crains...

BERTRAND.

D'bian parler, et non d'mal faire.

VALENTIN.

Mon père, je n'vous demandons qu'une grace. Renonçons tous les deux à Faustine. Ne faisons pas l'malheur l'un de l'autre. V'là la dot d'ma mère : j'vous la rends, j'vous la donne à c'te seule condition-là, aveuc p'us d' plaisir que je ne l'avions emportée.

GERVAIS.

Voisin, v'là eune conduite qui doit vous piquer d'honneur.

BERTRAND.

Hé ben, morgué! j'nous piquons. Mariez-vous, pis qu'a n'veut pas d'moi. Si je ne l'aimons pas comme not' femme, j'l'aimerons comme not' fille, car j'sentons qu'i faut l'aimer d' queuque manière que ce soit.

(Il met le paquet sous son bras.)

GERVAIS.

Voisin, voisin, l'feu du moment vous donne des distractions. Pas d'dot, pas d'mariage.

FAUSTINE.

Quoi, mon père! pour un peu d'argent...

BRUNO.

J'sommes parfois de bon conseil : j'allons peut-êt' tout accorder. Que l's écus soyont dans c't armoire-ci, ou dans c't'elle-là, on n'y touchera pas pus d'un côté que d'l'autre, pis qu'chaque jour amène son pain. Not'bourgeois, laissez à Bertrand l'plaisir d'caresser ses espèces. Il est un peu fantas'; mais c'est un bon minager, et, après l'i, on trouvera l'magot p'utôt enflé qu'fondu. C'est-i dit comme ça?

SCÈNE XIX.

BERTRAND, VALENTIN, FAUSTINE.

Je m'y accorde.

GERVAIS.

Moyennant toutefois une reconnaissance par écrit. Pourrait l'i reprendre queuque démangeaison d'mariage.

BERTRAND.

L'ciel m'en garde. Ben fou sti qui n'sait pus plaire, et qui s'avise encore d'aimer.

VAUDEVILLE.

BRUNO.

Conservez bian votre chaussure,
Fille sans finesse et sans art.
Pour vous ôter cette parure,
Souvent on vous guête à l'écart.
Le coin d'un bois, l'herbe nouvelle,
Un mouvement, le moindre mot,
Un rian fait broncher une belle,
Un rian l'i casse son sabot.

BERTRAND.

Le temps de mon apprentissage
Me revient sans cesse à l'esprit.
Fautes, plaisirs, sont le partage
De cet âge où tout réussit.
Si quelquefois le maître gronde,
On lui laisse dire son mot.
Chausse-t-on la brune et la blonde
Sans jamais casser un sabot ?

GERVAIS.

Laissons de vaines doléances ;
Avec gaîté sachons vieillir.

LES SABOTIERS.

Chaque temps a ses jouissances :
Je jouis par le souvenir.
Ici tout séduit, mais tout passe.
Trop fortuné, tranchons le mot,
Qui pourrait encore, avec grace,
A cent ans, casser un sabot.

VALENTIN.

Guidé par le feu de mon âge,
Je vais travailler de grand cœur.
Peut-être aux efforts du courage
Succèdera quelque langueur.
Pour me ranimer, ma Faustine,
Tu n'auras besoin que d'un mot.
Surtout ne me fais pas la mine
Si parfois je casse un sabot.

FAUSTINE.

Travaillons avec confiance ;
Qui s'occupe n'a pas d'humeur.
Je te promets de l'indulgence
S'il t'arrivait quelque malheur.
Je dois, en épouse docile,
M'interdire le moindre mot :
Il n'est pas d'ouvrier habile
Qui ne casse enfin un sabot.

FIN DES SABOTIERS.

L'ESPRIT FOLLET,

ou

LE CABARET DES PYRÉNÉES,

COMÉDIE

EN UN ACTE ET EN PROSE.

PERSONNAGES.   ACTEURS.

CHRYSOSTOME, garçon de cabaret.   BRUNET.
SANS-CHAGRIN, vieux hussard.   DELAPORTE.
DUNOIR, poète tragique.   GENEST.
LAQUINTE, musicien.   TIERCELIN.
PÈRE JEAN, capucin.   DUVAL.
DAME CATHERINE, cabaretière.   *Mesd.* CAUMONT.
SOEUR THÉRÈSE, religieuse.   HAINAULT.
URSULE, fille de Catherine.   JULIE.

La scène est dans les Pyrénées.

Représentée, pour la première fois, à Paris, sur le théâtre de la Cité Variétés, le premier fructidor an IV de la république.

L'ESPRIT FOLLET,

OU

LE CABARET DES PYRÉNÉES,

COMÉDIE.

Le théâtre représente une chambre rustique. Des tables, des chaises, un rouet, une quenouille, la garnissent. Une lampe est pendue au plafond.

SCÈNE PREMIÈRE.

DAME CATHERINE, seule.

Que vous êtes heureuses, jeunes fillettes, qui pouvez écouter votre cœur ! Votre jeunesse, vos graces désarment le censeur le plus austère. Mais qu'une pauvre veuve est à plaindre, quand elle tient à sa réputation ! On aime à cinquante ans comme à vingt, et, par égard pour le monde, il faut combattre sans cesse. Un soupir, un geste, une caresse innocente, nous font perdre en un moment le fruit de quinze ans de privations. S'il est flatteur d'être citée comme un modèle de vertu, il est bien dur de mériter cet honneur. Que conclure de tout ceci? Que le veuvage m'est contraire, que le mariage m'est bon, et que je me marierai.

SCÈNE II.

CHRYSOSTOME, Dame CATHERINE.

CHRYSOSTOME.

Avec moi, dame Catherine.

CATHERINE.

Et avec qui, cher Chrysostôme? Ayant par-devers moi quelques épargnes; maîtresse d'un cabaret bien achalandé, mais que je ne peux gouverner seule; pleurant tous les jours le défunt, mais sentant plus que jamais la nécessité de lui donner un successeur, je vous ai choisi, mon bon ami, dès le moment que je vous ai vu.

CHRYSOSTOME.

C'est trop flatteur, dame Catherine.

CATHERINE.

Taille agréable, figure heureuse, activité, caractère franc, ce qui plaît enfin à une femme qui a de l'expérience, le ciel vous en a pourvu, et vous serez propriétaire de ma personne et de mon cabaret.

CHRYSOSTOME.

Et je ferai valoir votre cabaret et votre personne.

CATHERINE.

Il est charmant, ce cher Chrysostôme. On voit bien qu'il n'a pas toujours été garçon de cabaret.

SCÈNE II.

CHRYSOSTOME.

J'ai fait tous les métiers.

CATHERINE.

Et cela forme un joli homme.

CHRYSOSTOME.

Serrurier, rat-de-cave, portier de collége, artificier, apothicaire, charretier d'artillerie, enfin garçon marchand de vin, traiteur-restaurateur au beau milieu des Pyrénées, et vainqueur d'une hôtesse charmante, qui a résisté pendant quinze ans aux miquelets, aux goujats et aux muletiers de toutes les Espagnes.

CATHERINE.

Mon ami, notre destinée est écrite là-haut. Il était décidé de toute éternité que la veuve Perina-Blanca de la Tortosa deviendrait l'épouse légitime du seigneur Chrysostôme...

CHRYSOSTOME.

Qui met à ses pieds toutes ses seigneuries passées, présentes et à venir.

CATHERINE.

Nous voilà donc d'accord sur le fond. Je veux maintenant vous dire deux mots de cette petite Ursule...

CHRYSOSTOME.

De votre fille, de cette morveuse qui s'est avisée de me faire les yeux doux?...

CATHERINE.

Et que vous ne regardiez pas de travers, monsieur Chrysostôme.

CHRYSOSTOME.

C'est une surprise, dame Catherine, ou le diable m'emporte. J'arrive, je vous offre mes services, vous les acceptez; Ursule m'accueille, paraît s'attacher à moi; j'ai le cœur bon, je me laisse attendrir, c'est tout simple. Vous rossez la fille; vous voulez chasser le garçon, et tout rentre dans l'ordre. Bientôt l'air réservé de la mère, ses mœurs austères, sa beauté dans son midi, ses vues solides m'ont inspiré des projets raisonnables, et je me suis dévoué à elle à jamais et pour toujours.

CATHERINE.

Ainsi donc, vous n'avez eu pour cette petite fille qu'une fantaisie...

CHRYSOSTOME.

Imperceptible, dame Catherine : un enfant sans caractère...

CATHERINE.

Sans jugement.

CHRYSOSTOME.

Sans esprit.

CATHERINE.

Oh! elle n'est pas sotte.

CHRYSOSTOME.

Croyez-vous?

CATHERINE.

Mais sans beauté.

CHRYSOSTOME.

Elle n'est pas mal.

SCÈNE II.

CATHERINE.

Figure morte.

CHRYSOSTOME.

Le mariage la vivifiera.

CATHERINE.

Ne parlez pas de cela, Chrysostôme, ne parlez pas de cela : Ursule n'a pas seize ans, et...

CHRYSOSTOME.

A quel âge vous êtes-vous donc mariée?

CATHERINE.

Ah! moi, j'étais précoce. D'ailleurs, laissons cela. Vous m'avez rassurée, et tout est dit.

CHRYSOSTOME.

Voilà ce qui s'appelle parler. A quand la noce?

CATHERINE.

J'aurais grande envie de finir : le temps perdu ne se répare jamais. Mais je suis encore arrêtée par certaine crainte...

CHRYSOSTOME.

Comment donc, dame Catherine?

CATHERINE.

Vous ne devinez point?

CHRYSOSTOME.

Non, ma foi.

CATHERINE.

Vous n'avez rien entendu?

CHRYSOSTOME.

Pas la moindre chose.

CATHERINE.

Depuis quelques nuits, certain bruit sourd...

CHRYSOSTOME.

C'est le vent qui siffle dans la montagne.

CATHERINE.

Pas du tout; ce bruit se fait dans ma chambre.

CHRYSOSTOME.

C'est le vent qui siffle dans la cheminée.

CATHERINE.

Pas du tout. J'ai entendu marcher; on a tiré les rideaux de mon lit.

CHRYSOSTOME.

Diable !

CATHERINE.

Une voix sépulcrale s'est fait entendre...

CHRYSOSTOME.

Et qu'a-t-elle dit, cette voix?

CATHERINE.

Si tu ne maries pas Ursule à Chrysostôme, je te tordrai le cou.

CHRYSOSTOME.

De quoi diable les morts viennent-ils se mêler ?

CATHERINE.

C'est son imbécille grand-père...

CHRYSOSTOME.

En vérité?

CATHERINE.

J'ai reconnu sa voix. Il radotait pendant sa vie, et il radote encore après sa mort.

SCÈNE II.

CHRYSOSTOME.

Tout cela est bel et bon. Vous vous arrangerez comme vous pourrez avec le grand-père; mais je ne veux pas d'Ursule; absolument, je n'en veux pas.

CATHERINE.

Tu ne l'auras pas, mon petit bon ami, tu ne l'auras pas.. Mais, juge de ma position, si les morts s'établissent céans.

CHRYSOSTOME.

Société désagréable.

CATHERINE.

Il n'en faudrait pas davantage pour discréditer mon cabaret.

CHRYSOSTOME.

Que diable faire à cela?

CATHERINE.

Je vous le demande.

CHRYSOSTOME.

Eh parbleu! il n'y a qu'à brûler quelques cierges en l'honneur du grand-papa. On dit que les morts aiment beaucoup la cire jaune.

CATHERINE.

Supérieurement pensé!

CHRYSOSTOME.

Et le prier très-humblement, le rosaire à la main, de nous laisser tranquilles.

CATHERINE.

J'y cours, mon cher petit, j'y cours. Oh! il est charmant, il est charmant.

(Elle sort.)

SCÈNE III.

CHRYSOSTOME, seul, riant.

Ah! ah! ah! La bonne dame! on lui en garde des maris comme nous. Ursule, aimable Ursule!... La voilà, chut! L'indiscrétion et la jeunesse vont toujours de compagnie.

SCÈNE IV.

CHRYSOSTOME, URSULE.

URSULE, piquée.

Oui, faites le réservé, monsieur Chrysostôme.

CHRYSOSTOME.

Qu'est-ce que c'est, qu'est-ce que c'est, mademoiselle Ursule?

URSULE.

J'ai entendu tout ce que vous avez dit.

CHRYSOSTOME.

A qui?

URSULE.

A ma mère.

CHRYSOSTOME.

Vous n'avez entendu que cela?

URSULE.

C'est bien assez, je crois, méchant homme que vous êtes... après ce que vous m'avez promis...

SCÈNE IV.

CHRYSOSTOME.

Nous promettons toujours nous autres jolis hommes.

URSULE.

M'ôter la paix de l'ame!

CHRYSOSTOME.

Le temps vous calmera.

URSULE.

Me prendre cent baisers!

CHRYSOSTOME.

Je vais vous les rendre; je ne veux rien avoir à vous.

URSULE, le repoussant.

Ne m'approchez pas; je vous hais, je vous déteste.

CHRYSOSTOME, à part.

Elle m'aime toujours.

URSULE.

Ingrat! parjure!

CHRYSOSTOME, à part.

Bon.

URSULE.

C'est pour ma mère que vous m'abandonnez!

CHRYSOSTOME.

Que voulez-vous? j'aime les mamans.

URSULE.

Je respecte la mienne; mais, sans vanité, je vaux mieux qu'elle.

CHRYSOSTOME.

Cela se peut; mais j'aime les mamans, moi, j'aime les mamans.

URSULE.

Vous n'en êtes pas où vous pensez. Il y a des esprits au monde...

CHRYSOSTOME.

Ils ne sont pas communs.

URSULE.

Qui me veulent du bien, et qui m'en feront.

CHRYSOSTOME.

Nous verrons cela.

URSULE.

Le ciel est indigné de votre conduite.

CHRYSOSTOME, à part.

Où va-t-elle fourrer le ciel?

URSULE.

Et vous obéirez à ses lois.

CHRYSOSTOME.

Oui, quand il me fera l'honneur de m'adresser la parole.

URSULE.

Il parle, monsieur, il parle. Je l'entends toutes les nuits, et très-distinctement.

CHRYSOSTOME.

Oui? Eh bien, je vous laisse : arrangez-vous avec lui, et remerciez-le de l'intérêt qu'il veut bien prendre à votre petite personne.

(Il sort.)

SCÈNE V.

URSULE, seule.

Marie Ursule à Chrysostôme, ou je te tordrai le cou : voilà les propres paroles de l'esprit. Il y a pourtant des gens qui rient de cela, qui ne croient pas aux revenans. Que je te remercie, ange ou démon, de revenir exprès de l'autre monde pour assurer mon bonheur !

SCÈNE VI.

URSULE, Dame CATHERINE.

CATHERINE.

Que faites-vous là, grande inutile ? Ces tables sont-elles préparées ?

URSULE.

Oui, ma mère.

CATHERINE.

Les lits sont-ils couverts ?

URSULE.

Oui, ma mère.

CATHERINE.

N'y a-t-il plus d'ouvrage à la maison ?

URSULE.

Non, ma mère.

CATHERINE.

Une fille laborieuse trouve toujours à s'occuper. Faudra-t-il sans cesse vous répéter la même chose?

URSULE.

Mais, ma mère, quel plaisir prenez-vous à me rudoyer?

CATHERINE.

Vous rudoyer, mademoiselle, vous rudoyer! Ah! je vous rudoie, quand je vous prêche le soin, l'activité, l'amour du travail; et ça s'avise d'aimer! et ça pense à se mettre en ménage!

URSULE.

C'est une pensée louable, ma mère, puisqu'elle vous vient comme à moi.

CATHERINE.

Qu'est-ce à dire, s'il vous plaît?

URSULE.

Il me semble que vous aimez Chrysostôme?

CATHERINE.

Non, mademoiselle, je ne l'aime pas; mais je l'épouse : j'ai besoin de lui.

URSULE, *ingénument.*

Il pourrait aussi m'être utile, ma mère.

CATHERINE.

Jour de dieu! taisez-vous, ou je vous frotterai les oreilles. Mettez-vous à votre rouet; travaillez. Le travail chasse la tentation, et l'oisiveté est mère de tous les vices. (*Ursule se met à son rouet, en bou-*

SCÈNE VIII. 247

dant.) Voilà la nuit, allumons cette lampe. (*Elle allume la lampe pendue au plancher.*) Faisons un tour à la cuisine : s'il arrivait des voyageurs, il ne faut pas les faire attendre. (*A Ursule.*) Filez, filez donc. Eh bien! filerez-vous? hom!
(Elle sort.)

SCÈNE VII.

URSULE, seule.

Je n'ai de courage à rien. Ma mère, Chrysostome, mon cœur, tout me désole, tout me désespère.

SCÈNE VIII.

URSULE, filant; CHRYSOSTOME, conduisant DUNOIR.

DUNOIR.
Vous dites donc qu'on peut loger céans?

CHRYSOSTOME.
Oui; soyez le bienvenu, seigneur cavalier.

DUNOIR.
Seigneur cavalier! Je suis fantassin.

CHRYSOSTOME.
Il n'y a pas de mal à cela. Le cheval ne fait pas l'homme.

DUNOIR.
Et je porte mon bagage là-dedans.
(Il s'assied près d'une table, et tire une grosse écritoire.)

CHRYSOSTOME.

Dans votre écritoire ?

DUNOIR.

C'est une mine entre mes mains.

CHRYSOSTOME.

Comment cela ?

DUNOIR.

Je suis poète tragique.

CHRYSOSTOME.

Ah ! ah !

URSULE.

Il ne me regarde seulement pas.

DUNOIR.

Je parcours les Pyrénées; je cherche des sites effrayans; je contemple les horreurs sublimes de la nature; j'en pénètre mon imagination, déja nourrie de la lecture des anciens et des modernes.

CHRYSOSTOME.

Vous lisez les modernes ?

DUNOIR.

Pour éviter leurs défauts.

CHRYSOSTOME.

Le motif est louable.

DUNOIR.

Fatigué de leur pompeuse insignifiance, de leur insipide monotonie, je me rapproche des anciens.

CHRYSOSTOME.

Vous imitez le grec.

SCÈNE VIII.

DUNOIR.

Pas du tout; je ne l'ai jamais su, et je n'aime pas les traductions.

CHRYSOSTOME.

Que faites-vous donc?

DUNOIR.

J'ai ici (*montrant son front*) Corneille, Racine, Crébillon, et l'Enfant gâté de la nature.

CHRYSOSTOME.

Qui celui-là?

DUNOIR.

Eh parbleu! le papa Voltaire.

CHRYSOSTOME.

Vous appelez cela les anciens?

DUNOIR.

Sans doute, mon ami. Il y a mille ans d'eux à nous. On commence à ne plus les entendre, et je les habille à l'ordre du jour.

CHRYSOSTOME, étonné.

L'ordre du jour!

DUNOIR.

Je vous parle peut-être une langue étrangère?

CHRYSOSTOME.

Pas du tout, monsieur, j'ai été portier de collége.

DUNOIR.

Et vous vous croyez homme de lettres?

CHRYSOSTOME.

Comme tant d'autres, qui écrivent sans savoir pourquoi.

DUNOIR.

Revenons. J'en suis à ce fameux récit, que, pour l'utilité publique, je mets à la portée de tout le monde. C'est un braconnier qui raconte l'accident d'un confrère :

> A peine nous sortions la porte Saint-Antoine.
> Il était sur son âne, et ses chiens efflanqués
> Marchaient le nez au vent, autour de lui rangés.
> Il suivait tout pensif le chemin de Vincennes,
> Et sa main sur le bât laissait flotter les rênes.
> Ce roussin si fringant, qu'on voyait autrefois
> Sauter, caracoler aux accens de sa voix,
> L'œil morne maintenant, et l'oreille baissée,
> Semblait se conformer à sa triste pensée.

Qu'en dites-vous?

CHRYSOSTOME.

Cela promet.

DUNOIR, composant.

J'en suis à l'endroit difficile.

> Un effroyable cri sorti du fond des flots...

Du fond des flots.... Il n'y a pas d'eau, je crois, sur la route de Vincennes... Non, il n'y a pas d'eau. (*Se grattant la tête.*) Diable!... Apportez-moi du vin.

> Apportez-moi du vin, apportez-moi du bon,
> Et que Bacchus m'inspire au défaut d'Apollon.

CHRYSOSTOME.

Comment du vin! Jamais vos héros parlent-ils de cela?

DUNOIR.

Je ne suis pas un héros; je bois et je mange.

SCÈNE IX.

CHRYSOSTOME.

Et vous payez?

DUNOIR.

Pas mal même, pour un poète.

CHRYSOSTOME.

Je vais vous chercher du vin.

SCÈNE IX.

DUNOIR, URSULE.

DUNOIR, *continuant de composer.*

Un effroyable cri sorti...

D'où le ferai-je sortir? (*Il cherche en se levant, et parcourant la chambre.*) Le voilà, le voilà, je le tiens. (*A Ursule.*) Vous riez, petite friponne!

URSULE.

Je n'en ai guère d'envie; mais vous êtes si original!

DUNOIR.

Oui, original, c'est le mot.

Loin de moi ces auteurs, dont l'esprit sans audace
Par des sentiers battus veut gravir le Parnasse.
On ne peut enfourcher le céleste cheval,
Ni subjuguer Phébus sans être original.

(*Il entend un bruit sourd qui augmente par degrés.*)

Qu'est-ce que cela, qu'est-ce que cela, la belle?

URSULE.

Hélas! monsieur, c'est un esprit qui protège les fille, et qui, j'espère...

DUNOIR, plein de joie.

Un esprit! il y a des esprits chez vous?

(Le bruit redouble.)

Quel champ vaste et fécond pour mes pinceaux divers! Paraissez, je vous peins, habitans des enfers.

(*Il retourne à la table pour écrire.*) Mes papiers, mon écritoire, ma plume, tout est disparu. (*Parcourant le théâtre.*) Au voleur! au voleur!

SCÈNE X.

DUNOIR, URSULE, CHRYSOSTOME,
portant un panier de vin.

CHRYSOSTOME.

Voilà du vin.

DUNOIR.

C'est bien de cela qu'il s'agit! Le diable a emporté mes vers.

CHRYSOSTOME.

Il devrait en emporter bien d'autres.

DUNOIR, parcourant le théâtre.

Courons, cherchons, évoquons, conjurons. Au voleur! au voleur!

SCÈNE XI.

DUNOIR, URSULE, CHRYSOSTOME, Dame CATHERINE.

CATHERINE.

Quels cris! quel tapage! Se conduit-on ainsi dans une maison honnête?

DUNOIR.

Maison infernale, où je voudrais n'être jamais entré!

CATHERINE.

Eh! sortez-en, Monsieur, et ne nous rompez pas la tête.

DUNOIR.

La mienne s'est ouverte comme celle de Minerve (1); elle a enfanté des chefs-d'œuvre; un instant a tout détruit. (*Parcourant le théâtre.*) Au voleur! au voleur! au voleur!

CATHERINE.

Quels contes à dormir debout venez-vous me faire?

DUNOIR.

Des contes, madame, des contes! J'avais des vers, je n'en ai plus, et votre fille m'a dit :

> Que l'enfer déchaîné s'était logé chez vous.
> Peut-on être frappé de plus sensibles coups?

---

(1) M. Dunoir ne sait pas plus la mythologie que le grec.

CATHERINE, à Ursule.

Ah! tu déshonores ma maison, tu en chasses les chalands; tu veux ruiner ta mère! Homicide! matricide!

DUNOIR, s'écriant.

Matricide n'est pas français.

CHRYSOSTOME.

La langue s'enrichit tous les jours.

CATHERINE, voulant frapper Ursule.

Tu me le paieras, tu me le paieras.

(Chrysostôme se jette entre elles.)

DUNOIR, retenant Catherine.

Cette façon d'agir me paraît un peu dure,
Et ce n'est pas ainsi que parle la nature.

CHRYSOSTOME.

Laissons tout cela. (*A Dunoir.*) L'enfer a-t-il au moins respecté votre portefeuille?

DUNOIR.

Le voilà. Il m'a laissé des mandats : ils sont écrits en prose.

CHRYSOSTOME.

Eh bien! buvez un coup : cela vous consolera.

DUNOIR.

C'est ce que je peux faire de mieux. Mais mes vers, mes vers...

Enfans trop accomplis d'une verve féconde,
Dont la gloire immortelle allait remplir le monde.

SCÈNE XII.

CHRYSOSTOME.

Vous devez les savoir par cœur.

CATHERINE.

Vous les récrirez demain : buvez.

DUNOIR, s'asseyant.

Buvons.

SCÈNE XII.

DUNOIR, URSULE, CHRYSOSTOME, Dame CATHERINE; père JEAN, tenant son bréviaire sous un bras, et soeur THÉRÈSE de l'autre; LAQUINTE, qui entre en préludant; SANS-CHAGRIN.

PÈRE JEAN, à Laquinte.

Te tairas-tu, avec ta musique profane?

LAQUINTE.

Moins de fiel, très-révérend père.

DUNOIR, au père Jean.

Que tenez-vous là? un volume de Voltaire?

PÈRE JEAN.

C'est mon bréviaire, monsieur. Voltaire! Voltaire! un réprouvé!

DUNOIR.

Le premier homme du monde, c'est Voltaire.

PÈRE JEAN.

C'est saint François.

SANS-CHAGRIN.

C'est Turenne.

CHRYSOSTOME.

C'est Adam.

DUNOIR, *regardant le père Jean de travers.*

Un bréviaire! un bréviaire! absurdités hébraïques, traduites en plat latin.

LAQUINTE.

Et pitoyablement chantées, sur une musique pitoyable.

PÈRE JEAN, *en colère.*

Que dites-vous, messieurs?

LAQUINTE.

Je mettrai le bréviaire en musique.

DUNOIR.

Je le mettrai en vers.

LAQUINTE, *à Dunoir.*

Monsieur est poète, à ce qu'il me paraît?

DUNOIR.

Tragique, qui plus est. Monsieur est musicien?

LAQUINTE.

Et des plus chromatiques.

(*Ils se saluent et s'embrassent.*)

SOEUR THÉRÈSE.

Sortons, mon révérend. Ce sont des schismatiques.

PÈRE JEAN.

Un moment, très-chère sœur. (*Appelant.*) Du vin.

SANS-CHAGRIN.

Du vin.

SCÈNE XIII.

LAQUINTE.

Du vin, du vin.

CATHERINE.

Servons ces messieurs. (*A Ursule.*) Allons donc, mademoiselle. (*On distribue des bouteilles et des verres aux différentes tables.*) Chrysostôme, le coup d'œil à la cuisine, mon petit bon ami.

(Chrysostôme sort.)

SCÈNE XIII.

DUNOIR, URSULE, Dame CATHERINE, père JEAN, sœur THÉRÈSE, LAQUINTE, SANS-CHAGRIN.

PÈRE JEAN, trinquant avec sœur Thérèse.

Au maintien de la foi.

SOEUR THÉRÈSE.

A la conversion des infidèles.

DUNOIR, trinquant avec Laquinte.

A la pensée.

LAQUINTE.

A l'harmonie.

SANS-CHAGRIN, seul à table.

A la victoire.

CATHERINE.

(*A Dunoir, à Laquinte, à Sans-Chagrin.*) Ces messieurs souperont sans doute? (*Au père Jean.*) Et le révérend?

PÈRE JEAN.

Le révérend n'aime pas l'abstinence. Oui, madame, je soupe, et copieusement. Quelque chose de léger pour ma femme.

CATHERINE.

Votre femme, très-révérend père?

DUNOIR.

Et vos vœux?

LA QUINTE.

Et les canons?

PÈRE JEAN.

Et la nature?

SANS-CHAGRIN.

Il a, corbleu! raison. Celle-là ne trompe jamais.

PÈRE JEAN.

Oui, messieurs, j'ai l'honneur de vous présenter mon épouse. Je dirigeais un couvent de nonnes à Saragosse. Sœur Thérèse, que vous voyez, me parut appétissante, et je me décidai à l'épouser, pour calmer sa conscience timorée. Ne trouvant point de prêtre latin qui voulût nous conférer le sacrement...

DUNOIR.

Que fîtes-vous?

PÈRE JEAN.

J'usai de la plénitude de mes pouvoirs, et je me mariai moi-même.

LA QUINTE.

Bravo!

SCÈNE XIV.

SANS-CHAGRIN.

Il est digne d'être hussard.

PÈRE JEAN, à Catherine.

Allons donc, chère mère ; des restaurans, et surtout un bon lit.

CATHERINE.

Le révérend sera servi à l'instant. (*A Ursule.*) Marchez donc, péronnelle.

(Catherine et Ursule sortent.

SCÈNE XIV.

LAQUINTE, DUNOIR, PÈRE JEAN, SŒUR THÉRÈSE, SANS-CHAGRIN.

(Laquinte et Dunoir commencent une conversation particulière, en buvant par intervalles.)

SANS-CHAGRIN.

Et où allez-vous de ce pas, révérendissime ?

PÈRE JEAN.

En France, mon camarade. J'ai quelque argent par-devers moi...

SANS-CHAGRIN.

En France? et pourquoi faire?

SŒUR THÉRÈSE.

Les circonstances nous détermineront.

SANS-CHAGRIN.

Il est permis de quitter une capucinière, mais pour être bon à quelque chose. Epaules carrées, poitrine ouverte, jarret tendu, sourcil fortement dessiné, cinq pieds cinq pouces... Change ce froc, qui t'avilit, contre un sabre et un mousquet. Si tu n'as su vivre, apprends à bien mourir.

PÈRE JEAN.

C'est très-joli, ce que vous me dites-là, mon cher ami; mais sœur Thérèse, ma fidèle compagne...

SANS-CHAGRIN.

Sœur Thérèse distribuera le rogome à nos lurons; et, si un boulet te coupe en deux...

SOEUR THÉRÈSE.

Ah! Notre-Dame de Lorette!

SANS-CHAGRIN.

Elle trouvera aussitôt un mari qui vaudra tous les capucins du monde.

SOEUR THÉRÈSE, d'un ton mielleux.

Aumônier de bataillon, passe.

SANS-CHAGRIN.

Laissez donc, chère sœur, laissez donc. Les poltrons seuls ont besoin d'absolution.

PÈRE JEAN, d'un air gracieux.

Et vous n'en connaissez point.

SANS-CHAGRIN.

Tu m'as l'air bon enfant, pour un moine. Viens ici, avec ta chaste moitié; buvons ensemble, et parlons d'affaires. Je quitte le service, parce que mes membres engourdis ne secondent plus ma tête; mais

SCÈNE XIV.

je suis considéré à l'armée, j'y ai de très-jolies connaissances, et je t'y serai utile. Viens, mon ami, viens : nous allons arranger cela le verre à la main.

(Père Jean et sœur Thérèse passent à la table de Sans-Chagrin, et causent en buvant.)

DUNOIR, à Laquinte.

J'aime cette noble émulation.

Qui sait se distinguer de la foule commune,
Fixe la renommée ainsi que la fortune.

LAQUINTE.

Oui, tout grand homme a son cachet.

DUNOIR, ironiquement.

Et vous avez le vôtre ?

LAQUINTE.

Parbleu! Autrefois on faisait, sur de jolies paroles, de ces airs agréables, chantans, que tout le monde retenait...

DUNOIR.

Vous avez bien changé de méthode.

LAQUINTE.

Ces bonnes gens ne voulaient que flatter l'oreille : nous l'étonnons aujourd'hui.

DUNOIR.

Quelque chose de plus.

LAQUINTE.

Le timide hautbois ose à peine murmurer, et la bergère ingénue ne chante plus ses amours qu'en roulades couvertes par les bassons, les trombones, les timbales, et on est convenu que c'est là ce qui constitue la vraie, la belle, la séduisante harmonie.

DUNOIR.

Et les paroles, que deviennent-elles?

LAQUINTE.

Il est encore convenu que le public gagne à ne pas les entendre.

DUNOIR.

C'est donc pour cela que le chanteur ne se donne plus la peine d'articuler.

LAQUINTE.

Il y a quelques années, nous avions encore la bonhomie de mettre des vers en musique ; maintenant nos poètes mettent notre musique en vers.

DUNOIR.

Et quels vers !

LAQUINTE.

Nous apprendrons à nous en passer.

PÈRE JEAN.

Affaire conclue. Mon camarade, je suis hussard, si ma chère épouse le trouve bon.

SOEUR THÉRÈSE.

Soit fait selon vos désirs, révérend père et mari.

SANS-CHAGRIN.

Bravo ! enfans. Le petit coup là-dessus.

(Ils boivent.)

LAQUINTE.

Athlète audacieux, je laisserai derrière moi tous

mes rivaux. Je suis venu dans ces montagnes étudier le sifflement des vents, méditer leurs accords aigus et déchirans, et, fier des secrets que j'ai surpris à la nature, je cours les consacrer aux progrès de l'art, mettre les chanteurs à l'orchestre, l'orchestre sur le théâtre, et assourdir l'auditeur émerveillé.

DUNOIR.

Vos intentions sont louables.

LAQUINTE, *s'échauffant par degrés.*

Je travaille à présent à un ouvrage qui fera le plus grand effet. Orage, enlèvement, incendie, incidens extraordinaires, imprévus et subits, style boursouflé et ronflant, tout le théâtre en machines jusqu'à la rampe, et par-dessus tout cela une musique, ah! une musique d'enfer. Acte premier, du bruit; acte second, du bruit; acte troisième, du bruit, et je suis porté aux nues. Écoutez cet échantillon.

RÉCITATIF.

Sous un bosquet charmant,
Une fidèle amante
Attend son jeune amant,
Incertaine et tremblante.
Le calme de la nuit,
La nature en silence,
Tout sert l'impatience
D'un cœur qu'amour conduit.
Près d'elle un vieux jaloux repose;
Grand Dieu! s'il allait s'éveiller!
A chanter, cependant, la belle se dispose,
L'usage le prescrit; peut-on le violer?

Piano, piano, du moins on le suppose,
Zuma chante ses feux, et craint d'articuler.

ARIETTE.

O toi! pour qui seul je respire,
Amour, achève mon bonheur.
Mon cœur languit, mon cœur soupire;
 Et ma douleur,
 Et mon ardeur,
 Et ton délire,
Amour, sont déja le bonheur.
 L'espoir m'enflamme
 D'un doux poison;
 Loin de mon ame
 Fuit la raison.
 Si l'on me blâme,
 Qu'au moins ta flamme...

(Pendant l'ariette, les autres voyageurs marquent leur impatience.)

PÈRE JEAN, interrompant.

Quel carrillon infernal faites-vous là?

LA QUINTE.

C'est de la musique, révérend père.

SANS-CHAGRIN.

J'ai cru entendre une batterie de canon.

SOEUR THÉRÈSE.

Je me suis crue au sabbat.

LA QUINTE, enchanté.

Brava, brava! c'est cela : vous êtes connaisseurs.

SANS-CHAGRIN.

Voilà le souper.

SCÈNE XV.

LAQUINTE, DUNOIR, père JEAN, soeur THÉRÈSE, SANS-CHAGRIN; Dame CATHERINE ET URSULE, servant les trois tables.

(Ursule sort.)

LAQUINTE.

Vous pouvez, monsieur, juger de mes talens.

DUNOIR.

Oui, cela n'est pas difficile.

LAQUINTE.

Et si, dans vos loisirs, vous voulez me faire un poème...

DUNOIR.

Proposition saugrenue.

LAQUINTE, piqué.

Et en quoi donc, monsieur?

DUNOIR.

Prostituer mes vers à votre vain fracas!
Je fais la tragédie, et non des opéras.

LAQUINTE.

Fracas! fracas! Bien des gens seraient heureux que ce fracas couvrît leurs sottises.

DUNOIR.

Adressez-vous à ces gens-là.

LAQUINTE

Ils sont moins rares qu'on ne pense.

L'ESPRIT FOLLET.

DUNOIR.

Parbleu! je le crois. Donnez un coup de pied sur le pavé, il en sortira un opéra : tout le monde s'en mêle; mais la tragédie!

LAQUINTE.

Ma foi, qui n'en fait point?

DUNOIR.

Il y a tragédie et tragédie.

LAQUINTE.

Il y a opéra et opéra.

DUNOIR.

Petit genre, mon petit monsieur.

LAQUINTE.

Qui vaut bien vos pompeuses extravagances, mon grand monsieur.

DUNOIR.

Insolent!

LAQUINTE.

Rimailleur!

DUNOIR, le saisissant au collet.

Je ne me connais plus. Enfin, ton insolence, Musicien barbare, aura sa récompense.

SANS-CHAGRIN, se levant.

Corbleu! finirez-vous?

PÈRE JEAN, se levant.

Je n'aime pas qu'on me dérange dans mes repas.

SOEUR THÉRÈSE, se levant.

C'est très-désagréable.

SCÈNE XV.

CATHERINE.

Eh! par grace, messieurs...

SANS-CHAGRIN, après les avoir séparés.

Qu'on se remette à table, qu'on se taise, et qu'on mange.

DUNOIR, entre ses dents.

Rimailleur!

SANS-CHAGRIN.

Paix.

LAQUINTE, entre ses dents.

Musicien barbare!

SANS-CHAGRIN.

Paix, paix.

PÈRE JEAN, s'écriant.

Et le souper!

SOEUR THÉRÈSE, se tournant vers les tables.

Et le souper!

SANS-CHAGRIN, étonné, les regardant.

Comment, le souper!

LAQUINTE.

Il a disparu, le souper.

DUNOIR.

Le diable l'a emporté avec mes vers.

(On entend un bruit sourd.)

SANS-CHAGRIN.

Dites donc, la mère, qu'est-ce que tout cela signifie?

CATHERINE.

Hélas! mes bons messieurs, je ne peux plus le dissimuler davantage, le diable s'est emparé de ma maison.

LAQUINTE.

Le diable!

PÈRE JEAN.

Comment, le diable?

DUNOIR.

Eh oui, le diable.

(Le bruit redouble.)

SOEUR THÉRÈSE, se serrant contre le père Jean.

Bonté divine! Si nous avions seulement le capuchon de saint Antoine, ou l'orteil de saint Pancrace!

PÈRE JEAN.

A défaut de reliques, je vais exorciser.

SANS-CHAGRIN.

Le diable vous fait peur! Qu'il paraisse, corbleu! mes exorcismes sont au bout de mon sabre, et je lui coupe les deux oreilles.

CATHERINE, effrayée, hors d'elle.

Monsieur le soldat, monsieur le soldat, taisez-vous, je vous en conjure. Vous allez ameuter contre moi tous les esprits infernaux.

SANS-CHAGRIN, le sabre à la main.

Allons donc, monsieur l'esprit, allons donc; c'est trop te faire attendre.

(Des pétards partent dans le fond du théâtre. Chacun s'enfuit en poussant un cri de frayeur, hors Sans-Chagrin, qui demeure dans une attitude imposante.)

SCÈNE XVI.

SANS-CHAGRIN, seul.

Tu te tais, tu n'oses accepter le défi! Tu trembles devant moi! Je reste maître du champ de bataille, et je n'ai point combattu! Corbleu! cela me pique; je n'aime pas la gloire aisée.

SCÈNE XVII.

SANS-CHAGRIN, CHRYSOSTOME.

CHRYSOSTÔME, jouant l'étonnement.

Eh bien! eh bien! qu'ont-ils donc tous ces gens-là?

SANS-CHAGRIN.

Ils ont peur.

CHRYSOSTÔME.

Les uns se jettent dans la cave, les autres s'enferment dans l'écurie...

SANS-CHAGRIN.

Ils ont peur.

CHRYSOSTÔME.

Et vous, monsieur le hussard?

SANS-CHAGRIN.

Je ne connais pas cela.

CHRYSOSTÔME.

C'est sans doute ce malheureux revenant...

SANS-CHAGRIN.

Un poltron, un faquin qui vient nous chercher noise, et qui saigne du nez ! Cent croquignoles à ce drôle-là.

CHRYSOSTÔME, jouant la frayeur.

Ah ! mon Dieu ! que dites-vous ! des croquignoles à un esprit !

SANS-CHAGRIN.

A un esprit comme à un autre.

CHRYSOSTÔME.

Croyez-moi, monsieur le hussard, retirez-vous.

SANS-CHAGRIN.

Tous les diables ensemble ne me feraient pas rompre d'une semelle.

CHRYSOSTÔME.

C'est que...

SANS-CHAGRIN, fièrement.

C'est que ?

CHRYSOSTÔME.

Voilà l'heure où il fait son sabbat.

SANS-CHAGRIN.

Tant mieux.

CHRYSOSTÔME.

Il est grand comme un chêne, gros comme un muid, fort comme un Turc.

SANS-CHAGRIN, lui sautant au cou.

Tant mieux, mon ami, tant mieux ; l'affaire en sera plus chaude.

SCÈNE XVIII.

CHRYSOSTOME, à part.

Cet homme est opiniâtre. (*Haut.*) Absolument, vous voulez rester?

SANS-CHAGRIN.

Vaincre ou mourir, c'est ma devise. Ne me romps pas la tête, et va te coucher.

CHRYSOSTOME.

C'est ce que je puis faire de mieux. Bonne chance, monsieur le hussard. (*Il lui prend la main.*) Pauvre cher homme, pauvre cher homme! nous ne le retrouverons pas en vie.

SCÈNE XVIII.

SANS-CHAGRIN, seul.

Il va venir! Ah! il va venir! nous allons voir beau jeu. Mais par où diable arrivera-t-il? (*Il regarde le plafond.*) Par-là? (*Il regarde le plancher.*) Par ici? par la porte? par la fenêtre? Un général habile ne néglige rien : retranchons-nous, pour n'être pas surpris. (*Il range les chaises en demi-cercle, derrière sa table.*) Cette lampe pourrait s'éteindre. Le drôle la soufflera peut-être pour m'embarrasser; allumons cette chandelle. (*Il met un morceau de papier au bout de son sabre, l'allume à la lampe, et allume une chandelle, qui est restée sur la table.*) Voilà ce qu'on peut appeler de savantes dispositions. (*La chandelle part en artifice.*) C'est assez joli, cela. (*A l'esprit.*) Ah! tu fais l'aimable, le plaisant! Je n'entends pas raillerie, moi. Parais, parais, morbleu, et je te taille en pièces.

SCÈNE XIX.

SANS-CHAGRIN, CHRYSOSTOME, caché sous une figure qu'il conduit, qui grandit et diminue à volonté. Elle porte un canon de bois dans une main, et tient de l'autre une mèche allumée.

SANS-CHAGRIN, apercevant la figure.

Ah! nous y voilà. Le pas de charge, en avant, marche... (*Il renverse les chaises, s'avance précipitamment, et s'arrête.*) Ah! coquin, tu as du canon! (*La mèche s'approche de la pièce.*) Il faut essuyer la décharge; mais, corbleu! ne me manque pas. Tu en restes-là? Tu veux faire une campagne d'observation? J'attaque, ventrebleu! (*Il donne un grand coup de sabre sur la pièce, qui tombe.*) A moi l'artillerie! (*Un second coup de sabre sur un bras, qui tombe.*) Ramasse ton bras. (*Il donne un coup de pied au bras.*) Un bras d'osier! un canon de bois! il y a quelque chose là-dessous.

(Il frappe sur différentes parties, qui tombent successivement, et enfin Chrysostôme reste à découvert.)

CHRYSOSTOME.

Je me rends à discrétion, monsieur le hussard. Épargnez-moi; je vous demande la vie à genoux.

SANS-CHAGRIN.

Point de quartier que tu ne me confesses que tu es un malheureux...

SCÈNE XIX.

CHRYSOSTOME.

Oui, monsieur le hussard.

SANS-CHAGRIN.

Un impertinent.

CHRYSOSTOME.

Oui, monsieur le hussard.

SANS-CHAGRIN.

Un lâche.

CHRYSOSTOME.

Oui, monsieur le hussard.

SANS-CHAGRIN.

Et que tu ne me dises le fin mot de tout ceci.

CHRYSOSTOME.

Le fin mot, le voilà. Je veux épouser une fille adorable, dont je suis adoré. Artificier, j'ai fait des pétards; serrurier, j'ai arrangé des ressorts dans chacune de ces tables. (*Il en sort les différens soupers.*) Un vanier, de mes amis, m'a aidé à construire cette machine, que je cache en détail dans le grenier à foin. Enfin, je fais parler le ciel ou l'enfer, comme il vous plaira, pour forcer dame Catherine, qui n'est pas mal crédule, et qui m'adore aussi, à consentir à ce mariage.

SANS-CHAGRIN.

La ruse n'est pas d'un sot.

CHRYSOSTOME.

Je vous remercie du compliment, monsieur le hussard; mais un compliment ne suffit pas. Il faudrait m'aider un peu.

SANS-CHAGRIN.

Comment cela?

CHRYSOSTOME.

Il faudrait dire à dame Catherine que si elle obstine le fantôme, et qu'il paraisse devant elle, il la fera mourir de frayeur, tant il est effroyable, et tant il vous a fait peur.

SANS-CHAGRIN, la main sur son sabre.

Sans-Chagrin avoir peur! Sans-Chagrin dire qu'il a eu peur! Insolent!

CHRYSOSTOME.

J'en serai reconnaissant, monsieur le hussard.

SANS-CHAGRIN, tirant son sabre à demi.

Tu insistes, je crois!

CHRYSOSTOME.

Je vous logerai, je vous hébergerai le reste de vos jours, et *gratis*.

SANS-CHAGRIN, remettant son sabre.

Et *gratis?*

CHRYSOSTOME.

Et *gratis*.

SANS-CHAGRIN.

Écoute, je veux te servir; mais dire que j'ai eu peur!...

CHRYSOSTOME.

Il sera bien aussi de toucher un mot de la dot. La bonne dame a des écus.

SCÈNE XXI.

SANS-CHAGRIN.

Elle a des écus, la mère Catherine? (*Après un temps:*) et elle est crédule?

CHRYSOSTOME.

Comme une dévote.

SANS-CHAGRIN.

Remporte ton paquet; laisse-moi rêver aux moyens d'arranger tout cela, et tiens-toi prêt en cas d'évènement.

CHRYSOSTOME.

Je suis à vous dans un tour de main.

(Il ramasse les parties de la figure, et sort.)

SCÈNE XX.

SANS-CHAGRIN, seul.

Elle a des écus!... Ah! elle a des écus!... On pourrait... Pourquoi pas? Il n'est pas de moyen plus honnête de mettre une femme à contribution. Dame Catherine, dame Catherine, paraissez, ne craignez rien; le diable est en fuite. Venez, venez donc. Je vous réponds de tout.

SCÈNE XXI.

DAME CATHERINE, SANS-CHAGRIN.

CATHERINE.

Le diable est en fuite! En êtes-vous bien sûr, monsieur le hussard?

SANS-CHAGRIN.

Il a paru; je me suis battu; j'ai vaincu.

CATHERINE.

Vous avez vaincu le diable!

SANS-CHAGRIN.

Et je ne l'ai lâché qu'aux conditions suivantes. Écoutez les articles de la capitulation.

CATHERINE.

Voyons cela, monsieur le hussard.

SANS-CHAGRIN.

Primo, il ne remettra plus les pieds ici.

CATHERINE.

Bon.

SANS-CHAGRIN.

Il s'interdit toute plaisanterie, bonne ou mauvaise, qui pourrait troubler votre repos.

CATHERINE.

A merveilles.

SANS-CHAGRIN.

Et comme il est d'usage d'accorder quelques bagatelles aux vaincus, je me suis engagé, en votre nom, à marier votre fille à votre garçon de cabaret.

CATHERINE.

Non pas, s'il vous plaît; il n'en sera rien. Un jeune homme que je me réserve!

SANS-CHAGRIN.

Aussi avons-nous arrêté qu'il vous serait accordé, par forme d'indemnité...

SCÈNE XXI.

CATHERINE.

Quoi, monsieur le hussard?

SANS-CHAGRIN.

Un mari.

CATHERINE.

Jeune, monsieur le hussard?

SANS-CHAGRIN.

J'ai soixante ans, quarante-cinq ans de service, quinze campagnes, dix coups de feu, et tout cela n'empêche pas que je sois bon à quelque chose.

CATHERINE.

C'est-à-dire que c'est vous que le diable me destine?

SANS-CHAGRIN.

C'est le dernier article de la capitulation.

CATHERINE.

Il n'y a capitulation qui tienne; je veux mon Chrysostôme. (*On entend un très-grand bruit; Catherine se serre contre Sans-Chagrin.*) Monsieur le hussard, secourez-moi.

SANS-CHAGRIN.

Non, madame; ce serait enfreindre les lois de la guerre.

(Le bruit continue.)

CATHERINE.

Eh bien! c'est fini; je consens à tout. (*Le bruit cesse.*) Mais, cependant, ce petit, qui m'aime de tout son cœur...

SANS-CHAGRIN.

Il fera comme vous, il prendra son parti. Nous vivrons tous quatre ensemble. Nos jeunes gens feront valoir la maison; vous vous amuserez à les diriger et à dire votre rosaire; je m'amuserai, moi, à boire ma bouteille, et à vous faire l'amour.

CATHERINE, souriant.

A me faire l'amour? Nous verrons cela, monsieur le hussard.

SCÈNE XXII.

DAME CATHERINE, SANS-CHAGRIN, URSULE, CHRYSOSTOME.

URSULE, dans le fond.

M'avoir caché tout cela! Mais nous nous expliquerons plus tard.

SANS-CHAGRIN, à Chrysostôme.

Approchez, monsieur le garçon de cabaret. Je vous ordonne de renoncer à votre amour pour madame, et d'épouser cette petite fille.

CHRYSOSTOME.

Il n'en sera rien, monsieur le hussard.

SANS-CHAGRIN.

On me résiste, je crois. Apprenez que c'est moi qui donne la main à madame, et que je sais châtier mes rivaux.

URSULE, à Chrysostôme.

En voici bien d'une autre.

SCÈNE XXIII.

CHRYSOSTOME, à Ursule.

Le coup n'est pas maladroit.

CATHERINE, à Chrysostôme.

Allons, mon cher petit, fais-toi cette violence en ma faveur; l'enfer le veut ainsi.

CHRYSOSTOME.

Combien il faut que je vous aime pour vous immoler jusqu'à mon amour! (*A Ursule.*) Soyez donc ma femme, mademoiselle, puisque l'enfer le veut ainsi.

SCÈNE XXIII.

DAME CATHERINE, SANS-CHAGRIN, URSULE, CHRYSOSTOME, Soeur THÉRÈSE, DUNOIR, LAQUINTE, Père JEAN, armés de fourches et de bâtons.

DUNOIR, à Catherine.

C'est un coupe-gorge que votre maison : ouvrez les porte au plus vite.

SANS-CHAGRIN.

Un moment, messieurs. Il n'y a rien de réel dans tout ceci. La peur vous a brouillé la cervelle. Le bruit que vous avez entendu, le feu que vous avez vu, n'étaient que des coups de pistolets, tirés par un détachement qui vient de passer dans le village.

CATHERINE, à part.

Voilà le crédit de ma maison relevé.

PÈRE JEAN.

Mais, le souper, parbleu! le souper...

CHRYSOSTOME.

Refroidit en vous attendant.

DUNOIR, PÈRE JEAN, LAQUINTE.

C'est un peu fort.

SANS-CHAGRIN.

Il n'y a de vrai que mon mariage avec dame Catherine, et celui d'Ursule avec Chrysostôme.

DUNOIR.

Je vais en vers pompeux consacrer votre flamme,
Et descendre pour vous jusqu'à l'épithalame.

LAQUINTE.

J'en ferai la musique.

PÈRE JEAN.

Je bénirai les conjoints.

CATHERINE, avec une révérence.

Oui, mon révérend père.

SANS-CHAGRIN, au père Jean.

Tu partiras pour l'armée; je te tiens quitte de la cérémonie. Allons, enfans; à table, et vive la joie!

VAUDEVILLE.

SANS-CHAGRIN, à Catherine.

AIR des Montagnards.

Dans vos forêts la tourterelle
Est fidèle à son tourtereau.
Eh! ventrebleu! c'est que, comme elle,
Il est jeune, sensible et beau.

SCÈNE XXIII.

On aime une fleur demi-close,
On l'ouvre, on en cherche l'odeur ;
Mais on s'éloigne de la rose,
Quand elle a perdu sa fraîcheur.

CHRYSOSTOME, à Ursule.

Le cœur plein d'une douce ivresse,
Je jure d'aimer constamment.
L'âge mûr, comme la jeunesse,
S'embellit par le sentiment.
Long-temps après qu'elle est éclose
On admire encore une fleur :
Zéphyr qu'a su fixer la rose
La voit toujours dans sa fraîcheur.

URSULE, à Chrysostôme.

Satisfait de son sort paisible,
On peut se plaire en tous les temps.
Les soins d'une épouse sensible
Te rappelleront son printemps.
De la beauté le temps dispose,
Mais il ne peut rien sur le cœur :
Ainsi le parfum de la rose
Survit long-temps à sa fraîcheur.

LA QUINTE, à Chrysostôme.

Époux d'une aimable poulette,
Beaux discours ne servent à rien.
Croyez-moi, suivez ma recette ;
Elle est simple et fait toujours bien :
Le jardinier cultive, arrose
Soir et matin la tendre fleur.
C'est par ce moyen que la rose
Conserve long-temps sa fraîcheur.

CATHERINE, à Chrysostôme.

Un amant, tout à sa tendresse,
Jouit sans jamais rien prévoir;
Il adore dans sa maîtresse
Des défauts qu'il ne veut pas voir:
En ménage, c'est autre chose;
Mais survient-il un peu d'aigreur?
Otez l'épine de la rose,
Et vous lui rendez sa fraîcheur.

FIN DE L'ESPRIT FOLLET.

LE MAJOR PALMER,

DRAME LYRIQUE

EN TROIS ACTES ET EN PROSE.

AVIS.

C'est d'après la donnée générale de ce drame, que j'ai écrit les Barons de Felsheim.

A MADEMOISELLE LESAGE.

Tu débutes dans la carrière,
Et chaque pas est un succès nouveau.
Le dieu du goût te conduit et t'éclaire ;
Marche aux rayons de son flambeau.
Par les graces de la jeunesse,
Par les charmes de la sagesse,
Tu rends tes accords plus touchans.
Tu réunis enfin à ton aurore
Les dons heureux qu'on cherche encore
Après mille efforts impuissans.

Déja du temple de mémoire
Les portes s'ouvrent devant toi.
Celle que précède la gloire
Peut s'y présenter sans effroi.
Aux beaux-arts consacre ta vie ;
Sois-en l'ornement et l'honneur,
Et laisse croasser l'envie
Dans son impuissante fureur.

PERSONNAGES.   ACTEURS.

Le major PALMER. — Gaveaux.
Le général HOLBOURG. — Dessaules.
BRANDT, hussard invalide. — Valière.
PLUMPER, jardinier. — Lesage.
HERMAGNE, vieux domestique. — Darcourt.
Madame BLUMENTHAL. — *Mad.* Lesage.
AMALIE, sa fille. — *Mlle.* Lesage.
Mademoiselle RONDON, femme de charge. — *Mad.* Verteuil.
Une Nourrice.
Deux Aides-de-Camp.
Ingénieurs.
Officiers de différens corps.
Cavaliers.
Officiers et Soldats du régiment de Brown.
Domestiques de madame Blumenthal.
Femmes de chambre de madame Blumenthal.
Paysans et Paysannes.
Enfans.

La Scène est en Silésie, sur les bords de l'Oder.

Représenté pour la première fois, à Paris, sur le théâtre Feydeau, le 7 pluviose an V de la république.

LE MAJOR PALMER,

DRAME LYRIQUE.

ACTE PREMIER.

Le théâtre représente l'intérieur d'un parc. A droite du spectateur, près l'avant-scène, est un petit parterre, fermé par une grille de fer, tenant à une partie du château ou pavillon. Un banc de pierre est près de la grille.

SCÈNE PREMIÈRE.

LE GÉNÉRAL HOLBOURG, SES AIDES-DE-CAMP, LES INGÉNIEURS, OFFICIERS DE DIFFÉRENS CORPS, CAVALIERS D'ORDONNANCE.

LE GÉNÉRAL.

AIR.

A la gloire toujours fidèle,
Le Prussien brave le trépas.
Amis, une palme nouvelle
Vous attend au sein des combats.
Soumis à ma voix, qui vous guide,
Braves amis, armez vos bras;

C'est à votre ardeur intrépide
A fixer le sort des états.
Que l'ennemi, par sa défaite,
Apprenne à vous connaître enfin,
Et que de l'Europe inquiète
La Prusse fixe le destin.

CHOEUR.

A la gloire toujours fidèle,
Le Prussien brave le trépas.
Amis, une palme nouvelle
Nous attend au sein des combats.

LE GÉNÉRAL.

L'ennemi se dispose à passer l'Oder ; je le préviendrai. (*A l'ingénieur en chef.*) Colonel Felsheim, vous avez vu la position où je compte asseoir mon camp ; faites sur-le-champ vos dispositions, et marquez la place que doit occuper chaque corps : je suivrai vos travaux. (*Les ingénieurs sortent. A un de ses aides-de-camp.*) Monsieur, portez l'ordre à mon lieutenant-général Werner de mettre l'armée en marche demain au point du jour. (*Il remet un paquet cacheté à l'aide-de-camp.*) J'attends des renforts de l'armée du Mein : nous attaquerons dès que je les aurai reçus. Si le brave régiment de Brown arrive aujourd'hui, comme je l'espère, qu'il me joigne à l'instant ; j'en ai besoin pour éclairer le pays. Allez. (*L'aide-de-camp sort. Aux officiers.*) Messieurs, j'établirai mon quartier-général dans ce château. Il ne m'appartient pas, mais je peux en disposer : je l'ai acheté, il y a quelques semaines, pour une dame de

ACTE I, SCÈNE II.

Bamberg en Franconie, qui espérait cacher ici ses chagrins, et finir sa carrière loin du fracas des armes. Je ne prévoyais pas alors que la guerre menacât la Silésie. L'incendie s'est communiqué du Mein à l'Oder. (*Souriant.*) Je compte très-fort, messieurs, que nous mettrons cette propriété à couvert. L'ennemi n'approche pas aisément de ceux que nous protégeons. Madame Blumenthal est reconnaissante, et la reconnaissance des dames donne un prix de plus au laurier.... Je croyais la trouver ici, et je vais prendre quelques informations à cet égard : on peut, sans blesser l'honneur, donner quelque chose à l'amitié. Voyez, messieurs, si vous ne pouvez pas être utiles au colonel Felsheim. Je vous rejoindrai dans peu.

(*Les officiers sortent du même côté que les ingénieurs. Le général, son aide-de-camp et ses ordonnances sortent du côté opposé.*)

SCÈNE II.

HERMAGNE, Mademoiselle RONDON.

DUO.

MADEMOISELLE RONDON.

Finissez donc, monsieur Hermagne.
Mais, vous faites le folichon.

HERMAGNE.

Il faut courir à la campagne.
Courage, voilà la maison.

MADEMOISELLE RONDON.

Très-décidément, je m'arrête.
La poste ne vous suivrait pas.

HERMAGNE.

Marchons toujours. En homme honnête,
Je vais vous présenter mon bras.

MADEMOISELLE RONDON.

L'expédient est admirable;
Il vient surtout fort à propos.
Il attend, pour faire l'aimable,
Que nous soyons dans cet enclos.

HERMAGNE.

Point d'humeur pour une misère.
Asseyons-nous sur ce gazon.
Venez, vous serez ma bergère;
Je serai votre Céladon.

HERMAGNE.	MADEMOISELLE RONDON.
Ensemble.	
Comment donc ! on vous contrarie	Ah ! laissez-moi, je vous en prie.
Quand on consulte votre goût ?	Ce ton-là n'est pas de mon goût.
(A part).	Je n'aime pas la raillerie,
Au diable soit la pruderie	Et ma patience est à bout.
Qui met ma patience à bout.	

MADEMOISELLE RONDON.

Vos manières me déplaisent, monsieur Hermagne, je vous le signifie.

HERMAGNE.

Votre humeur est toujours la même, mademoiselle Rondon.

MADEMOISELLE RONDON.

Quelle patience il faut que j'aie pour avoir demeuré quarante ans avec vous!

HERMAGNE.

Il ne m'en a pas fallu, n'est-ce pas, pour supporter vos tracasseries continuelles?

MADEMOISELLE RONDON.

Est-ce vous tracasser, que vous dire que vous auriez pu faire avancer votre voiture jusqu'ici?

HERMAGNE.

En faisant abattre un pan de muraille, ou en faisant un circuit d'une lieue.

MADEMOISELLE RONDON.

On en fait deux, s'il le faut, monsieur le raisonneur, et on arrive commodément et décemment. Une femme de charge, qui vient pour la première fois dans un domaine de madame Blumenthal, et qui se présente à pied, toute en eau, et dans un désordre à faire reculer! C'est épouvantable. Mais, laissons cela, et revenons à nos affaires.

HERMAGNE.

C'est ce que nous pouvons faire de mieux.

MADEMOISELLE RONDON.

Une maison nouvellement achetée, où on arrive aujourd'hui; deux domestiques de confiance qu'on charge des détails, et qu'on fait partir de la dernière couchée, seulement deux heures d'avance; l'ordre précis de tenir tout prêt, pour le moment de l'arrivée!... Il y a de quoi perdre la tête.

HERMAGNE.

Pas du tout, pas du tout. Le général Holbourg n'est-il pas ici?

MADEMOISELLE RONDON.

Après? Croyez-vous qu'un général prussien se soit beaucoup occupé de ce qui peut être agréable à des femmes?

HERMAGNE.

Nous nous en occuperons, nous. La maison est meublée?

MADEMOISELLE RONDON.

Il serait temps d'y penser, n'est-ce pas? (*A part.*) Docteur!

HERMAGNE.

De quoi s'agit-il? de reconnaître les appartemens, les jardins : tout cela n'est ni long ni difficile.

MADEMOISELLE RONDON, s'asséyant sur le banc.

Vous croyez cela? Vous vous imaginez qu'après avoir traversé ce parc, j'irai trotter de chambre en chambre, sans avoir pris seulement un petit bouillon? Non, monsieur, non. Je reste ici ; je m'y repose avec plaisir. Ce bosquet est charmant ; ma pauvre petite y viendra souvent, j'en suis sûre. Mais, allez donc, Hermagne, allez donc.

HERMAGNE.

Nous avons du temps pour tout. Madame Blumenthal sera bientôt arrangée, et nous aussi.

ACTE I, SCÈNE II.

MADEMOISELLE RONDON.

Mais, cette chère enfant? Il lui faut un appartement gai, commode, qui soit au rez-de-chaussée, qui ouvre sur un parterre, bien clos, sans eau, sans treillage aux murs : voilà les ordres.

HERMAGNE.

Hé bien! Si cela se trouve, c'est une affaire finie.

MADEMOISELLE RONDON.

Et si cela ne se trouve pas?

HERMAGNE.

Nous la logerons au premier.

MADEMOISELLE RONDON.

Au premier! au premier! Une fille dans cet état!.... Et les croisées?

HERMAGNE.

On les barrera.

MADEMOISELLE RONDON.

Quand?

HERMAGNE.

Quand on pourra.

MADEMOISELLE RONDON.

Et en attendant?

HERMAGNE.

On la veillera. (*Lui frappant doucement sur la joue.*) Attendez-moi ici, mademoiselle Rondon. Quand j'aurai vu et jugé, je viendrai vous communiquer mon plan.

(Il entre dans le pavillon.)

SCÈNE III.

MADEMOISELLE RONDON, seule.

C'était bien la peine de quitter Bamberg, de traverser la Franconie, la Saxe, la Lusace, au risque d'être pris dix fois par des partis autrichiens, pour venir chercher ici le tapage infernal qui m'assourdissait là-bas! Des tambours toujours battans, le canon toujours ronflant, des soldats s'exerçant, jurant, buvant, se battant, (*se rengorgeant.*) et sans égards pour des femmes d'une certaine façon, voilà ce que nous trouverons en Silésie comme à Bamberg. A la vérité, le général Holbourg ne pouvait pas prévoir cela. A la vérité, madame Blumenthal ne pouvait mieux faire que de quitter une ville où tout lui rappelait sans cesse le meurtre de son fils, et les premiers malheurs de sa fille, trompée, séduite, abandonnée. Bon Dieu, bon Dieu! que je me sais bon gré de n'avoir jamais écouté les hommes! J'ai pourtant été jeune et jolie comme une autre; mais, je vous avais un cœur!... c'était du marbre, du bronze, de l'acier que ce cœur-là.

SCÈNE IV.

MADEMOISELLE RONDON, PLUMPER.

PLUMPER, s'approchant.

Que fait là c'te femme? Alle est sans gêne. Dites donc, ma bonne?...

ACTE I, SCÈNE V. 295

MADEMOISELLE RONDON, avec aigreur.

Ma bonne! ma bonne! Je m'appelle mademoiselle Rondon, femme de charge de madame Blumenthal, qui a acheté cette maison, qui en prend possession aujourd'hui. Ma bonne! ma bonne!

PLUMPER.

Écoutez donc, je n'ons pas l'art de la devination. J'sis, n'vous en déplaise, maître Plumper, jardinier de c'te maison, d'puis cinquante ans d'père en fils. J'ons déja parlé à Monseigneur l'général ; mais votre protection n'gâtera rien, et j'vous demandons vos bonnes graces, pour obtenir la continuation des fonctions d'not' état. (*A part.*) V'là c'qui s'appelle un compliment ben torné.

MADEMOISELLE RONDON, à part.

Ce garçon-là n'est pas sot du tout. (*Haut.*) Oui, je parlerai, j'arrangerai cela.

PLUMPER.

Oui ? hé ben, j'allons vous apporter un échantillon d' n'ot' savoir faire, un bouquet d'une grosseur, mais d'une grosseur!...

MADEMOISELLE RONDON.

Garde tes fleurs pour la fille de madame. Elle les aime passionnément ; elle en ornera le berceau de son enfant ; elle l'en couvrira.

PLUMPER.

Oh! d'ça, alle n'en manquera pas, mamselle Rondon.

MADEMOISELLE RONDON.

Elle aime aussi la musique.

PLUMPER.

Dame, je n'sommes pas musicien.

MADEMOISELLE RONDON.

Mais, des chansons champêtres, une petite fête.....

PLUMPER.

C'est dit. Une fête comme en donnait queuqu'fois monsieur Hertzberg, monsieur Hertzberg, qui vient d'vous vendre c'château. J'partons pour Breslaw. J'vous amenons des violons, des trompettes, des cornemuses, des...

MADEMOISELLE RONDON.

Tais-toi, tais-toi donc, maudit bavard; il s'agit bien de tout cela. Des chansons simples, tendres, chantées sans art par les enfans de la nature....

PLUMPER.

Par les miens, mamselle Rondon.

MADEMOISELLE RONDON.

Une musette, un petit bal...

PLUMPER.

Oui, eune musette. L'compère Gotz en joue comme un enragé; c'est à faire plaisir. J'allons vous bacler ça en un clin d'œil. J'nous mettrons en tête du convoi, et j'dirons, à madame Blumenthal, un p'tit queuqu'chose... un p'tit queuqu'chose, qui l'i fera pus d'plaisir que le bruit du canon, j'vous en réponds, mamselle Rondon.

SCÈNE V.

Mademoiselle RONDON, seule.

AIR.

Vive une femme de tête :
Quel plaisir je me promets !
Il n'est point de demi-fête,
Quand le cœur fait les apprêts.

Au son des tendres musettes
De ces simples paysans,
A leurs tendres chansonnettes,
Je mêlerai mes accens.

Au sentiment qui me guide,
Ma maîtresse applaudira ;
A leur amitié timide,
L'indulgence sourira.

SCÈNE VI.

HERMAGNE, Mademoiselle RONDON.

HERMAGNE.

Madame Blumenthal n'a pas été trompée. Le général avait raison de lui écrire que le domaine de monsieur Hertzberg lui convenait. C'est charmant, c'est charmant. Amalie aura un appartement qui semble fait pour la circonstance. Il ouvre sur ce petit parterre, et, en ôtant la clef de cette grille, il n'y aura absolument rien à craindre.

MADEMOISELLE RONDON, d'un air important.

Pendant que monsieur Hermagne a fait ses dispositions, je n'ai pas perdu mon temps. J'ai préparé un impromptu pour nos maîtres.... Vous reconnaîtrez Rondon, mon cher ami.

HERMAGNE.

Toujours attentive et soigneuse.

MADEMOISELLE RONDON.

Il faut cela, pour plaire à ceux de qui on dépend.

HERMAGNE.

C'est un art que vous possédez, mademoiselle Rondon.

MADEMOISELLE RONDON.

Et qui ne vous est pas étranger, monsieur Hermagne. Voici notre monde.

SCÈNE VII.

HERMAGNE, Mademoiselle RONDON, Madame BLUMENTHAL, le général HOLBOURG, son aide-de-camp, ses ordonnances, les femmes et les domestiques de madame Blumenthal.

LE GÉNÉRAL.

Vous voilà chez vous, madame. Vous avez un peu marché; mais vous avez traversé votre parc, vous avez vu une partie de vos propriétés. Soyez sans alarmes sur les évènemens de la guerre. Ce canton sera bientôt couvert par l'armée prussienne, (*à demi-*

ACTE I, SCÈNE VIII. 299

voix.) et vous ne serez point exposée ici, comme à Bamberg, à la malignité de certaines gens, qui se mêlent de tout, hors de leurs affaires.

MADAME BLUMENTHAL.

(*Elle veut répondre à l'ouverture du général, et elle marque la contrainte que lui inspire la présence de ses gens.*) Mon cher Hermagne, les voitures doivent être à l'entrée de l'avenue ; voyez à les faire remiser. Ma bonne Rondon, ma fille est restée dans cette allée, assise au pied d'un vieux chêne ; la nourrice est avec elle ; mais, allez-y, ma bonne amie ; conduisez-là de ce côté, doucement, bien doucement, sans qu'elle s'aperçoive de votre dessein.

MADEMOISELLE RONDON.

J'y vais, madame, j'y vais.

(Elle sort.)

(Madame Blumenthal fait signe à ses gens de s'éloigner. Le général répète le même signe à son aide-de-camp et à ses ordonnances.)

SCÈNE VIII.

MADAME BLUMENTHAL, LE GÉNÉRAL HOL-
BOURG.

MADAME BLUMENTHAL.

Me voilà donc sortie de cette ville qui m'a vu naître, et où je n'ai éprouvé que des malheurs. Mes enfans, mes chers enfans !... L'un est mort dans mes bras, l'autre est perdue sans retour. Qu'il est injuste le préjugé qui flétrit l'innocence victime de l'homme vicieux! Quoi! dans un siècle éclairé, on ne frapperait pas d'anathème celui qui viole l'hospitalité, qui déchire le cœur d'une mère, qui séduit sa fille, qui tue son fils, et qui abandonne son enfant? Ah! mon cher Holbourg!

LE GÉNÉRAL.

Celui que vous venez de peindre est dégradé dans l'opinion de tous les honnêtes gens. C'est sur lui seul que retombe la faute de votre fille. La simple, la respectable Amalie avait la douce sécurité de l'innocence. Sans doute elle a cru son amant vertueux.

MADAME BLUMENTHAL.

Vous ne le connaissez pas. Hélas! si vous l'eussiez vu, il vous eût trompé comme elle. La vertu respirait dans ses traits; sa bouche en semblait l'organe; son cœur était pervers.

LE GÉNÉRAL.

Cessez, ma bonne amie, de vous rappeler ces tristes images.

MADAME BLUMENTHAL.

Hé! dépend-il de moi de les éloigner? J'aime à nourrir ma douleur; je me plais à l'exhaler dans le sein de l'amitié. Elle m'étoufferait si je voulais la concentrer... Ce Palmer, que lui avions-nous fait? Vertu, talens, beauté, fortune, Amalie avait tout, et n'a pu lui inspirer des sentimens honnêtes... Il a dédaigné, il a méprisé mon estime......... il s'est éloigné, après m'avoir privée de mes enfans... Mes enfans!... mes enfans!...

LE GÉNÉRAL.

Sortez de cet état violent; songez qu'Amalie n'a plus que vous au monde. Son état exige les soins d'une mère. Vous vous devez à ce faible enfant, que vous n'avez pas rejeté.

MADAME BLUMENTHAL.

Le rejeter! le malheureux a-t-il demandé à naître?

SCÈNE IX.

MADAME BLUMENTHAL, LE GÉNÉRAL HOLBOURG, AMALIE, MADEMOISELLE RONDON, LA NOURRICE, portant la barcelonnette.

AMALIE.

Il est là? vous êtes sûres qu'il est là!

LA NOURRICE, entr'ouvrant le rideau.

Le voici.

AMALIE, regardant de très-près.

Oui, oui, c'est lui. Gardez le bien; que personne n'y touche... Il dort... Qu'on ne l'éveille pas, qu'on ne l'éveille pas.

LE GÉNÉRAL, prenant la main de madame Blumenthal.

Venez, ma bonne amie, venez voir le château. Je me rendrai ensuite où mon devoir m'appelle.

MADAME BLUMENTHAL.

(*Avec abandon.*) Allons. (*Avec une sorte de serrement de cœur.*) Ma fille, restes-tu?

AMALIE.

Il dort, il dort.... Ne faites pas un mouvement.

MADAME BLUMENTHAL, à mademoiselle Rondon et à la nourrice.

Veillez sur elle, veillez sur ce déplorable enfant.

(Elle entre avec le général.)

SCÈNE X.

Mademoiselle RONDON, AMALIE, La Nourrice.

AMALIE, courant s'asseoir sur le banc.

Ici, nourrice, ici le berceau... plus près, plus près encore.... contre moi, tout contre moi.... A boire... de l'eau... de l'eau... J'ai la bouche brûlante ; j'ai la fièvre, je crois. (*Mademoiselle Rondon lui donne à boire. Elle boit avec avidité.*) Ah! c'est bon, c'est bon!

MADEMOISELLE RONDON.

Si mademoiselle voulait entrer ?

AMALIE.

Entrer ? où ? Toujours des prisons... des barreaux qui me froissent la tête... (*Fixant la nourrice avec effroi.*) Que me veux-tu, que me veux-tu ?

MADEMOISELLE RONDON.

C'est la nourrice, ma chère enfant.

AMALIE.

Oui, oui, c'est la nourrice.... Je ne puis l'allaiter, moi; mon sein est desséché... Pouvais-je le nourrir

ACTE I, SCÈNE X.

de mes larmes ? (*A la nourrice.*) Tu es plus fortunée, toi ; mais, tu fus vertueuse.

MADEMOISELLE RONDON.

De grace, venez vous reposer.

AMALIE.

Tu sais bien que je ne repose jamais.

MADEMOISELLE RONDON.

Hélas ! il est trop vrai.

AMALIE, montrant son fils.

Il dort, lui ; il est innocent.

MADEMOISELLE RONDON.

Et vous aussi, ma chère enfant.

AMALIE.

Et moi aussi, je suis innocente !... Ah ! répète-moi que je suis innocente.

MADEMOISELLE RONDON.

Ah ! oui, bien innocente.

AMALIE, à mademoiselle Rondon.

Ma mère, approchez-vous.... Voyez cet enfant : c'est mon sang, c'est le vôtre... Pardonnez-moi, ma mère.

(Elle tombe à genoux.)

MADEMOISELLE RONDON, la relevant.

Elle vous a tout pardonné.

AMALIE, retournant à son enfant.

C'est Palmer, c'est lui-même.... Ses traits sont gravés là. (*Elle montre son cœur.*) J'ai fait autrefois... Si je pouvais me rappeler... (*Elle cherche.*) Oui... Écoutez, écoutez.

ROMANCE.

Cruel auteur des peines que j'endure,
Que t'ai-je fait pour causer mon malheur?
Tu m'as trompée, et rien dans la nature
Ne répond plus au cri de ma douleur.

Tu séduisis ma facile innocence,
Ingrat Palmer! Je te crus vertueux.
Et tu me fuis! Ah! le mal de l'absence
De tous mes maux est le plus rigoureux.

Reviens, cruel! et mon cœur te pardonne.
Trouveras-tu qui t'aime comme moi?
Le vrai bonheur, c'est l'amour qui le donne:
Ah! ton bonheur ne dépend que de toi.

SCÈNE XI.

Mademoiselle RONDON, AMALIE, LA NOURRICE, Madame BLUMENTHAL, SES FEMMES, HERMAGNE.

MADAME BLUMENTHAL.

Eh bien! mademoiselle Rondon?

MADEMOISELLE RONDON.

Assez tranquille, madame, assez tranquille.

MADAME BLUMENTHAL.

Amalie? Ma fille?

AMALIE.

Oui, je viens de le voir... Là, là.. Il m'a parlé; je lui ai présenté son enfant. Il m'aime encore; il se repent. (*D'un ton tendre et suppliant.*) Palmer!

Palmer! (*Avec effroi.*) Où est-il? Je ne le vois plus. Il m'a encore abandonnée! Ah! (*Un cri douloureux et prolongé.*) Ah!

MADAME BLUMENTHAL.

Que de maux, ô mon Dieu!

SCÈNE XII.

Mademoiselle RONDON, AMALIE, LA NOURRICE, MADAME BLUMENTHAL, SES FEMMES, HERMAGNE, PLUMPER, DES VILLAGEOIS, DES ENFANS.

PLUMPER.

Ah! vous v'là, mamselle Rondon. Présentez-nous, j'vous en prions.

MADEMOISELLE RONDON, à madame Blumenthal.

C'est votre jardinier, qui veut vous offrir un bouquet.

AMALIE.

Un bouquet? voyons. (*Elle prend le bouquet.*) Tes fleurs ont de l'éclat, et j'en ai eu comme elles. Regarde-moi maintenant. Vois ces joues cavées, ces yeux éteints... Vois-tu?... Il ne me connaît plus.

MADAME BLUMENTHAL.

Je vous remercie, jardinier.

PLUMPER, à part.

Jardinier! me v'là en place. (*Haut.*) Je v'nons, avec nos enfans, et les gens du village, vous dire, à vot' arrivée, tout uniment ce que j'pensons. Ous êtes bonne, je le sommes aussi; ous aimez l's honnêtes gens, nous de même. J'vous respecterons comme not' mère, ous nous aimerez comme vos enfans. (*A mademoiselle Rondon.*) C'est ça, pas vrai?

MADEMOISELLE RONDON.

C'est fort bien, c'est fort bien.

PLUMPER.

J'avons pourtant trouvé ça tout seul!

(Pendant ce qui précède et ce qui suit, Amalie a éparpillé le bouquet dans le berceau. Elle prend le plus petit des enfans, l'amène sur le devant de la scène, et arrange machinalement ses cheveux et ses vêtemens.)

MADAME BLUMENTHAL, aux paysans.

Mes amis, nos cœurs s'entendent. Je répondrai à vos sentimens.

PLUMPER.

Y a encore des couplets; ous les trouverez bons, et j'm'en vante!

HERMAGNE, à mademoiselle Rondon.

Surtout si c'est lui qui les a faits.

PLUMPER.

Non, monsieur, non pas, s'il vous plaît. L'air est vieux, et les paroles itou; mais, i' paraissont faits exprès pour la circonstance.

AMALIE.

Enfant, tu es bien beau. As-tu un père?

PLUMPER.

Oui, madame, c'est not' dernier.

ACTE I, SCÈNE XII.

AMALIE, *s'éloignant de l'enfant.*

Il a un père! il a un père! Ils en ont tous. Il n'y a que mon fils... Mon fils! (*Elle revient à l'enfant, et l'entraîne au berceau.*) Vois-tu cet enfant? il n'a jamais vu son père... (*En pleurant.*) Il ne connaîtra jamais son père... (*En sanglottant.*) Ses petits bras ne s'ouvriront jamais pour caresser son père.

(Elle tombe sur le banc. On fait groupe autour d'elle.)

MADEMOISELLE RONDON.

Chantez, chantez. Le chant la calmera.

PLUMPER.

Allons, Antoni; allons, Crettle.

COUPLETS.

Les vents, la grêle et le tonnerre,
Un jour ravagèrent nos champs.
A cet aspect, douleur amère
Étreint les pauvres habitans.
Arrive, à la saison nouvelle,
Jeune, accorte et tendre pucelle,
Cherchant un asile céans :
Quel bonheur pour les bonnes gens!

TOUS.

Arrive, à la saison nouvelle,
Jeune, accorte, etc.

PLUMPER.

En voyant douleur tant amère,
Son cœur sensible est déchiré.
Cœur sensible ne délibère,
Alors qu'il est bien pénétré.

Elle était riche, elle était bonne :
Et tôt, la gentille patronne
Répare le malheur des temps,
Et console les bonnes gens.

TOUS.

Elle était riche, elle était bonne :
Et tôt, etc.

MADAME BLUMENTHAL.

Fort bien, mon ami, fort bien.

PLUMPER.

Oh! madame, pour ce qui est de la mémoire, je n'en manquons pas.

MADEMOISELLE RONDON.

Je chanterai aussi mon couplet.

(Aux villageois et à madame Blumenthal.)

Des tristes jours de la misère,
Loin de vous, fâcheux souvenir.
Tendres soins de cette autre mère,
Mes enfans, vont la prévenir.
Bon cœur embellit la jeunesse ;
Bon cœur fait aimer la vieillesse,
Et l'on jouit dans tous les temps
Du bien qu'on fait aux bonnes gens.

TOUS.

Bon cœur embellit la jeunesse ;
Bon cœur, etc.

Hé bien! madame, qu'en dites-vous ?

MADAME BLUMENTHAL, d'un air distrait.

Vive Rondon pour les impromptu. Donnez cinquante florins.

(Mademoiselle Rondon tire sa bourse.)

ACTE I, SCÈNE XII.

PLUMPER.

Hé! laissez donc, madame Blumenthal. Est-ce qu'on achète l'amitié? Et si alle était à vendre, qu'est-ce qui pourrait la payer? Monsieur Hertzberg n' nous traitait pas ainsi.

MADAME BLUMENTHAL.

Prends, mon ami. Ce n'est pas ton affection que je prétends payer; c'est une bagatelle que j'offre à tes enfans.

PLUMPER, recevant l'argent.

A la bonne heure, et grand merci.

HERMAGNE.

Hé bien, Plumper, n'y a-t-il point encore quelque chose?

MADEMOISELLE RONDON.

Mon Dieu! de quoi vous mêlez-vous? C'est arrangé. On ne peut rien faire ici.

PLUMPER.

En avant, compère Gottz. Un bruit d'enfer. On abreuvera la symphonie.

(Pendant le chant et la danse, Amalie se remet par degrés, et devient tout-à-fait calme. Sa mère et ses femmes la conduisent dans le pavillon.)

RONDE.

PLUMPER.

Craignez une fillette
Qui se fait trop prier.
Du plaisir qu'on achète,
Sachez vous défier.

TOUS, dansant en rond.

Heureux qui toujours danse,
Et nargue le chagrin.
Au diable la constance,
Et vive le bon vin.
Célébrons le bourgogne,
Le père du désir.
Il nous rougit la trogne
Et nous porte au Plaisir.

Warnech, d'amour fidèle,
Long-temps fut dévoré;
Et, pour prix de son zèle,
Un autre est préféré.

TOUS.

Heureux qui toujours danse,
Et nargue, etc.

Warnech quitta la belle,
Qui ne s'en doutait pas,
Et bientôt la cruelle
Suivit partout ses pas.

TOUS.

Heureux qui toujours danse,
Et nargue, etc.

La belle se désole;
Warnech rit à son tour.
Il a changé d'idole.
Bon vin vaut mieux qu'amour.

TOUS.

Heureux qui toujours danse,
Et nargue, etc.

(Les villageois sortent en dansant en rond.)

FIN DU PREMIER ACTE.

ACTE II.

(Même décoration. La nuit pendant tout l'acte.)

SCÈNE PREMIÈRE.

Le major PALMER, BRANDT.

DUO.

PALMER.

Marchons sans bruit.

BRANDT.

Sans bruit.

PALMER.

Redoublons de vigilance ;
N'avançons qu'avec prudence.

Ensemble.

Marchons sans bruit,
Sans bruit.

PALMER.

Partout règne un profond silence.
Bannissons la défiance
Et la crainte qui la suit.

Ensemble.

Cependant, marchons sans bruit,
Sans bruit.

PALMER.

Je conçois quelqu'espérance;
Cet asile est écarté:
On y peut être en sûreté.

BRANDT.

J'aperçois une lumière.
Nous y voilà: soyons joyeux.

Ensemble.

Salut, ô terre hospitalière!
Dérobe-nous à tous les yeux.

PALMER.

Malheureux Palmer! que de peines! que de fatigues! trente lieues à pied, sans oser s'arrêter dans la plus simple chaumière, sans pouvoir reposer sa tête, sans espoir d'un plus heureux avenir!

BRANDT.

Que diable! monsieur, ce n'est pas de cela dont il s'agit. Le passé n'est plus, l'avenir n'est pas encore; occupons-nous du présent. Au fait, nous voilà arrivés. Voyons le parti qu'il nous faut prendre. Sachons d'abord si M. Hertzberg est chez lui. Nous tâcherons ensuite de nous introduire, sans être aperçus des domestiques. N'est-ce pas cela?

PALMER.

Oui, brave homme; mais, j'exige que tu me quittes à l'instant, que tu retournes dans tes foyers. Mon

ACTE II, SCÈNE I. 313

ami t'a prié d'être mon guide; tu l'as promis, tu as acquitté ta parole : cela suffit. Retourne, te dis-je, et laisse-moi seul à mon malheur.

BRANDT.

Vous laisser! vous laisser! vous ne connaissez pas le vieux hussard Brandt. J'ai quinze campagnes sur le corps, entendez-vous, monsieur? La faim, la soif, le canon, rien ne m'a fait reculer d'un pas; je vous prie de le croire. Et je craindrais de m'attacher à un homme comme vous! il n'y a pas huit jours que je vous connais, et je vous aime... comme j'aimais mon général. Vous êtes malheureux! Vous ne savez pas ce que peut le malheur sur ce cœur-là. Vous laisser! vous laisser! ça ne sera pas vrai. Pas de ça, monsieur, pas de ça.

PALMER.

Non tu ne me sacrifieras pas les jours paisibles qui te sont encore réservés. Je serais un lâche d'y consentir.

BRANDT.

J'en serais un de vous abandonner, et, sarpejeu, je suis incapable d'une bassesse. Savez-vous si ce monsieur Hertzberg pourra, ou voudra vous garder long-temps, si demain vous ne serez pas obligé de chercher une autre retraite? La compagnie d'un vieux soldat est souvent bonne à quelque chose. En un mot, comme en cent, j'ai pris mon parti, et je n'en démordrai pas. Je vous servirai malgré vous, ou le sabre à la main, si vous voulez me faire cet honneur-là.

PALMER.

Tu es honnête, et je ne crains pas de te confier mon secret. C'est le seul moyen de te détourner d'un dessein que tu as conçu sans me connaître, et dont tu rougiras, quand tu m'auras entendu. Non, tu n'associeras pas ton sort à celui d'un criminel, que l'échafaud attend.

BRANDT, vivement.

Sauf votre respect, monsieur, (*portant la main à son bonnet*) c'est faux. Avec une figure comme celle-là, de la douceur, de la patience, de l'honnêteté, on serait un... Ça ne se peut pas, monsieur, ça ne se peut pas.

PALMER.

Écoute, et frémis. J'arrive à Bamberg, avec le régiment de Brown, dont j'étais major. (*Brandt lui fait une profonde révérence.*) Je suis logé chez une femme respectable, dont je tairai le nom. Elle me reçoit, elle m'accueille. Elle a une fille charmante ; pour prix des bontés de la mère, je méditai la ruine de son enfant, et j'eus l'affreux bonheur de la consommer. Amalie avait un frère, jeune, aimable, plein d'honneur et de courage. Il me surprend avec sa sœur, il me provoque, il m'entraîne dans un endroit écarté, il m'attaque. Nos épées se croisent, il tombe baigné dans son sang. Le spectacle de ce jeune homme mourant, l'idée d'une mère désespérée de la perte de ses deux enfans, le trait poignant du remords, tout me trouble, m'égare. Je m'éloigne à grands pas, je marche au hasard. Je sors de la ville ; je m'enfonce dans une forêt; j'y passe deux jours à pleurer, à me repentir. Une maison se présente; j'entre, excédé de fatigue et de besoin. J'apprends que le jour même de ce malheureux combat, l'ennemi a fait un mouvement, que le régiment de Brown a donné, et qu'il a fait des merveilles... Le régiment de Brown!... mon régiment!... Et je n'y étais pas! Que te dirai-je enfin? J'apprends qu'un conseil de guerre m'a condamné à mort, comme déserteur de mes drapeaux. Depuis ce moment, je suis déguisé, errant, fugitif. A peine ai-je passé deux jours dans un asile, que la crainte m'en fait chercher un autre. La crainte! Eh! la vie n'est-elle pas un opprobre pour qui a perdu l'honneur! L'homme est né pour finir. Malheur à celui qui a vécu trente ans, sans avoir appris à mourir une seconde! Cette réflexion me sera toujours présente, et si Hertzberg ne peut me cacher sans se compromettre, si mon signalement a été envoyé jusqu'ici, je me résigne, je pars, et je vais subir mon arrêt.

BRANDT.

Monsieur le major, vous avez fait de grandes fautes; mais, tout se répare à votre âge.

PALMER.

Le crime ne se répare jamais.

BRANDT.

Tout se répare, vous dis-je, à force de vertus. Vous n'avez plus votre tête; la mienne a toute sa vigueur: écoutez-moi. Vous avez été bien avec une jolie fille; il n'y a pas là de quoi se désespérer. Vous avez tué son frère; c'est un malheur; mais, après tout, c'est sa faute. On commence par s'expliquer avec un homme; mais, le monsieur s'emporte, veut se battre; on a de ça (*montrant son cœur*); on accepte la partie; on lui passe son épée au travers du corps; ce sont ses affaires. Le régiment de Brown a donné, et vous n'y étiez pas; voilà le diable, j'en conviens. Il faut un coup d'éclat pour effacer cela, et je vais vous le proposer. L'ennemi n'est pas loin, et notre armée n'est qu'à quelques lieues d'ici. Marchons droit de ce côté; enrôlons-nous dans le premier bataillon. En avant et tête baissée, allons réparer vos torts, ou nous faire tuer comme d'honnêtes gens. Voilà la fin qui peut flatter un brave homme. Mais, l'échafaud! Fi donc, monsieur le major, fi donc! Il faudrait n'avoir plus de sang dans les veines.

PALMER.

Mon ami, mon respectable ami, cette idée me rend à moi-même, et je la saisis avec avidité... N'entends-je pas du bruit?

SCÈNE II.

Le major PALMER, BRANDT, PLUMPER,
dans le fond, un fusil à la main.

PLUMPER, à demi-voix.

A la parfin, j'crois que j'tenons ces jaseux qui avont escaladé le parc, et que je suivons depuis une heure. (*Couchant Palmer en joue.*) Arrête, ou c'est fait de toi.

ACTE II, SCÈNE II.

BRANDT.

(*Il a remonté le théâtre. Il prend d'une main Plumper par les cheveux, et lève de l'autre le sabre sur lui.*) Bas les armes, ou je te coupe en deux.

PLUMPER.

Au secours!

BRANDT, lui ôtant son fusil.

Silence! ou tu es mort.

PLUMPER.

J'ons fini.

AIR.

Messieurs, par charité,
Pardonnez notre audace.
Un peu d'humanité,
Et faites volte-face.
Voyez notre frayeur;
Tremble-t-on davantage?
Gardez votre valeur
Pour un meilleur usage.
Je suis indigne de vos coups :
Ils sont pour moi trop honorables.
Rengaînez, et contentez-vous
De m'envoyer à tous les diables.

BRANDT.

Disparais, faquin. Tu n'es qu'un poltron.

PLUMPER, sortant.

C'est ce que je vous disais, mes bons messieurs.

PALMER, le ramenant.

Un moment. Es-tu attaché à la maison?

PLUMPER.

Sauf vot' grace, j'en sommes l' jardinier.

PALMER.

Tu nous suivais?

PLUMPER.

Oui, d'loin.

PALMER.

Et tu nous as entendus?

PLUMPER.

Non, dont j'enrage, car i'a toujours à profiter dans la conversation d'honnêtes gens. (*A part.*) Ce sont des voleurs.

PALMER, à Brandt.

Je crois qu'il est inutile de dissimuler davantage.

BRANDT.

Je ne vois pas d'inconvénient à aller au fait.

PLUMPER, à part.

Ils vont se déboutonner.

PALMER.

Mon ami, conduis-nous à l'appartement de monsieur Hertzberg, sans que personne nous aperçoive, et compte sur ma reconnaissance.

PLUMPER, à part.

Ah! nous y voilà. (*Haut.*) Messieurs, mes bons messieurs, chassez cette mauvaise pensée-là. C'est le diable qui vous souffle. (*A Palmer.*) Un beau jeune homme comme vous, faire un vilain métier comme ça! on n'finit pas toujours comme l'bon larron.

PALMER.

Mon ami, tu es dans l'erreur. Nous ne sommes pas ce que tu penses.

ACTE II, SCÈNE II.

PLUMPER.

Sauf l'respect que j'vous dois, ça n'est pas trop clair. Connaître les tenans et l's aboutissans d'eune maison ; venir, avec d's armes, rôder sous les fenêtres, après avoir escaladé les murailles, au biau mitan de la nuit, et *incognito* ; ça n'est pas trop clair, mes bons messieurs, ça n'est pas trop clair.

BRANDT.

Tais-toi ; tes réflexions me déplaisent.

PALMER.

Marche devant, et conduis-nous à l'appartement de Hertzberg.

BRANDT, le poussant.

Hé ! va donc, bavard éternel.

PLUMPER, tombant à genoux.

Au nom de Dieu ! mes bons messieurs, écoutez-nous. M. Hertzberg n'est pus ici. Il a vendu c'château à eune brave dame, qui dort tranquillement dans son lit, et ce serait conscience de l'i couper la gorge l'jour d'prise d'possession.

PALMER, avec un profond soupir.

Hertzberg n'est plus ici !

PLUMPER.

Non, mais, en récompense, j'avons le général Holbourg, des officiers, des cavaliers...

PALMER, s'écriant.

Le général Holbourg !

BRANDT, à Palmer, à part.

Vous le connaissez?

PALMER, à part.

Non. Mais, le colonel Brown le connaît beaucoup, et je crains...

PLUMPER, à part.

J'crois, ma fine, qu'is avont peur à leux tour.

PALMER, à part.

Brandt, tu te rappelles ce que tu viens de me proposer. Partons, mon brave camarade.

BRANDT, haut.

Partons. L'honneur vous appelle, et la gloire vous attend.

PLUMPER, à part.

La gloire! l'a queuqu'autre coup à faire dans l'voisinage.

BRANDT, à Plumper.

Ouvre les portes, mets-nous sur la grande route, et retire-toi.

PLUMPER.

Bien volontiers, messieurs, et que le ciel vous conduise.

(Ils vont pour sortir. On entend chanter dans le pavillon.)

AMALIE.

Reviens, cruel, et mon cœur te pardonne.
Trouveras-tu qui t'aime comme moi?...

(Palmer s'est arrêté, et a indiqué qu'il reconnaît cette voix.)

PALMER, hors de lui.

C'est Amalie! c'est Amalie! *(Il court au pavillon;*

il est arrêté par la grille, et revient à Plumper.) Tu es le jardinier de la maison : tu dois avoir une double clef de ce parterre. Donne-la moi, donne-la moi.

PLUMPER.

Vous la donner! vous livrer notre jeune maîtresse!

BRANDT, lui appuyant le fusil sur l'estomac.

La clef, ou je te brûle.

PLUMPER.

(Sans mouvement, laissant tomber la clef.)

La voilà.

PALMER.

Voici ma bourse. (*Elle tombe par terre. Palmer ramasse la clef, et courant à la grille.*) Brandt, je n'ai rien à te recommander.

(Il entre.)

SCÈNE III.

PLUMPER, BRANDT.

PLUMPER, à part.

Tous leux convient à ces gens-là. Celui-ci ressemble, comme deux gouttes d'eau, au valet-de-chambre d'un possédé.

BRANDT, ramassant la bourse.

Hé bien, tu vois qu'avec de bonnes façons on fait de nous tout ce qu'on veut. Tu nous crois de mauvaises intentions, et nous venons de t'enrichir.

(Il lui présente la bourse.)

PLUMPER.

Gardez, gardez c't argent-là; i' m'porterait malheur.

BRANDT.

Hé, garde-le toi-même, puisque monsieur Palmer te le donne.

PLUMPER, vivement.

Monsieur Palmer! l'amant...... l'père...... l'mari de mamselle Amalie!... Queu diable aviez-vous besoin de venir m'faire un tas de contes à dormir d'bout? On sait bien qu'un jeune homme peut être amoureux (*il prend la bourse*); qu'un jardinier peut avoir des profits. On s'parle dans la vie, et on n'brûle pas un homme comme un paquet d'allumettes. J'allons avertir madame Blumenthal du retour de monsieur Palmer, car enfin...

BRANDT.

Veux-tu que je te donne un bon conseil?

PLUMPER.

Avec reconnaissance.

BRANDT.

Va te coucher, il est temps.

PLUMPER.

Cependant, not' devoir...

BRANDT, le menaçant.

Pas de raisons. Tu sais que je ne les aime pas.

PLUMPER.

Mais voyez donc comme il s'enflamme! Je m'en vas; je m'en vas. (*A part, en sortant.*) Après tout, n'y a pus grand risque à les laisser ensemble.

SCÈNE IV.

BRANDT, seul.

Il a pris l'argent; il a intérêt à se taire. D'ailleurs, il a peur, il s'éloigne... Voilà une rencontre bien inattendue, et qui pourrait amener un grand changement dans la position du major... Un frère tué, ce jugement du conseil de guerre... Non, je ne vois pas de moyen de....

SCÈNE V.

BRANDT, PALMER.

PALMER, *sortant du pavillon, hors de lui.*

Est-ce un songe, est-ce une réalité ! Je l'ai vue... Je l'ai vue, les cheveux épars, les vêtemens en désordre, l'œil fixe, le teint livide... Il est donc vrai que le crime ne reste jamais impuni ! Ce n'est qu'une ombre, et cette ombre me poursuit.

SCÈNE VI.

BRANDT, PALMER, AMALIE, s'avançant d'un pas grave, un flambeau à la main.

PALMER.

Vois-tu... vois-tu.. voilà ma victime. Mes cheveux dressent sur ma tête (*d'une voix plus faible*), mon sang se glace... N'importe, j'approcherai. (*Il va à*

Amalie, et lui saisit le bras.) Non, ce n'est pas un être fantastique, c'est une femme... C'est sa taille, ce sont ses traits, défigurés, presque méconnaissables... Amalie, Amalie, est-ce toi?

(Amalie fixe Palmer, et rit long-temps aux éclats.)

C'est elle, c'est elle! En quel état, grand Dieu!

AMALIE.

Que me veux-tu? que me veux-tu?

PALMER.

Mourir à tes pieds de repentir et d'amour.

AMALIE.

Mourir!... On souffre, on pleure, on ne meurt pas.

PALMER.

Tu ne me connais plus!... C'est lui... c'est moi, c'est Palmer qui te parle.

AMALIE.

Non... Non. Il n'y a plus de Palmer.

BRANDT.

Que prétendez-vous? Cette femme est insensée : oubliez-la.

PALMER.

L'oublier! l'oublier, dis-tu! Sa ruine, ses tourmens, sa démence, tout cela est mon ouvrage, et je l'oublierais! (*Lui saisissant la main.*) Ma chère Amalie!

AMALIE, laissant tomber son flambeau.

Laisse-moi. Me laisseras-tu? Tu es un homme; je te hais, je te déteste... Ce sont ces caresses perfides qui m'ont abusée. (*A demi-voix, d'un ton de con-*

ACTE II, SCÈNE VI. 325

fidence.) Je l'adorais; il est parti. Je le cherche le jour, je l'appelle la nuit; il ne revient pas, il ne reviendra jamais. (*Montrant son cœur.*) C'est-là qu'il m'a frappée : depuis ce temps, je me consume, et je ne puis guérir.

PALMER.

Malheureux!

BRANDT.

Monsieur le major, retirons-nous.

PALMER.

Le premier supplice d'un criminel est le spectacle des maux qu'il a causés. J'aurai l'affreux courage de supporter celui-ci. Je resterai.

BRANDT.

Dans quel dessein?

PALMER.

Je n'en ai encore aucun.

BRANDT.

Nous serons surpris.

PALMER.

Que m'importe?

AMALIE, effrayée.

Surpris!... Par qui?... Je me sens mal, bien mal... Sans cet enfant, je te dirais : Délivre-moi de ce souffle de vie prêt à s'exhaler, et qui m'est insupportable. Mais, j'ai un enfant... j'ai un enfant.

PALMER.

Un enfant! tu as un enfant! Où est-il? que je le voie, que je l'embrasse

AMALIE.

Jamais, jamais. (*En confidence.*) Je crains les projets parricides de Palmer. Je le cache, oh! je le cache soigneusement.

PALMER.

Je veux le voir, je veux le voir.

AMALIE, reculant vers la grille.

N'approche pas, n'approche pas.

PALMER.

Je le verrai, te dis-je. S'il faut subir mon jugement, s'il faut mourir enfin, j'aurai du moins été père un moment (*avec la plus grande sensibilité*) ; j'aurai joui d'un instant de bonheur.

AMALIE, tombant en travers de la grille.

Tu es père, et tu veux m'ôter mon fils. Ah! ah!

(Cri prolongé.)

SCÈNE VII.

PALMER, BRANDT, AMALIE, Mademoiselle RONDON, Domestiques, portant des flambeaux allumés

CHOEUR.

A-t-on menacé ses jours ?
Au secours! vite, au secours!
Cet enfant me désespère.
Dans quel état la voilà !
A la chambre de sa mère
Au plus tôt, conduisez-la.
Au plus tôt, conduisons-la.

(On emmène Amalie. Brandt veut faire retirer Palmer.)

SCÈNE VIII.

Mademoiselle RONDON, PALMER, BRANDT.

TRIO.

MADEMOISELLE RONDON, *s'approchant de Palmer.*

Voudriez-vous bien me dire,
Tapageurs impertinens...
Ciel!... à peine je respire...
C'est Palmer! Palmer céans!

PALMER.

Oui, c'est lui-même.

MADEMOISELLE RONDON.

Surprise extrême!
Ah! malheureux, que cherchez-vous
Dans cette paisible retraite?
Votre rage, après tant de coups,
N'est-elle pas satisfaite?

PALMER.

Je viens de le voir
Cet objet céleste.
Jour de désespoir!
Spectacle funeste!

MADEMOISELLE RONDON.	BRANDT.
Partez, partez, éloignez-vous.	Partons, monsieur, éloignons-nous.

PALMER.

Je suis amant, je suis époux.
Le sort en est jeté, je reste.
Je veux expirer aux genoux
D'une mère qui me déteste.

PALMER, MADEMOISELLE RONDON, BRANDT.

Ensemble.

Je suis amant, je suis époux.	Monsieur Palmer, écoutez-nous.
Le sort en est jeté, je reste.	Mon officier, écoutez-nous.
Je veux expirer aux genoux	Profitez du temps qui vous reste.
D'une mère qui me déteste.	Évitez le juste courroux
	D'une mère qui vous déteste.

SCÈNE IX.

PALMER, Mademoiselle RONDON, BRANDT, Le général HOLBOURG, Madame BLUMENTHAL, Ordonnances, Domestiques.

LE GÉNÉRAL.

A l'instant qu'on les saisisse,
Et que la loi les punisse.

PALMER, *se jetant aux genoux de madame Blumenthal.*

Oui, je l'ai trop mérité.
Frappez, rendez-moi justice.

MADAME BLUMENTHAL.

O ciel! dans sa perversité,
Il brave jusqu'à ma colère!
J'égalerai ta cruauté :
Crains le désespoir d'une mère.

PALMER.	MADAME BLUMENTHAL.

Ensemble.

Oui, j'invoque votre colère,	Crains que la fureur d'une mère
Frappez, je l'ai trop mérité.	N'égale enfin ta cruauté.

MADAME BLUMENTHAL, *à Palmer.*

Otez-vous de devant moi. Je ne puis vous envisager que mon cœur ne se brise. Laissez-moi, laissez-moi.

LE GÉNÉRAL.

Soldats, faites éloigner cet homme.

(Les ordonnances font un mouvement.)

PALMER.

Un moment, de grace, un moment. Vous ne me direz rien que je n'aie entendu dans le fond de mon cœur ; mais, j'ignorais que je fusse chez vous ; je n'ai pas prétendu violer votre asile.

MADAME BLUMENTHAL.

Que m'importent vos intentions en ce moment? Vous m'avez mise au point de n'avoir plus rien à craindre de vous.

PALMER.

Écoutez-moi, je vous en supplie. Je viens de revoir cette femme, qui me fut si chère, et que j'ai déshonorée...

LE GÉNÉRAL, avec indignation.

Que vous avez déshonorée ! Un enfant, qu'un lâche assassin égorge, tombe sous le couteau, et meurt sans infamie.

PALMER, avec force.

Enfin je viens de la voir. Ses malheurs, son enfant et mes crimes..... tout semblait nous lier par les nœuds les plus forts... Je voudrais, caché dans un désert, au fond d'un antre souterrain, arrachant à la terre les plus misérables alimens, vivre au moins sans remords.

LE GÉNÉRAL.

Madame, ce jeune homme n'est plus à lui; sa tête est exaltée, sa raison s'altère. Allez près de votre fille; laissez-moi avec lui.

MADAME BLUMENTHAL, à Palmer.

Je rentre. Si le désordre de vos idées est l'effet du tableau déchirant que vous venez d'avoir sous les yeux, si vous gémissez sincèrement des malheurs où vous avez plongé une triste famille, je ne dois plus vous haïr, et ce sentiment pénible n'est pas fait pour mon cœur. Mais rien ne me déterminera jamais à vous voir ni à vous entendre. Ma fille est perdue et pour vous et pour moi. Il me reste un enfant, que j'adopte, et que je saurai dédommager du malheur de sa naissance, et des fautes de son père.

(Mademoiselle Rondon et les domestiques rentrent avec madame Blumenthal. Brandt sort sans être remarqué.)

SCÈNE X.

PALMER, LE GÉNÉRAL, CAVALIER D'ORDONNANCE.

LE GÉNÉRAL.

Si je n'écoutais que l'indignation que vous m'inspirez, je vous ferais arrêter à l'instant, et je vous livrerais à la sévérité des lois. Mais, de tels moyens sont indignes d'un officier, et un éclat ne ferait qu'ajouter aux chagrins de madame Blumenthal. Remettez-vous, monsieur, du trouble où vous êtes, et répondez-moi. Vous ignoriez, dites-vous, que vous fussiez chez madame Blumenthal : quel espoir maintenant vous porte à y rester?

PALMER.

Je ne veux qu'une grace, elle me sera chère. Permettez que je voie mon enfant; unissez-moi à sa malheureuse mère; que j'emporte le titre d'époux, et je mourrai moins infortuné. Vous êtes l'ami, le conseil de madame Blumenthal : secondez-moi, protégez-moi, je vous le demande à genoux.

LE GÉNÉRAL.

J'ai vieilli dans le métier des armes, et je suis peu fait aux intrigues d'amour. Mais, il me semble que le sort d'Amalie et le vôtre sont irrévocablement fixés : l'infortune pour elle, et les remords pour vous. Quoi! vous seriez l'époux d'une fille, avec qui vous ne pouvez former qu'un lien moral, inutile à tous deux! Vous lui présenteriez une main fumante encore du sang de son frère! Vous pourriez exiger que sa mère se condamnât à finir ses jours avec l'auteur de sa misère! Réfléchissez, monsieur, écoutez la raison; abjurez des chimères.

PALMER, avec une fureur concentrée.

L'homme sans passions consulte les convenances et calcule ses démarches. Le malheureux n'écoute que son cœur, n'a que lui pour guide, ne connaît qu'un but, et ne s'en écarte pas. C'est sur l'infortune même d'Amalie que j'ose établir mes droits. Elle a un fils, et je suis son père. Qui osera m'arracher cet enfant, que je réclame? qui osera le priver de mes caresses, dont je brûle de le couvrir; lui ravir l'état social que je lui dois, et que je veux lui donner?

LE GÉNÉRAL.

Est-il digne d'être père, celui qui ne connaît que l'attrait du plaisir, et qui le satisfait sans pudeur? Le père véritable attend son enfant comme un bienfait du ciel, lui prodigue, après sa naissance, sa tendresse et ses soins, cultive sa raison et forme son cœur. Est-ce à ces traits, monsieur, que vous pouvez vous reconnaître? Vous avez proscrit votre fils dès le sein de sa mère; vous l'avez livré à la merci de parens indignés, qui pouvaient le méconnaître. Jouet méprisable des passions, quels droits avez-vous conservés dans la société? Vous voulez être père aujourd'hui! qui me répondra que vous le voudrez demain? Votre âge est celui des erreurs; le mien est celui de la prudence : écoutez son langage, et soumettez-vous.

PALMER.

Ainsi donc tout s'accorde pour rassembler sur moi seul tous les maux qui peuvent accabler un mortel! mon désespoir, mes prières ne peuvent vous attendrir! Vous m'accusez d'avoir trahi la nature : c'est vous qui la méconnaissez!

LE GÉNÉRAL, d'un ton menaçant.

Monsieur!

PALMER.

Craignez un homme qui ne suivra plus que ses fureurs. Je deviendrai plus criminel encore, et c'est vous qui l'aurez voulu.

LE GÉNÉRAL.

Vous oubliez à qui vous parlez.

PALMER.

Vous m'en avez donné l'exemple.

LE GÉNÉRAL.

Je réprimerai cette audace.

PALMER, *découvrant sa poitrine.*

Voilà mon sein, frappez ; je bénirai le coup qui finira mes malheurs. (*Après un temps.*) Vous n'osez percer ce cœur, et vous n'avez pas craint de le désespérer !

LE GÉNÉRAL.

Pour la dernière fois, éloignez-vous. Je le veux, je vous l'ordonne, et malheur à vous si vous osez désobéir.

SCÈNE XI.

PALMER, LE GÉNÉRAL, BRANDT, CAVALIER D'ORDONNANCE.

BRANDT, *accourant plein de joie.*

Bonne nouvelle, bonne nouvelle, mon général, bonne nouvelle ! L'ennemi approche à grands pas ; ses tirailleurs ne sont pas à une demi-lieue ; les habitans des villages voisins fuient, le petit paquet sous le bras. Ah, ah! messieurs de l'Autriche, nous brûlerons encore quelques cartouches ensemble. J'aime la poudre, moi, j'aime la poudre.

(*Il feint d'en respirer l'odeur.*)

SCÈNE XII.

PALMER, Le GÉNÉRAL, BRANDT, Cavalier d'ordonnance, Les ingénieurs, Les officiers, L'aide-de-camp, entrant précipitamment.

LE GÉNÉRAL, remontant la scène.

Messieurs, nous n'abandonnerons pas, sans la défendre, une position dont dépend peut-être le succès de la campagne. Enfermons-nous dans le vieux château qui domine ce village. Il est situé sur des rochers, il est environné de ravins : peu d'hommes suffisent pour le défendre. Colonel Felsheim, hâtez-vous d'en couvrir les approches par des coupures et des abattis. Rassemblons les habitans, animons leur courage ; qu'ils tiennent deux heures seulement, et je réponds de tout : j'attends du secours.

(Le major Palmer est resté accablé sur le devant de la scène. Brandt s'est approché de lui, et le console.)

SCÈNE XIII.

PALMER, Le GÉNÉRAL, BRANDT, Cavalier d'ordonnance, Les ingénieurs, Les officiers, L'aide-de-camp, et le second Aide-de-camp.

(L'aide-de-camp présente un paquet cacheté au général.)

LE GÉNÉRAL, ouvrant le paquet.

C'est du général Werner. (*Après avoir jeté les yeux sur la lettre.*) Le grand Frédéric vient d'arriver à l'armée. (*Il lit.*) « Dans trois heures, le régiment de Brown sera ici. »

TOUS LES OFFICIERS.

Brave régiment!

LE GÉNÉRAL, avec enthousiasme.

Excellent régiment! (*Il lit.*) « Vous trouverez ci-« joint le signalement et la condamnation d'un officier « de ce même corps, qui, dit-on, est dans cette con-« trée.... » Ce n'est pas le moment de s'occuper de cela. (*Il met les papiers dans sa poche, et descend la scène.*) Monsieur (*à Palmer*), que nos démêlés particuliers disparaissent devant l'intérêt général. Les hommes sont rares ici : je vous ai jugé et je crois pouvoir compter sur vous. (*Il met l'épée à la main.*) Marchons, messieurs. Je vous donnerai toujours l'exemple du courage, et vous me verrez vaincre, ou mourir avec vous.

(Les officiers tirent leurs épées et suivent le général.)

SCÈNE XIV.

BRANDT, PALMER.

PALMER, dans le plus grand désordre.

Oui, je m'armerai; mais contre les cruels, sourds aux accens de ma douleur. Je n'ai plus de patrie. J'en pouvais être le vengeur, j'en serai le fléau. (*A Brandt.*) Viens, suis mes pas, je passe à l'ennemi. Nous rentrerons dans ce château; mais nous y rentrerons en maîtres, et pour y donner des lois. (*S'ar-*

rêtant.) Où vas-tu, malheureux ?... Quel est donc le terme où s'arrêteront tes forfaits ? Mon ami, j'étais né pour être toujours vertueux, je l'éprouve en ce moment... Oui, je combattrai avec ces villageois : j'oserai disputer à Holbourg l'honneur de cette journée. Mort des grands hommes, mort sublime, dont je me croyais indigne, je puis donc encore t'invoquer.

AIR.

Entends-tu le cri de la gloire,
Ce cri sacré pour des guerriers ?
Volons, volons à la victoire ;
Ceignons nos têtes de lauriers.
  Mon ame flétrie
  Va réparer ses torts.
  O chère patrie !
  Souris à mes efforts.
  Si Palmer succombe,
  S'il périt dans ce combat,
  Ami, grave sur sa tombe :
  « Il est mort comme un soldat. »

Entends-tu le cri de la gloire,
Ce cri sacré, etc.

SCÈNE XV.

BRANDT, PALMER, Madame BLUMENTHAL, AMALIE, portée par des domestiques; la nourrice, portant l'enfant; Mademoiselle RONDON, HERMAGNE, les femmes de chambre, paysans, paysannes; enfans éplorés, arrivant successivement et courant çà et là.

LES VILLAGEOIS.

CHOEUR.

Ivre de carnage,
De vengeance et de fureur,
L'ennemi détruit, ravage
Et porte partout la terreur.
Nos maisons en proie aux flammes,
Les cris plaintifs des habitans,
L'innocence de nos enfans,
Rien n'attendrira leurs âmes.

LES FEMMES.

Allons embrasser leurs genoux :
Ils écouteront nos prières.
Sauvons nos malheureux époux,
Et nos enfans et nos chaumières.

PALMER.

Juste ciel! que proposez-vous?
Osons résister à l'orage.
Mes amis, avec du courage,
On brave le sort en courroux.
Oui, sortons tous de ce village,
Défendons-nous dans le château.

Loin de ruiner votre héritage,
Qu'ils trouvent ici leur tombeau.

SCÈNE XVI.

Madame BLUMENTHAL, AMALIE, La nourrice, Mademoiselle RONDON, HERMAGNE, Les femmes de chambre, paysans, paysannes, enfans, Les officiers, qui distribuent les armes ; Le colonel FELSHEIM, PALMER et BRANDT.

PALMER.

Aux armes ! ma voix vous appelle,
Et je vous réponds du succès.
Défendre une cause aussi belle,
Mourir pour elle,
C'est vivre à jamais.

LE CHOEUR.

Aux armes ! Laissons la prudence.
Aux armes ! Soyons confians.
Courons, et prenons la défense
De nos femmes et de nos enfans.

FIN DU SECOND ACTE.

ACTE III.

Le théâtre représente un salon du château de madame Blumenthal.

SCÈNE PREMIÈRE.

BRANDT, EN DÉSORDRE, EN SUEUR, EST ASSIS DANS UN FAUTEUIL SUR LE DEVANT DE LA SCÈNE. IL EST ENTOURÉ PAR MADEMOISELLE RONDON, HERMAGNE, PLUMPER, DOMESTIQUES DES DEUX SEXES, PAYSANS, PAYSANNES.

CHOEUR.

Exploits à jamais célèbres,
Consacrez nos noms à tous.
Amis, cessons nos chants funèbres :
L'ennemi, fuyant devant nous,
Disparaît avec les ténèbres.
 Nos neveux incertains
 Pourront-ils jamais croire,
 Que d'aussi faibles mains
 Ont fixé la victoire?

Exploits à jamais célèbres,
Consacrez, etc.

PLUMPER.

Queu journée! Je l's avons battus, mais battus!... Autrefois, j'étions comme l'taureau, qui n'connaît pas sa force. Aujourd'hui, je sommes d's hommes, et je l'avons fait voir.

BRANDT.

Allons, morbleu! de la gaieté. Vive la joie après la victoire.

HERMAGNE, frappant sur l'épaule de Brandt.

Voilà un luron, ça.

MADEMOISELLE RONDON.

Oui, un luron, c'est le mot. Monsieur le hussard s'est battu proprement.

HERMAGNE.

Proprement! incroyablement.

BRANDT.

Hé, laissez donc, laissez donc : il n'y a pas de mérite à cela. Mais, avez-vous remarqué Palmer? j'espère qu'il a joliment travaillé.

PLUMPER.

Si je l'avons remarqué! c'est un diable que c't homme-là.

BRANDT, très-chaudement.

Attaquer des troupes aguerries, les faire reculer d'abord de rocher en rocher; rallier ensuite des paysans sans discipline et sans ordre; les faire rentrer dans le château; assurer seul leur retraite, le pistolet au poing, à la tête d'un pont qu'on coupait derrière lui; sauter dans le ravin, gravir les roches, et rentrer dans la place; s'élancer dans une tourelle embrasée, et sauver Amalie des flammes; sortir du château, tête baissée, avec tout son monde, au moment où l'incendie éclate de toutes parts; percer un gros d'ennemis qui enveloppait le général; se faire jour jusqu'à lui, le dégager et repousser enfin les Autrichiens à une demi-lieue, c'est beau, ventrebleu! c'est beau. Voilà des faits qu'il faut consigner dans l'histoire.

MADEMOISELLE RONDON.

Palmer est un héros, et j'espère qu'à présent on n'a plus de reproches à lui faire.

BRANDT, vivement.

Des reproches, dites-vous, des reproches!... Que me rappelez-vous là! (*A part.*) Cette sentence... cette malheureuse sentence... (*Haut.*) Je cours... Je saute à cheval, et je détale comme si le diable m'emportait.

SCÈNE II.

HERMAGNE, MADEMOISELLE RONDON, PLUMPER, PAYSANS.

HERMAGNE.

Où va-t-il donc? La poudre lui a-t-elle dérangé le cerveau?

MADEMOISELLE RONDON.

Cela n'est pas impossible, mon cher ami. La poudre a remis une tête; elle pourrait en avoir dérangé une autre.

HERMAGNE.

C'est vrai, au moins! Cette chère demoiselle Amalie!... Quel heureux changement a produit cette grande journée!

MADEMOISELLE RONDON, cherchant.

C'est une commotion... c'est un choc dans les facultés intellectuelles...

HERMAGNE.

C'est une fille rendue à elle-même, à sa mère, à ses amis.

PLUMPER.

Quoi! mamselle Amalie n'extravague plus! Mon Dieu, queu bonheur! J'allons apprendre c'te bonne nouvelle-là à M. Palmer. Tant qu'a duré la bataille, i' n'avait qu' son nom à la bouche. Amalie par-ci, Amalie par-là, et pan à droite, et pan à gauche, et l's ennemis tombiont qu' c'était un plaisir. (*Aux domestiques et aux paysans.*) Allons, mes amis, courons, cherchons-le de tous les côtés. (*En sortant.*) C' pauv' cher homme, c' pauv' cher homme! Mon Dieu, mon Dieu! queu bonheur!

SCÈNE III.

Mademoiselle RONDON, HERMAGNE.

HERMAGNE.

Mais, concevez-vous qu'un incendie produise de semblables effets?

ACTE III, SCÈNE IV. 343

MADEMOISELLE RONDON, cherchant ses mots.

A merveilles. La chaleur a pu mettre en fusion les humeurs, qui offusquaient le cerveau, et cette fusion le rendant à son état naturel, il doit produire les idées nettes et lumineuses qui lui sont propres. D'ailleurs, sans faire de raisonnemens abstraits, (*déblayant*) convenons tout simplement, que si une grande douleur peut déranger une tête, une grande frayeur peut, en donnant à la machine un mouvement contraire, remettre tout à sa place. Voilà comment j'explique la chose.

HERMAGNE.

Et c'est très-bien expliqué. Il n'y a qu'un petit inconvénient : c'est que je ne vous comprends point. Voici madame.

SCÈNE IV.

MADEMOISELLE RONDON, HERMAGNE, MADAME BLUMENTHAL, AMALIE.

DUO.

Ensemble.

Doux objet de ma tendresse,
Je te presse sur mon cœur.
Plus de pleurs, plus de tristesse ;
Il est un dieu consolateur.

AMALIE.

Hélas ! ce dieu, dans sa colère,
T'avait ravie à mon amour.

Il s'apaise, et cet heureux jour
Réunit la fille à la mère.

Ensemble.

Doux objet de ma tendresse,
Je te presse, etc.

MADAME BLUMENTHAL.

Ce matin, le fracas des armes
Avait glacé mes sens d'horreur,
Et du sein même des alarmes,
J'ai vu renaître le bonheur.

Ensemble.

Doux objet de ma tendresse,
Je te presse, etc.

AMALIE, avec calme et sérénité.

J'éprouve un calme qui m'était inconnu. Je crois me sentir renaître; je crois voir la nature pour la première fois. Je suis bien, très-bien; je me sens parfaitement tranquille.

MADAME BLUMENTHAL.

Hermagne, mademoiselle Rondon, voyez à rétablir l'ordre dans le château.

SCÈNE V.

Madame BLUMENTHAL, AMALIE.

AMALIE, avec une sorte de terreur.

Tout à l'heure, cependant, il me semblait sortir d'un songe pénible, fatigant; j'ai cru entendre des cris de mourans; j'ai cru voir couler du sang; je me suis crue enfermée dans une maison incendiée...

ACTE III, SCÈNE VI. 345

MADAME BLUMENTHAL.

Tu ne t'es pas trompée, ma chère enfant. Il vient de se livrer un combat terrible, dont les Prussiens sont sortis vainqueurs.

AMALIE.

Un combat! (*Regardant autour d'elle.*) Nous ne sommes donc plus à Bamberg?

MADAME BLUMENTHAL.

Nous sommes en Silésie.

AMALIE.

En Silésie! à cent lieues de cette ville, chère et funeste... Je ne le reverrai jamais... Non, je ne dois plus le revoir.

MADAME BLUMENTHAL, d'un ton peiné.

L'infortunée l'aime encore.

AMALIE, avec timidité et sentiment.

Je l'adore, ma mère.

MADAME BLUMENTHAL.

Ma fille, il est ici.

AMALIE, s'écriant.

Il est ici! Palmer est ici! Ah!

(Soupir d'allégement.)

SCÈNE VI.

Madame BLUMENTHAL, AMALIE, le général HOLBOURG.

LE GÉNÉRAL.

Madame, j'ai partagé tantôt votre éloignement

pour Palmer; tantôt, je l'avoue, Palmer était indigne de vous; mais, il a combattu nos ennemis communs, et c'est dans leur sang qu'il a effacé des fautes qui vous ont coûté tant de larmes. Je lui dois la vie et l'honneur de cette journée; vous lui devez votre fille, et la conservation de votre fortune. Que de titres il a à votre indulgence, avec autant de droits à la reconnaissance publique! Étouffez votre ressentiment; osez récompenser un héros. Amalie, rendue à elle-même, attend, de votre main, un époux que vous ne lui refuserez pas. Il ne vous reste qu'un enfant ; soyez heureuse au moins de sa félicité. Oubliez le passé, vivez dans l'avenir, et jouissez d'avance des consolations qu'il vous promet.

AMALIE.

Ma mère, ma digne mère! vous m'avez pardonné ma faiblesse, puisque vous ne m'en faites pas de reproches...

MADAME BLUMENTHAL, avec sentiment.

Des reproches! Ah! je n'ai jamais su que te plaindre et t'aimer.

AMALIE.

Mettez le comble à vos bontés, entendez le vœu de mon cœur, donnez un père à mon enfant, je vous le demande à vos genoux.

MADAME BLUMENTAL, la relevant.

Vous le voulez tous deux? Qu'il vienne, son épouse l'attend.

SCÈNE VII.

Madame BLUMENTHAL, AMALIE, le général
HOLBOURG, PALMER.

PALMER, dans l'ivresse de la joie.

Et sa mère me pardonne! Amalie, Amalie! rends-moi ton cœur, rends-moi ton cœur.

AMALIE, lui ouvrant ses bras.

Te le rendre! il n'a pas cessé d'être à toi.

LE GÉNÉRAL, à madame Blumenthal.

Madame, quand on a souffert comme vous, on doit être avide de consolations. Les momens sont précieux : unissez vos enfans.

MADAME BLUMENTHAL, passant entre Amalie et Palmer.

Vivez pour être heureux, mes enfans. Je vous bénis : puisse la bénédiction du ciel se joindre enfin à la mienne! Allons, ma fille, allons tout ordonner pour la cérémonie.

(Elle sort avec sa fille. Le général les conduit jusqu'au haut du salon.)

SCÈNE VIII.

Le général HOLBOURG, PALMER.

PALMER, à part.

Malheureux! je me livre aux illusions de l'amour, et j'oublie que ma tête....

LE GÉNÉRAL, descendant la scène.

Mon cher Palmer, recevez les éloges qui vous sont

dus. La gloire est le seul prix que vous ayez pu ambitionner. Jouissez de celle que vous avez acquise, et comptez sur la reconnaissance de votre pays.

PALMER, contraint.

Mon pays ne me doit rien.

LE GÉNÉRAL.

Voilà la modestie qui sied à la valeur. Votre désintéressement est un titre de plus à mon amitié et à mon estime. Dites-moi, que puis-je pour vous ?

PALMER, péniblement.

Je ne demande rien, je ne veux rien. Puissé-je être oublié, inconnu.

LE GÉNÉRAL.

Non, monsieur, vous n'êtes pas fait pour vivre ignoré. Le grand Frédéric ne le permettra pas.

PALMER, avec effroi.

Frédéric !

LE GÉNÉRAL.

Il vient d'arriver à l'armée; je vous présenterai. Je me charge de votre fortune, et je m'acquitterai envers vous.

PALMER, avec désordre et chaleur.

Non, non, monsieur.... Mon sort est arrêté.... Le bonheur n'est plus fait pour moi.

LE GÉNÉRAL, étonné.

Que dites-vous ? Oubliez-vous qu'Amalie...

PALMER, égaré.

Je l'épouse... Je donne un état à mon fils, et je m'éloigne aussitôt... Je vais traîner ailleurs mon amour, mes regrets, mes malheurs.

LE GÉNÉRAL, vivement.

Palmer, que signifient ce désordre, ces mots obscurs, cette voix altérée?

PALMER, s'écriant.

Laissez-moi mon secret.

LE GÉNÉRAL.

Vous n'en devez plus avoir pour moi.

PALMER.

Je suis devant mon juge.

LE GÉNÉRAL, le pressant dans ses bras.

Vous êtes avec votre ami.

PALMER.

Hé bien! sachez...
(Un temps.)

LE GÉNÉRAL.

Poursuivez.

PALMER, hors de lui.

A l'instant où je fuyais de Bamberg, le régiment de Brown... mon régiment... (*Se couvrant le visage de ses mains.*) Ah! mon Dieu, mon Dieu!

LE GÉNÉRAL, avec impétuosité.

Le régiment de Brown!... Votre régiment!... Votre fuite!... Quel soupçon!... (*Il tire le signalement de sa poche.*) Seriez-vous ce malheureux? (*Il lit.*) « Le major Palmer. » Je suis anéanti. (*A lui-même.*) Il a manqué une fois à son devoir; mais, il s'est illustré aujourd'hui. Il faut que je lui ôte la vie, et je lui dois la mienne. Mon devoir m'impose silence, et mon cœur parle plus haut que mon devoir.

PALMER, prend la main du général avec calme et fermeté.

C'est votre devoir qu'il faut suivre. On ne pardonne rien en Prusse; vous le savez comme moi. Je ne vous demande qu'une heure. Que je reçoive sa main, et je vais à la mort.

LE GÉNÉRAL.

Non, dussé-je payer ma générosité de ma tête, je n'immolerai pas un héros, mon bienfaiteur. Fuyez, hâtez-vous; vous n'avez qu'un moment. Votre régiment....

SCÈNE IX.

LE GÉNÉRAL HOLBOURG, PALMER, AMALIE, MADAME BLUMENTHAL, CONDUISANT LES OFFICIERS DU RÉGIMENT DE BROWN; FEMMES DE MADAME BLUMENTHAL. LA GARDE SE RANGE SOUS LE PÉRISTILE, QU'ON VOIT DANS LE FOND DU SALON, UN AIDE-DE-CAMP.

L'AIDE-DE-CAMP, au général.

L'état-major, et une garde d'honneur du régiment de Brown.

PALMER, s'écriant.

Mon régiment!

LE GÉNÉRAL, douloureusement.

Il est perdu.

LES OFFICIERS, s'approchent pour saluer le général, et s'écrién en voyant Palmer.

Le major Palmer!

ACTE III, SCÈNE IX.

PALMER, *se place au milieu des officiers, et leur rend ses pistolets.*

N'achevez pas, messieurs; on nous écoute. Je suis résigné; sortons.

AMALIE.

Quel nouveau malheur ai-je à craindre encore? Cruels, expliquez-vous. Ne me laissez pas davantage dans cette horrible anxiété.

PALMER, *la pressant sur son sein.*

Que veux-tu savoir? Tu pleureras toute la vie le malheur de m'avoir connu.... Tu n'as plus d'époux... ton fils n'a plus de père... (*Au colonel.*) Sortons, monsieur, sortons. Sa douleur me fait mal, ma fermeté m'abandonne.

(*Il fait une fausse sortie.*)

AMALIE.

Arrête, arrête. Il ne sortira pas; je veux éclaircir cet affreux mystère. (*Palmer veut s'échapper; elle l'enveloppe de ses bras.*) Tu ne sortiras pas. Je te le défends au nom de la nature et de l'amour.

LE GÉNÉRAL.

Famille malheureuse, je souffre autant que vous. Ministre d'une loi irrévocable et terrible, je gémis en obéissant. (*A madame Blumenthal.*) Prenez, madame, lisez, et jugez de mon état.

MADAME BLUMENTHAL, *lisant.*

« A tous les chefs de mes armées,

« Vous ferez les recherches les plus exactes pour
« découvrir la retraite du major Palmer, (*sa voix fai-*

352 LE MAJOR PALMER.

« *blit.*) condamné... pour avoir déserté ses drapeaux...
« à passer par les armes....

AMALIE.

Ah! ah!...

MADAME BLUMENTHAL.

« Et vous ferez exécuter le jugement à l'instant
« même où vous l'aurez découvert. »

FRÉDÉRIC.

(Elle tombe dans les bras de ses femmes.)

SCÈNE X.

PALMER, LE GÉNÉRAL, AMALIE, MADAME BLUMENTHAL, FEMMES DE MADAME BLUMENTHAL. UN AIDE-DE-CAMP, HERMAGNE, MADEMOISELLE RONDON, DOMESTIQUES, PAYSANS, PAYSANNES.

CHOEUR.

AMALIE.

C'est un attentat, une horreur;
C'est la plus affreuse injustice.
Vous allez traîner au supplice
Un époux, un père, un vainqueur.
  S'il faut qu'il périsse,
Dans mon sein, plongez le couteau,
Et qu'au moins un même tombeau
Tous les deux nous réunisse.

TOUS.

Prenez pitié de sa douleur,
Et suspendez le sacrifice.

ACTE III, SCÈNE X.

Épargnez-lui du moins l'horreur
D'être témoin de son supplice.

LE GÉNÉRAL.

Son état brise mon cœur;
Mais, il faut que j'obéisse.

AMALIE.

Vous êtes sans humanité;
Vous n'écoutez que votre rage.
Le crime et la férocité,
Voilà votre horrible partage.
Périsse avec mon époux
Sa trop ingrate patrie!
Que sa gloire soit flétrie;
Qu'elle tombe sous les coups
De ses ennemis implacables,.
Et qu'ils soient impitoyables
Autant que vous l'êtes tous!

(Elle tombe dans les bras de mademoiselle Rondon.)

TOUS, à genoux.

De grace, suspendez les coups,
Si vous ne pouvez l'y soustraire.

LE GÉNÉRAL.

Hé! seriez-vous à mes genoux,
Si je pouvais vous satisfaire?
Mes enfans, relevez-vous.

PALMER.

(Il s'est placé au milieu de la garde; il fait un mouvement vers Amalie. Deux sergens l'arrêtent, en croisant leurs hallebardes devant lui, à la hauteur de sa ceinture.)

Adieu! toi que j'adore,
Adieu pour toujours!
Mon fils te reste encore;

Qu'il te rappelle nos amours.
Adieu, toi que j'adore!...
TOUS.
C'en est donc fait! il va mourir.
Sa valeur, sa jeunesse,
Notre tendresse,
Notre tristesse,
Rien ne peut vous fléchir.
C'en est donc fait! il va mourir.

SCÈNE XI.

PALMER, LE GÉNÉRAL, AMALIE, MADAME BLUMENTHAL, FEMMES DE MADAME BLUMENTHAL. UN AIDE-DE-CAMP, HERMAGNE, MADEMOISELLE RONDON, DOMESTIQUES, PAYSANS, PAYSANNES, BRANDT, en désordre, en sueur, un paquet à la main.

BRANDT.

Mon général, mon général.... J'ai percé, je l'ai vu, je lui ai parlé.... il m'a écouté.... il m'a remis ce paquet... Voyez, lisez, lisez.

(Tous écoutent avec le plus grand intérêt.)

LE GÉNÉRAL, lit.

« La discipline est l'ame des armées. J'ai juré de
« ne pardonner aucune faute de cette nature. Le
« major Palmer (*sa voix s'affaiblit*) a été justement
« condamné. »

(Tous retombent dans leur premier accablement.)

PALMER, avec la plus grande force.

Arrachez-moi d'ici; terminez cette longue agonie.

ACTE III, SCÈNE XI.   355

LE GÉNÉRAL, *qui a toujours les yeux sur la lettre.*

Il est sauvé ! il est sauvé !

TOUS, *élevant les bras.*

Il est sauvé !

(*Amalie reprend ses sens.*)

LE GÉNÉRAL, *lisant avec rapidité.*

« Un inconnu s'est distingué aujourd'hui sur les
« bords de l'Oder ; je lui donne le régiment de Mec-
« kelbourg, avec le titre de baron de Holtz. C'est sous
« ce nom qu'il sera connu à l'armée. Quelque ressem-
« blance qu'il ait avec le major Palmer, qu'on se garde
« de s'y méprendre. Je sais où est ce dernier, et je
« me charge de le faire punir. »

FRÉDÉRIC.

BRANDT, *très-vivement.*

Frédéric sait que c'est le major lui-même ; je lui ai tout raconté.

LE GÉNÉRAL, *lui imposant silence avec la main.*

Frédéric ne veut pas savoir que c'est lui. (*Il lit une seconde lettre.*) « Le général Holbourg ne re-
« mettra cette lettre et ce brevet au nouveau baron de
« Holtz, qu'après avoir vérifié les faits, et s'il s'est
« montré tel qu'on me l'a dépeint..... »

Oh ! oui, oui, il mérite ces faveurs. Tendre Amalie, recevez de ma main cet homme si digne de votre amour.

(*Il met Palmer dans les bras d'Amalie.*)

AMALIE.

Ah, mon Dieu, mon Dieu ! je vous remercie. Voilà le plus grand de vos bienfaits.

LE GÉNÉRAL, à Palmer, en lui présentant la lettre et le brevet.

Colonel, nous avons fait connaissance au champ d'honneur; j'espère que nous ne nous quitterons plus. Vous assurerez mes succès, et je chercherai les occasions de vous faire acquérir de la gloire.

PALMER, à Brandt.

Je te dois tout, brave camarade. J'embellirai tes derniers jours. Brandt et Palmer sont désormais inséparables.

FINALE.

Plus de pleurs, plus de tristesse.
Doux plaisirs,
Tendres désirs,
Ici, règneront sans cesse.
Que leur vive ardeur,
De tant de disgraces,
Efface les traces
Au sein du bonheur.

FIN DU MAJOR PALMER.

CLAUDINE DE FLORIAN,

COMÉDIE

EN TROIS ACTES ET EN PROSE.

PERSONNAGES.   ACTEURS.

BELTON, jeune anglais.   Valienne.
AMBROISE, vieux soldat, gagnant sa vie avec ses crochets.   Perlet.
CLAUDINE, jeune savoyarde.   Mlle. Decroix.
Madame DERNETTI, veuve, jeune, aimable et enjouée.   Mad. Méjean.
HONORINE, femme de chambre de madame Dernetti.   Mlle. Baroyer.
BENJAMIN, fils de Claudine, âgé de quatre ans.   Bolze.

La scène est à Turin.

———

Représentée, pour la première fois, sur le théâtre de Montansier, le 27 messidor an V de la république.

CLAUDINE
DE FLORIAN,
COMÉDIE.

ACTE PREMIER.

Le théâtre représente une place publique.

SCÈNE PREMIÈRE.

AMBROISE, seul.

(Il dépose sa sellette et ses crochets à la porte d'un hôtel garni.)

Préparons-nous à commencer la journée. Celle-ci se passera comme les autres : beaucoup de peine et peu de profit, c'est faire en deux mots notre histoire, à nous, pauvres diables, qui n'avons que nos bras. Voilà pourtant où on en est à Turin, après quinze ans de service, six campagnes, et deux coups de feu. Que faire à cela ? Boire le petit coup, et prendre patience.

SCÈNE II.

AMBROISE, HONORINE, sortant de l'hôtel.

AMBROISE.

Déja levée, mademoiselle Honorine?

HONORINE.

Quand les maîtres sont amoureux, leurs gens ne dorment plus, père Ambroise.

AMBROISE.

Comment donc? Madame Dernetti...

HONORINE.

Paraît se rendre aux graces de notre aimable Anglais. Logés tous deux dans cet hôtel garni, il a eu cent occasions de voir la séduisante veuve; il a cherché à plaire, et le fripon a plu.

AMBROISE.

Ce monsieur Belton m'a tout l'air d'un égrillard.

HONORINE.

Ce n'est rien que l'air; s'il s'en tenait là....

AMBROISE.

Ce serait trop honnête. Je crois qu'il serait bien en peine de donner une liste exacte des femmes qu'il a trompées. Que de veuves, si ce mariage se faisait!

HONORINE.

J'aurais bien peur que ma pauvre maîtresse ne le devînt....

AMBROISE.

Même du vivant de son mari.

ACTE I, SCÈNE II.

HONORINE.

Mais, qu'y faire ? Une figure céleste, un esprit du diable, une fortune immense ! qu'elle femme tiendrait contre cela ?

AMBROISE.

Le pas est glissant.

HONORINE.

Aussi glisse-t-on.

AMBROISE.

Et dès le point du jour, on vous met en campagne, vous qui n'aimez personne. Cela s'appelle avoir les charges...

HONORINE.

Sans les bénéfices.

AMBROISE, riant.

C'est cela, mademoiselle Honorine, c'est cela. Votre rôle n'est pas gai.

HONORINE.

Mais, il est lucratif.

AMBROISE.

Cela console de bien des choses.

HONORINE.

Sans doute. Il faut de la philosophie dans ce monde.

AMBROISE.

Et vous n'en manquez pas ?

HONORINE.

Aujourd'hui chacun a la sienne. Elle a passé du salon au boudoir, et du boudoir à l'antichambre.

AMBROISE.

Elle court les rues, mademoiselle Honorine : je

philosophe aussi, en portant mes crochets; je ris de ma misère, je prends le temps comme il vient, et je suis content de moi et des autres.

HONORINE.

Ma philosophie, à moi, ne va pas toujours jusque-là. Il y a certains jours, où la meilleure tête ne peut suffire à tout. Ce soir, par exemple, nous avons concert, souper et bal. C'est déja un carillon, un tumulte à ne pas se reconnaître.

AMBROISE.

Vous conviendrez que les gens de madame ne pourront suffire à tout : il est impossible que vous vous passiez de moi.

HONORINE, souriant.

Eh bien, à ce soir, père Ambroise.

AMBROISE.

A ce soir donc, mademoiselle Honorine.

HONORINE.

Mais je m'amuse à jaser, et j'oublie que je suis sortie pour quelque chose. Je cours chez la marchande de modes. Elle devait rendre hier un ajustement complet, dont l'absence nous a causé une insomnie insupportable.

AMBROISE.

Courez, courez donc. Les femmes n'aiment pas à attendre.

HONORINE, sortant.

Oh! à cet égard, personne n'est femme comme ma maîtresse.

SCÈNE III.

AMBROISE, seul.

Elle est fort bien, cette fille-là ; elle est fort bien. Il y a vingt ans, je sais bien ce que j'aurais fait. Je lui dirais encore de belles choses ; mais, qu'est-ce que cela ? Allons, allons, les portes s'ouvrent, les pratiques vont venir. A ton poste, père Ambroise.

SCÈNE IV.

AMBROISE, BELTON, sortant de l'hôtel, et posant son pied sur la sellette.

AMBROISE.

Comment donc ! c'est vous, monsieur Belton ?

BELTON.

C'est moi-même, mon ami.

AMBROISE, décrottant.

Qui vous faites décrotter au beau milieu de la rue ?

BELTON.

Mon valet de chambre m'a quitté.

AMBROISE.

Il a eu tort.

BELTON.

Je le crois.

AMBROISE, toujours frottant.

En attendant que vous le remplaciez, je vous offre mon petit ministère.

BELTON.

J'accepte, père Ambroise. J'aime à vous faire du bien. Je considère les vieux soldats, et j'ai déja éprouvé votre exactitude, votre fidélité.

AMBROISE.

Oh, la fidélité, c'est l'héritage des Savoyards. Ce n'est pas une fortune ; mais ça fait dormir d'un bon somme, et nous tenons beaucoup à ça dans la vallée de Chamouni.

BELTON.

La vallée de Chamouni? J'y passai il y a quelques années; j'y eus même une aventure...

(Il sourit.)

AMBROISE.

Une aventure tout entière ?

BELTON.

Ma foi, je crois qu'oui.

AMBROISE.

Ah! vous n'en êtes pas bien sûr? (*Quittant le pied de Belton.*) En voilà un brillant comme un miroir. A l'autre, monsieur Belton. (*Frottant.*) Je monterai donc chez vous tous les matins?

BELTON.

Oui, père Ambroise. Le petit coup d'époussette à mes habits....

AMBROISE.

La cire luisante à l'escarpin...

BELTON.

Un peu d'ordre dans l'appartement, et ce sera fini pour toute la journée.

ACTE I, SCÈNE V.

AMBROISE.

Vous êtes facile à servir.

BELTON.

Pour le paiement...

AMBROISE.

Oh! j'en serai toujours content.

BELTON.

Oui, car vous le règlerez vous-même.

AMBROISE, lâchant le pied.

Et de deux, not' bourgeois.

BELTON, fait une fausse sortie, et revient.

Ambroise?

AMBROISE.

Monsieur Belton.

BELTON.

Si vous découvrez quelqu'un qui puisse me convenir, vous me l'indiquerez.

AMBROISE.

Je vous trouverai cela.

SCÈNE V.

AMBROISE, seul.

La journée commence bien. L'ouvrage tombe de tous les côtés. Un bonheur ne va pas sans l'autre, et, si le proverbe est vrai, il m'arrivera encore quelque coup de bonheur, auquel je ne m'attends pas.

SCÈNE VI.

AMBROISE, CLAUDINE, habillée en savoyard, portant un petit paquet sur le dos, et tenant Benjamin par la main.

CLAUDINE, à Ambroise, avec embarras.

Monsieur !...

AMBROISE.

Diable ! monsieur !...

CLAUDINE.

Ne pourriez-vous pas m'indiquer ?...

AMBROISE.

Quoi ?

CLAUDINE.

Un honnête commissionnaire, qui, dit-on, se tient sur cette place ?

AMBROISE.

Peut-être bien. Son nom ?

CLAUDINE.

Ambroise.

AMBROISE.

Vous ne pouviez pas mieux vous adresser. Que me voulez-vous ?

CLAUDINE.

Vous remettre une lettre...

AMBROISE.

Pour porter à qui ?

CLAUDINE.

Elle est à votre adresse.

(Elle pose son paquet à terre. Benjamin se couche dessus, et s'endort.)

AMBROISE.

Diable! on m'écrit, à moi! Voici du nouveau, par exemple. Voyons la lettre. Tu trembles? Qu'as-tu, mon petit ami?

CLAUDINE.

C'est mon habitude, quand j'aborde un inconnu.

AMBROISE.

Mauvaise habitude.. Il faut la perdre, mon enfant. Assurance et gaieté : c'est avec cela qu'on fait de bonnes affaires dans notre métier. Je te donne ce petit conseil-là en passant, car je crois que tu es un nouveau débarqué.

CLAUDINE.

Hélas! oui.

AMBROISE.

Il y a seize ans que j'ai quitté le pays ; mais, j'aime toujours à en parler, et quand je rencontre quelqu'un, qui y a seulement passé, ça me ragaillardit. Dis-moi un peu ; de quel canton es-tu ?

CLAUDINE.

De la vallée de Chamouni.

AMBROISE, vivement.

Et de quel village ?

CLAUDINE.

Du Prieuré.

AMBROISE

C'est là que je suis né. Ton nom ?

CLAUDINE.

Claude, fils du père Simon.

AMBROISE.

De mon compère? (*Otant son chapeau.*) Claude, vous êtes le fils d'un honnête homme, un peu dur, mais d'une probité, ah, ah!... et si je puis vous être utile, ainsi qu'à cet enfant...

CLAUDINE.

C'est mon petit frère.

AMBROISE, étonné.

Il est bien jeune!

CLAUDINE.

Et bien à plaindre. De grace, lisez donc cette lettre.

AMBROISE.

Lisons la lettre. (*Il met ses lunettes.*) « Mon cher... « (*hésitant*) cher... mon cher parrain... » Ah! c'est ma filleule qui m'écrit : c'est fort honnête de sa part.

CLAUDINE, à part.

Que je souffre!

AMBROISE, lisant.

« J'ai commis... j'ai commis une grande faute dont « je suis... je suis cruellement punie. » Diable! qu'est-ce que c'est donc que cette faute? « Cha... chassée « par mon père. » C'est donc une faute capitale?

CLAUDINE, à part.

Malheureuse!

AMBROISE, lisant.

« Je n'ai plus d'espoir qu'en vous... » Elle a tort de compter sur moi. Son père est un bon père, et s'il a chassé sa fille, c'est que sa fille l'a mérité.

ACTE I, SCÈNE VI.

CLAUDINE, *sanglotant.*

Poursuivez, poursuivez.

AMBROISE.

Ne pleure pas, mon ami, ne pleure pas. Les fautes sont personnelles. Ce n'est pas à toi que j'en veux... (*Cherchant.*) « D'espoir qu'en vous. » M'y voilà. « Mon repentir et... et mes larmes..... » Ah! elle a pleuré; c'est quelque chose. « M'ont peut-être « rendue digne de votre pitié, et si vous me refusez « votre... votre assistance, il ne me reste que le dés- « espoir et la mort. Votre filleule CLAUDINE. » Tout ça est bel et bon; mais, avant de m'attendrir, je veux savoir de quoi il est question. Tu es sans doute au fait; voyons : qu'est-ce que c'est que cette faute? Ça me chiffonne, ça.

CLAUDINE.

Mon récit sera court.

AMBROISE.

Tant mieux! je n'ai pas de temps à perdre.

CLAUDINE.

Claudine avait quatorze ans.

AMBROISE.

Bon.

CLAUDINE.

On la trouvait jolie.

AMBROISE.

Après?

CLAUDINE.

Tous les jours, elle menait paître le troupeau de son père sur le Montanverd.

AMBROISE, impatienté.

Ah! voilà une histoire qui ne va plus finir.

CLAUDINE.

Le printemps ramenait déja les voyageurs qui viennent, tous les ans, visiter nos glaciers. Claudine était à l'écart avec son troupeau. Un étranger passe près d'elle; elle regarde par curiosité. Il lui parle; l'honnêteté l'oblige à répondre. Il était jeune; la jeunesse intéresse. Il était beau; Claudine trouvait du plaisir à le regarder. (*Avec embarras.*) Enfin... enfin...

AMBROISE.

Elle oublie son troupeau.

CLAUDINE.

Elle s'oublie elle-même.

AMBROISE, avec chaleur.

Et son devoir! et son père!

CLAUDINE.

Elle ne connaissait de devoirs que ceux qu'elle remplissait depuis sa naissance. Elle ne savait pas qu'elle pût offenser son père. L'étranger jura, promit...

AMBROISE.

Et ne tint rien? c'est la règle.

CLAUDINE.

Claudine n'était pas revenue à elle, qu'il était déja loin. Elle pressentit son malheur, et soupira.

AMBROISE.

C'est la ressource des filles trompées. Elles pleurent, elles soupirent.

ACTE I, SCÈNE VI.

CLAUDINE.

Plus de gaieté, plus de chansons. Triste et pensive, elle errait sur le Montanverd. Elle passait, repassait au lieu fatal...

AMBROISE.

Enfin?

CLAUDINE.

Enfin, elle s'aperçut que sa faute avait des suites funestes.

AMBROISE.

Ah! nous y voilà.

CLAUDINE.

Elle se confia à sa sœur Nanette...

AMBROISE.

Et que fit-elle, cette sœur Nanette?

CLAUDINE.

Elle se chargea d'adoucir son père.

AMBROISE.

Et n'y réussit pas?

CLAUDINE.

Vous connaissez la sévérité de mon père. Il s'écria que Claudine l'avait perdu d'honneur, et qu'il ne la verrait plus. Je prends le ciel à témoin que la pauvre fille ignorait ce que c'est que l'honneur.

AMBROISE.

Voilà le diable. Si on connaissait le danger, on se tiendrait sur ses gardes... Heureusement, aujourd'hui, les jeunes filles savent à quoi s'en tenir. Ah ça, mais cet étranger?... il a donc passé comme la foudre, qui ne laisse de souvenir que par ses ravages? Son pays? son nom?

CLAUDINE.

Hélas! que me demandez-vous? Il ne reste de lui...

AMBROISE.

Que son enfant, n'est-il pas vrai?

CLAUDINE.

Et une bague, que, depuis, Claudine a toujours portée sur son cœur.

AMBROISE.

Enfin, qu'est-elle devenue, cette pauvre fille?

CLAUDINE.

Sa sœur la conduisit chez le curé de Salenches, qui l'accueillit avec douceur, qui fut touché de sa peine. Il la mit chez une femme honnête, qui parvint à calmer le chagrin qui la consumait. Madame Félix éclairait son esprit ; elle lui apprenait à lire, à écrire, à penser, et lorsqu'elle devint mère, l'active et compatissante amitié répandit sur ses blessures un baume consolateur.

AMBROISE.

Voilà d'honnêtes, de braves gens. Est-il sûr de ne jamais faillir, celui qui ne sait pas pardonner une faiblesse?

CLAUDINE.

Monsieur le curé voulait éloigner l'enfant; Claudine voulut le nourrir. Vous vous ôtez tout espoir de retour auprès de votre père, lui disait-il. Je ne réparerai pas une faute par un crime, lui répondait-elle.

ACTE I, SCÈNE VI.

en pleurant. Je n'abandonnerai pas cet innocent à des mains étrangères; je ne le punirai pas du malheur d'être né.

AMBROISE.

C'est une brave fille, ma filleule. Ça me remue; ça me touche.

CLAUDINE.

Les années s'écoulaient. Monsieur le curé avait beaucoup fait pour elle, et il a des pauvres qu'il doit également soulager. Madame Félix n'est point opulente. Ils s'expliquèrent enfin avec Claudine. Humiliée d'être à charge, décidée à repousser la misère, à force de travail, elle prend son fils par la main, elle sort de Salenches, et s'achemine vers Turin, après m'avoir remis cette lettre pour vous.

AMBROISE.

Dans le fait, c'est un terrible homme que le père Simon. Quel chien de plaisir trouve-t-on à haïr? Eh bien! où est-elle ta sœur? A tout péché miséricorde: que diable! je ne sais que ça, moi.

CLAUDINE.

Peut-elle se flatter de quelque indulgence?...

AMBROISE.

Eh! sans doute. Où est-elle?

CLAUDINE.

Compter sur votre secours?

AMBROISE.

Eh oui, oui, oui, cent fois oui. Où est-elle? finissons.

CLAUDINE, se jetant à ses pieds.

Elle est à vos genoux.

AMBROISE, la relevant.

Relève-toi, mon enfant. C'est celui qui t'a trompée, trahie, abandonnée, qui doit tomber à tes pieds. Mes bras s'ouvrent au repentir. Viens, que je te presse sur mon cœur. Jamais le cœur du père Ambroise ne fut sourd au cri de l'innocence et de la douleur. (*Elle se jette dans ses bras.*) Eh bien! ne voilà-t-il pas que nous pleurons tous deux. Remettons-nous, mon enfant : des larmes ne servent à rien. Voyons : quels sont tes projets!

CLAUDINE.

Je pouvais chercher une condition ; mais, on ne m'eût pas reçue avec mon enfant.

AMBROISE.

C'est clair.

CLAUDINE.

Je me suis dit : ce déguisement me mettra à l'abri des écueils de mon âge.

AMBROISE.

Oui, un garçon est toujours moins exposé qu'une fille.

CLAUDINE.

J'irai trouver mon parrain ; je travaillerai sous ses yeux ; je mangerai à sa table ; je logerai sous son toit ; et, si jamais son témoignage peut m'être utile, il attestera mon repentir, ma sagesse, ma patience, et peut-être qu'un jour je lui devrai la paix de l'ame et le pardon de mon père.

ACTE I, SCÈNE VII.

AMBROISE.

J'approuve ton plan. Je te fournirai les outils du métier. Si ton travail ne suffit pas d'abord, je t'aiderai de mes épargnes. Reprends courage, mon enfant. Je te plains, je t'estime, et je mériterai la confiance que tu as en moi. Tu vois cette maison? monte jusqu'au toit ; la petite porte à gauche de l'escalier; voilà la clef. La huche en face de la croisée ; tu y trouveras de quoi te rafraîchir. Un méchant lit à droite; tu t'y reposeras avec ton fils, et moi je penserai aux moyens de te servir, et je te servirai. Va, ma filleule, va.

(Claudine lui baise les mains avec transport. Il lui tend les bras ; elle l'embrasse, et sort avec Benjamin.)

SCÈNE VII.

AMBROISE, seul.

Pauvre fille! pleurer la faute d'un autre, et en supporter seule tout le poids; ne rien attendre de l'avenir; voilà ton sort. Oh! les hommes! les hommes! je ne les reconnais plus, ou le diable m'emporte. J'ai été jeune aussi; j'ai fait l'amour, et gaillardement même ; mais, jamais je n'ai trompé personne. Mademoiselle, avais-je grand soin de dire, je suis soldat, je vous aime, et je suis à vous, jusqu'au premier coup de tambour. Cela vous arrange-t-il? Voilà des procédés, une conduite ; c'est moral ça. Cette pauvre Claudine! Ah! mon Dieu! mon Dieu!.... Enfin, si elle a à se plaindre du sort, je dois des actions de graces au ciel. O Providence! je te remercie: tu m'envoies une occasion de faire du bien.

SCÈNE VIII.

BELTON, AMBROISE.

BELTON.

Le père Ambroise réfléchit?

AMBROISE, avec humeur.

Comme un autre. Eh! pourquoi pas?

BELTON.

Le père Ambroise a de l'humeur?

AMBROISE.

Non pas contre vous, M. Belton; mais, j'ai une ame, monsieur, et cette ame n'est point de bronze.

BELTON.

Il n'y a qu'un moment que je t'ai laissé avec cette gaieté inaltérable, cette heureuse insouciance, qui ne te quittent jamais. Qui a pu les troubler en si peu de temps? réponds-moi, je le veux.

AMBROISE, entre ses dents.

Je le veux! je le veux!

BELTON.

Oui, je le veux : ma bienveillance me donne le droit de m'exprimer ainsi. Qu'as-tu? dis-le moi.

AMBROISE.

Eh! parbleu! j'ai que... mon filleul vient d'arriver

du pays, et m'a conté certains évènemens, qui vous sont étrangers à vous, M. Belton; mais, qui me tourmentent, qui me désolent... Ce malheureux filleul!...

BELTON, avec intérêt.

Il est malheureux? Que vient-il faire à Turin?

AMBROISE.

Il est venu se jeter dans mes bras, me demander les moyens de gagner sa vie.

BELTON.

Et que comptes-tu faire pour lui?

AMBROISE.

Ma foi, je n'en sais trop rien, je vous l'avoue. Ça n'est pas rompu au travail; ça souffrira.

BELTON.

Quel âge a-t-il, ton filleul?

AMBROISE.

Mais... dix-huit ans, ou environ.

BELTON.

De l'intelligence?

AMBROISE.

Beaucoup même, beaucoup.

BELTON.

Un peu de figure?

AMBROISE.

Que trop, de par tous les diables.

BELTON.

Je le prends à mon service.

AMBROISE, vivement.

Non pas, s'il vous plaît, M. Belton, non pas, non.

BELTON, piqué.

Par exemple, M. Ambroise, je ne m'attendais pas à un refus.

AMBROISE.

Je sais bien que vous n'y êtes pas accoutumé.

BELTON.

Et par quelle singularité vous opposez-vous au bien-être de ce filleul, qui paraît vous intéresser? Un homme raisonnable donne au moins des raisons.

AMBROISE.

D'abord, il a avec lui un petit frère, qui vous incommoderait, sans pouvoir vous être utile.

BELTON.

Quelle pitoyable difficulté? J'ai de la fortune. Cet enfant s'élèvera dans la maison, et, plus tard, on en fera quelque chose.

AMBROISE.

Mais, monsieur, mon filleul n'est pas au fait du service. C'est gauche, timide.

BELTON.

Eh! qu'importe, puisqu'il est intelligent? Je lui donnerai des avis; il se laissera conduire. Je suis doux, facile; il se trouvera bien avec moi. Je m'applaudirai d'avoir quelqu'un qui tienne au père Ambroise, et qui s'attache à moi, autant par affection que par devoir: les bons domestiques sont si rares!

AMBROISE, à part.

Je ne sais plus que lui dire.

BELTON.

C'est une affaire terminée, ou je me brouille avec vous.

AMBROISE, à part.

La meilleure de mes pratiques!

BELTON.

Vous me le présenterez quand vous voudrez.

AMBROISE.

Si cependant vos propositions ne lui convenaient pas?...

BELTON.

J'en serais fâché; mais, je ne veux pas le contraindre.

AMBROISE.

Je vous remercie, monsieur, et je vais le prévenir. (*Sortant.*) Je vais lui faire sa leçon. Claudine chez un pareil homme! Elle pourrait bien y retrouver le Montanverd.

SCÈNE IX.

BELTON, seul.

Je vais, je viens, je sors, je rentre; madame Dernetti me suit partout. Son image me charme et m'obsède... Allons, pour la première fois de ma vie, me voilà sérieusement amoureux. Ma foi, on le serait à moins. Une figure enchanteresse, un sourire plein de graces, un esprit séduisant, un enjouement si vrai!... Oh! oui, je t'aime, et je t'aimerai toujours.

Malheur à l'homme qui peut te résister! la nature lui a refusé une ame.

SCÈNE X.

BELTON, MADAME DERNETTI, sortant de l'hôtel.

BELTON.

Je parlais de vous, madame.

MADAME DERNETTI.

Et à qui donc?

BELTON.

Oh! je n'ai besoin de personne. Mon cœur et moi, nous nous entendons à merveilles.

MADAME DERNETTI.

Et que vous disait-il, votre cœur?

BELTON.

Ce qu'il me disait?

MADAME DERNETTI.

Oui; contez-moi cela, mon cher Belton.

BELTON.

Je lui permettrai de parler, si le vôtre veut lui répondre.

MADAME DERNETTI.

Une conversation sentimentale.

BELTON.

Cela vous fait peur!

MADAME DERNETTI.

Non pas précisément; mais, je me défie un peu de vous. Vous êtes fort aimable, M. Belton.

BELTON.

Jamais je n'ai tant désiré de l'être que depuis que je vous connais.

MADAME DERNETTI.

Il n'y a pas de mal à cela : un homme aimable devient charmant par le désir de plaire.

BELTON.

Et cet homme charmant, qu'en fait-on?

MADAME DERNETTI.

La question est un peu vive.

BELTON.

Ici, ce n'est pas moi qui parle, c'est mon cœur.

MADAME DERNETTI.

Et vous exigez que le mien lui réponde?

BELTON.

Je n'exige rien, je supplie.

MADAME DERNETTI.

Vous avez une manière de supplier, vous autres hommes, à laquelle je ne saurais m'accoutumer.

BELTON.

Et que lui trouvez-vous de si effrayant? Vous ne me faites pas l'honneur de me croire dangereux.

MADAME DERNETTI.

Hé, hé! mon cher ami, l'homme que nous redoutons le plus, n'est pas toujours celui à qui nous voulons bien le dire.

BELTON.

Je vous supplie alors de ne pas ajouter un mot.

MADAME DERNETTI.

Et vous interpréterez mon silence à votre manière?

BELTON.

Je ne lui donnerai pas le sens le plus défavorable.

MADAME DERNETTI.

Comptez-vous réussir avec ces petits moyens-là?

BELTON.

Réussir! mais, je n'ai pas de projets, moi.

MADAME DERNETTI.

Comment, vous n'avez pas de projets?

BELTON.

Non, je vous assure.

MADAME DERNETTI.

Vous êtes un impertinent.

BELTON.

Et vous êtes charmante.

MADAME DERNETTI.

Vous verrez, tout à l'heure, que c'est moi qui fais la cour à monsieur.

BELTON.

Vous en êtes bien la maîtresse.

MADAME DERNETTI.

C'est trop honnête, en vérité.

BELTON.

Si je voulais, cependant, je vous dirais de fort belles choses.

MADAME DERNETTI.

Ah! voyons cela.

ACTE 1, SCÈNE X. 383

BELTON.

Et vous m'en punirez ?

MADAME DERNETTI.

Ah! vous faites le cruel ? cela n'est pas bien, monsieur Belton.

BELTON.

Non, en vérité, non, je ne suis pas cruel ; mais, je tiens à mes intérêts. Je vous vois à chaque instant du jour, toujours aimable, toujours séduisante; je vous parle, vous me répondez ; une saillie est payée par ce sourire, qui n'est qu'à vous, que je n'ai vu qu'à vous ; un doux enjouement est l'ame de nos entretiens; votre cœur se livre à cette heureuse sécurité que produit l'absence des passions ; enfin, vous me traitez en homme sans conséquence.

MADAME DERNETTI.

Après, après ?

BELTON.

Si je dis un mot, je perds tous mes avantages, je vous donne l'éveil, je vous force au silence.

MADAME DERNETTI.

Ce mot est donc bien terrible ?

BELTON.

Oh ! épouvantable.

MADAME DERNETTI.

Voyons toujours ce mot.

BELTON.

Vous me l'ordonnez ?

MADAME DERNETTI.

Mais, je crois qu'oui.

BELTON.

Eh bien, madame, je vous adore.

MADAME DERNETTI.

Que de peines il a fallu pour vous amener là !

BELTON.

Si j'osais donner à votre réponse le sens que sans doute vous n'y attachez pas...

MADAME DERNETTI, lui souriant avec tendresse.

Osez, osez.

BELTON.

Hé bien, j'ose, et je suis heureux.

MADAME DERNETTI.

Mon cher ami, je suis de moitié.

BELTON.

Madame...

MADAME DERNETTI.

Monsieur !

BELTON.

Je justifierai votre choix.

MADAME DERNETTI.

Je l'espère.

BELTON.

Je le jure.

MADAME DERNETTI.

Ne jurez pas. Aimez ; cela vaut mieux.

BELTON.

Si j'aimerai ! jusqu'à la mort. N'avoir qu'un désir, celui d'être à vous ; qu'un bonheur, celui de vous plaire ; n'éprouver aucune sensation dont vous en

ACTE I, SCÈNE X.

soyez l'objet; vivre pour vous seule enfin, voilà mon plan, mon espoir, ma destinée.

MADAME DERNETTI.

Que répondre à cela? Je pensais précisément ce que vous venez de dire.

BELTON, après lui avoir baisé la main.

Prenons maintenant nos petits arrangemens.

MADAME DERNETTI.

Des arrangemens !

BELTON.

Sans doute; il faut penser à ses affaires.

MADAME DERNETTI.

Voyons vos arrangemens.

BELTON.

D'abord, je vous épouse.

MADAME DERNETTI.

Rien que cela?

BELTON.

Pas davantage.

MADAME DERNETTI.

Le reste ne sera pas difficile à arranger.

BELTON.

Je vous conduis dans mes terres. Un site agreste et romantique nous sépare de tout l'univers. Ici, des chênes, vieux comme le monde, offrent leur ombrage au mystère; là, des rochers escarpés semblent défier nos efforts; nous les gravissons ensemble. Une main délicate s'appuie sur la mienne, et fait passer jusqu'à mon cœur, le plus doux frémissement. Plus loin, une eau claire et rapide nous oppose une barrière, que vous franchissez dans mes bras. De l'autre côté, un boulingrin nous attire, et nous invite au repos. La main bienfaisante du plaisir appesantit nos paupières, et l'amour nous attend au réveil.

MADAME DERNETTI.

C'est charmant! c'est charmant! Mais, que devient-on ensuite? On ne se promène pas toujours.

BELTON.

Nous rentrons avec un appétit dévorant; on sert, et on se retire. Je vous présente un siège, et je m'assieds, tantôt en face pour m'enivrer du plaisir de vous voir, tantôt à vos côtés, pour respirer votre haleine. Le mets le plus délicat est celui que vous avez touché; le meilleur vin est celui que je bois dans votre verre.

MADAME DERNETTI.

Voilà un repas délicieux. Après?

BELTON.

Nous passons dans ma bibliothèque. Je prends un de ces auteurs qui disent avec tant de charme ce que je sais si bien sentir. Le gentil Bernard me tombe sous la main; nous l'ouvrons ensemble. Votre bras est passé autour de mon cou, et vos yeux répondent aux miens.. L'Art d'aimer ne nous apprend rien : c'est notre histoire que nous lisons, et cependant nous nous arrêtons à chaque vers. A chaque vers, l'amour nous dit à l'oreille : Bernard n'a fait qu'écrire; c'est moi qui lui dictais.

MADAME DERNETTI.

Ensuite ?

BELTON.

La nuit nous couvre de ses voiles...

MADAME DERNETTI.

Et le lendemain ?

BELTON.

Le soleil reparaît, pour éclairer encore cette scène touchante d'enchantemens et de plaisirs.

MADAME DERNETTI.

Que tout cela est joli ! Mon ami, votre plan n'a qu'un défaut.

BELTON.

Lequel ?

MADAME DERNETTI.

De n'avoir pas le sens commun.

BELTON.

Oh ! par exemple, c'est un peu fort !

MADAME DERNETTI.

Vous allez en convenir. Nous voilà ensevelis dans une terre, fort agréable sans doute, puisqu'on y est avec vous.

BELTON.

Eh bien ?

MADAME DERNETTI.

Le premier jour est divin, le second séduit encore ; mais, le troisième... Que de réflexions amène celui-là ! Plus rien qui pique la curiosité ; rien de nouveau à se dire. J'aime, je suis aimé ; tout se réduit à cela ; il faut toujours en revenir là, et l'uniformité tue le sentiment. Mon ami, voici mon plan, à moi, que vous aurez la complaisance d'adopter. Nous passerons l'hiver à Turin. Ce n'est que dans une grande ville que l'oisiveté échappe à l'ennui. Dans la belle saison, nous visiterons vos terres. Vous y aurez vos amis, et j'y conduirai les miens : je tiens à mes habitudes. La chasse, la pêche, la danse, mille petits jeux partageront nos loisirs. Mais, du monde, beaucoup de monde, et surtout des femmes aimables. Elles voudront vous plaire ; je m'efforcerai de le mériter. Vous me quitterez avec peine ; vous me chercherez dans la foule ; vous me retrouverez avec transport, et votre cœur sera long-temps neuf, auprès d'une épouse aimante, qui saura faire, du plus saint des devoirs, le plus délicieux des plaisirs.

SCÈNE XI.

BELTON, MADAME DERNETTI, HONORINE.

HONORINE.

Dans deux heures, madame, la corbeille sera chez vous.

BELTON.

Une corbeille !

HONORINE.

Pour la fête de ce soir. Un ajustement d'une élégance, d'une fraîcheur !

MADAME DERNETTI.

Mademoiselle, je ne vous pardonnerai pas ce trait-

ACTE I, SCÈNE XII. 389

là. M'ôter le plaisir de le surprendre! c'est d'une cruauté...

BELTON.

De quelque manière que vous vous mettiez, vous serez toujours la plus belle, la plus aimable, et la plus aimée.

HONORINE.

Vous conviendrez, madame, qu'on n'est pas plus galant que cela.

MADAME DERNETTI, souriant.

Ne voyez-vous là que de la galanterie, mademoiselle?

HONORINE.

Mon Dieu, madame, je ne dis jamais ce que je veux dire. On n'est pas plus vrai que monsieur.

MADAME DERNETTI.

Que je suis folle, mon enfant!

SCÈNE XII.

BELTON, HONORINE, Madame DERNETTI, AMBROISE, CLAUDINE, BENJAMIN, dans le fond.

CLAUDINE.

Je sens la solidité de vos raisons.

(Ambroise et elle se parlent bas.)

BELTON.

Il ne serait pas généreux de tourner les têtes, et de conserver la vôtre.

(Jeu muet entre lui et madame Dernetti.)

CLAUDINE, descendant la scène.

Oui, je lui marquerai ma crainte de ne pas le satisfaire.

AMBROISE.

Le désir de m'aider dans ma vieillesse.

CLAUDINE, à Belton.

Monsieur, je suis pénétré de vos bontés, et je n'y peux répondre que par... (*Elle cherche ses traits.*) Que par... (*Elle le reconnaît.*) Ah!
(Elle tombe dans les bras d'Ambroise.)

MADAME DERNETTI.

Voyez, Honorine ; il se trouve mal.

BELTON, à Ambroise.

Est-ce là ton filleul ?

AMBROISE.

Hélas! oui, monsieur.

MADAME DERNETTI.

Il revient, il revient. Il est fort bien, ce jeune homme-là.

BELTON, à madame Dernetti.

Je le prends avec moi.

MADAME DERNETTI.

Je suis contente de vous. J'aime à vous voir faire du bien.

CLAUDINE, revenue à elle.

Je ne peux répondre à vos bontés que par mon zèle, mon désintéressement...

AMBROISE, à Claudine.

Qu'est-ce que tu dis donc là ?

CLAUDINE, à Belton.

J'éprouve déja du plaisir à penser que je vous serai utile. J'obtiendrai peut-être votre estime, votre bienveillance.

AMBROISE, bas à Claudine.

Nous ne sommes pas convenus de cela, Claudine.

BELTON.

Laissez-le donc dire, Ambroise. Il s'exprime très-bien.

HONORINE, présentant l'enfant à sa maîtresse.

Voyez donc, madame; le joli petit enfant!

AMBROISE.

C'est son frère.

MADAME DERNETTI, à Claudine.

Il est bien intéressant, ton frère. (*Elle l'embrasse et le présente à Belton.*) Embrassez-le donc, vous qui aimez les enfans.

(Belton l'embrasse.)

CLAUDINE, à part.

Ce baiser a été jusqu'à mon cœur. Il m'a payé de bien des larmes.

HONORINE.

Mais, madame, vous ne pensez pas que vous recevez ce soir la meilleure compagnie de Turin. Vous avez des ordres à donner.

MADAME DERNETTI.

C'est vrai. (*A Belton.*) Vous me faites tout oublier, méchant homme que vous êtes. Honorine, vous aurez soin de ce jeune homme, et surtout du petit frère.

(*Rentrant avec Belton.*) Il est si doux de donner, de faire des heureux! et cela coûte si peu, quand on a du superflu!

BELTON.

C'est le plaisir des belles ames.

MADAME DERNETTI.

Celui-là ne vieillit jamais.

HONORINE, à Claudine.

Suivez-moi, mon bon ami. Je me félicite d'avoir à remplir des ordres aussi agréables.

(Elle rentre avec Benjamin.)

SCÈNE XIII.

CLAUDINE, AMBROISE.

AMBROISE, d'un ton sévère.

Ah ça, Claudine, expliquons-nous. Je n'ai pas été maître tantôt d'un certain mouvement là... dont un bon cœur ne peut se défendre; mais, un soldat ne badine pas avec l'honneur, et je ne serai pas votre complice.

CLAUDINE, très-animée pendant cette scène.

Mon complice! eh, quel crime ai-je donc médité?

AMBROISE.

Belton est un libertin.

CLAUDINE.

Il n'est plus à craindre pour moi. C'est lui... c'est lui...

ACTE I, SCÈNE XIII.

AMBROISE.

Eh bien, c'est lui?... Achève.

CLAUDINE.

C'est le père de mon fils.

AMBROISE.

Belton?

CLAUDINE.

Lui-même.

AMBROISE.

C'est une raison de plus pour le craindre.

CLAUDINE.

C'en est une de le chercher, de l'attendrir, de le vaincre.

AMBROISE.

Vous avez perdu votre innocence; gardez du moins votre vertu.

CLAUDINE.

Je la conserverai; je le jure au ciel, à mon père, à vous.

AMBROISE.

Vous n'avez qu'un moyen; c'est de fuir.

CLAUDINE, en désordre.

Cet homme, que je n'ai vu qu'un moment, que je ne connais que par mes malheurs, m'a toujours été présent. Je ne sais quelle voix intérieure me répétait sans cesse : tu le reverras, et il te rendra justice.

AMBROISE.

Qu'espères-tu? réponds. Te jeter à ses pieds? le gagner par tes larmes?

CLAUDINE.

Je ne sais, ni ce que je veux, ni ce que je ferai. Ce n'est pas par des soupirs, par des plaintes qu'on inspire de l'amour. Non, l'amour ne se persuade pas. Celui-là seul a tort qui ne sait pas plaire, et ce tort-là ne se pardonne jamais.

AMBROISE.

Tout à l'heure, ce sera le séducteur qui aura raison.

CLAUDINE, dans une sorte de délire.

Il ne m'a pas séduite ; il n'en a eu ni le temps ni la pensée. Mon cœur a volé au-devant du sien. C'est mon cœur seul qui m'a perdue, et c'est là qu'il est gravé en traits ineffaçables.

AMBROISE.

Claudine, écoutez-moi, revenez à vous.

CLAUDINE, reprenant avec plus de force.

Et mon fils, n'a-t-il pas des droits sacrés ? dois-je les oublier ? puis-je ne les pas soutenir ? Cher et malheureux Benjamin, t'arracherai-je à ton père, au moment où tu viens de le retrouver ? Tu vivras près de lui ; il te verra, il te parlera, il t'aimera ; je me plais à le croire. Un sentiment secret éclairera son ame ; voilà ma consolation, voilà mon unique espoir. Eh! quelle mère ne s'y livrerait pas comme moi !

AMBROISE.

Elle n'entend plus rien ; sa tête se trouble.

CLAUDINE, dans le plus grand désordre.

Plus de considérations qui m'arrêtent, plus d'obstacles qui m'intimident. Je vais, j'entre dans cette maison.

AMBROISE.

Je t'y suis.

CLAUDINE, s'éloignant de lui.

Pourquoi faire?

AMBROISE.

T'abandonnerai-je dans l'état où je te vois?

CLAUDINE, se rapprochant, et lui prenant la main.

Ah! venez, venez; j'ai besoin d'un cœur sensible, dans lequel je puisse répandre le mien. Eh! que deviendrait l'amour malheureux, s'il ne lui restait l'amitié?

(Ils entrent à l'hôtel.)

FIN DU PREMIER ACTE.

ACTE II.

Le théâtre représente un salon commun, auquel aboutissent les appartemens de madame Dernetti et de Belton.

SCÈNE PREMIÈRE.

AMBROISE, CLAUDINE, habillée en jockey élégant.

AMBROISE.

ME laisseras-tu parler? Ton imagination va un train...

CLAUDINE.

De grace, écoutez-moi avant de prononcer.

AMBROISE.

Eh! depuis une heure, je ne fais que cela. Écoute-moi à ton tour.

CLAUDINE.

Qu'entendrai-je qui ne m'afflige davantage? Vous êtes désespérant.

AMBROISE.

C'est que je ne suis pas amoureux, moi; que je ne rêve pas tout éveillé; c'est que j'ai une expérience qu'on n'a pas à vingt ans, quoique d'ailleurs on soit très-jolie et fort intéressante. En un mot, comme en cent, ton entreprise est folle.

CLAUDINE.

Quel plaisir trouvez-vous à me répéter cela?

AMBROISE.

Je ne veux pas que tu oublies que j'ai tout fait pour t'en dissuader. J'ai employé l'autorité; je t'ai parlé raison, amitié...

CLAUDINE.

J'ai tout entendu.

AMBROISE.

Et tu n'as rien écouté. Finissons. Veux-tu partir? veux-tu rester?

CLAUDINE.

Partir! je ne le peux pas.... je ne le peux pas.... l'effort est impossible. L'espérance et la crainte me séduisent, me tourmentent tour à tour. L'amour, cet aveugle amour, qui ne sait rien calculer, qui ne peut rien prévoir, mais qui subjugue toujours, l'amour m'entraîne vers Belton; les convenances m'éloignent de lui, la nature m'y ramène, et la nature trompe-t-elle jamais!

AMBROISE.

Je me rends. Je ne veux pas que tu me reproches un jour de t'avoir fait perdre l'occasion de ramener à toi le père de Benjamin.

CLAUDINE.

Voilà de la raison. C'est senti ce que vous me dites-là.

AMBROISE.

Je dois cependant te faire part d'un obstacle que tu n'as pas prévu, et qui n'est pas facile à surmonter.

CLAUDINE.

Est-il rien d'impossible à l'amour?

AMBROISE.

Non, quand on est deux; mais, quand on aime un homme, qu'un autre objet engage...

CLAUDINE, s'écriant.

Il en aimerait un autre!

AMBROISE.

Charmante, pour ton malheur.

CLAUDINE.

Mon cœur se serre.

AMBROISE.

Riche, considérée.

CLAUDINE.

Mais, êtes-vous bien sûr de ce que vous me dites? La connaissez-vous bien cette femme charmante?

AMBROISE.

Si je la connais! c'est madame Dernetti, que tu as vue avec lui.

CLAUDINE, tristement.

Elle est bien belle, cette dame-là.

AMBROISE.

La plus belle femme de Turin.

CLAUDINE.

Sait-elle aimer?

AMBROISE.

Qu'importe? elle sait plaire; voilà le grand art.

CLAUDINE, soupirant.

Et je l'ignore : je n'ai pour moi que mon cœur.

AMBROISE.

Et tu crois le réduire au silence, leur cacher à tous deux tes combats, ta jalousie et tes larmes? La moindre indiscrétion te décèle, te fait congédier.

CLAUDINE.

Je me contiendrai.

AMBROISE.

Ta tristesse donnera des soupçons.

CLAUDINE.

J'apprendrai à sourire, je composerai mon visage, je paraîtrai gaie.

AMBROISE.

C'est bien difficile.

CLAUDINE, riant d'un air forcé.

Vous voyez bien que je le suis.

AMBROISE.

Ta gaieté est d'une vérité..... (*Lui prenant la main.*) Pauvre Claudine! pauvre Claudine!

CLAUDINE.

Plaignez-moi; mais, ne m'ôtez point l'espérance. Si c'est une illusion, elle me soutient et me console. J'attendrai tout du temps, des circonstances; j'aurai l'esprit du moment; j'y ploierai mon caractère; je caresserai l'indifférence; je flatterai une rivale redoutable; je ferai... je ferai ce que m'inspireront mon cœur et Benjamin.

SCÈNE II.

AMBROISE, CLAUDINE, HONORINE.

HONORINE.

Allons donc, père Ambroise, allons donc. Vous passez le temps à causer avec ce jeune homme, et nous n'en avons pas à perdre. Rien n'est encore prêt pour ce soir. Du soin, de l'activité, un retour de jeunesse, père Ambroise.

AMBROISE.

Ma foi, mademoiselle Honorine, je suis toujours jeune auprès de vous.

HONORINE.

Je ne crois pas aux miracles, père Ambroise.

AMBROISE.

Bien des femmes en ont fait, et ne vous valaient pas.

HONORINE.

Ces vieux militaires sont toujours aimables. On se forme au service.

AMBROISE.

On s'y déforme aussi.

HONORINE.

A l'ouvrage, à l'ouvrage. Si quelque chose manque, c'est à moi qu'on s'en prendra.

AMBROISE.

Je vous demande pardon, mademoiselle Honorine;

ACTE II, SCÈNE II.

mais il a bien fallu donner à ce jeune homme ses premières instructions.

HONORINE.

Je me charge de ce soin-là : je serai son institutrice.

AMBROISE.

Remercie donc, Claude.

CLAUDINE, avec embarras.

Mademoiselle... en vérité...

HONORINE, la contrefaisant.

Mademoiselle... en vérité... Vous êtes trop poli, Claude. Entre camarades, on se traite plus familièrement.

AMBROISE, bas à Claudine.

Est-ce ainsi que tu composes ton visage ? Tu ne passeras pas la journée ici.

CLAUDINE, gaîment.

Puisque vous le permettez, je serai familier, très-familier, je vous en réponds.

HONORINE, minaudant.

Jusqu'à un certain point, cependant...

CLAUDINE.

Ne craignez rien ; je m'arrêterai à propos.

AMBROISE, bas à Claudine.

A la bonne heure. Voilà le ton qui convient.

HONORINE, à Ambroise.

Voyez s'il finira. Ce cher homme aime à parler ! il aime à parler !...

AMBROISE.

Il faut bien qu'il me reste quelque chose. Vous êtes née vingt ans trop tard, mademoiselle Honorine.

HONORINE.

Pas du tout, monsieur Ambroise, je ne suis pas née trop tard ; c'est vous qui êtes né trop tôt.

AMBROISE.

Cela revient au même.

HONORINE.

Pour vous ; mais, pour moi? Partez, vous dis-je, partez.

AMBROISE, sortant.

J'aurai du moins, près de vous, un mérite que les années ne m'ôteront jamais.

HONORINE.

Lequel?

AMBROISE.

Celui de n'être pas importun.

HONORINE, riant.

Je le crois.

SCÈNE III.

CLAUDINE, HONORINE.

HONORINE.

Il est galant, votre parrain.

CLAUDINE.

Vous n'en devez pas être étonnée.

HONORINE.

Cela ne m'étonne pas du tout : c'est assez l'habitude de tous les hommes qui me connaissent.

CLAUDINE.

Ah! vous y êtes accoutumée.

HONORINE.

Très-accoutumée, j'en conviens.

CLAUDINE.

Ainsi, cela vous flatte peu?

HONORINE.

Au contraire. Il est toujours flatteur de plaire, même à celui qu'on ne veut pas aimer.

CLAUDINE.

Mais c'est de la coquetterie, cela.

HONORINE.

Il en faut pour mener les hommes.

CLAUDINE.

J'entends. L'amour n'est pour vous qu'un simple amusement.

HONORINE.

Les dupes seules en font une affaire sérieuse.

CLAUDINE.

Je connais bien des dupes.

HONORINE.

Et moi aussi. Voilà pourquoi j'ai grand soin de ne pas l'être.

CLAUDINE, cherchant à la pénétrer.

Madame Dernetti pense-t-elle comme vous?

HONORINE.

Je l'ai prise pour modèle.

CLAUDINE.

Ainsi, elle ne tient à mon maître que par une sensation agréable, mais légère?

HONORINE.

Je ne sais pas précisément à quel degré est son amour; mais, fidèle à son système, elle badine le sentiment, elle rit d'un soupir, elle résiste pour enflammer davantage; elle évite pour attirer; elle s'arrête enfin, car il faut bien finir par là. Quand les Graces fuient devant l'Amour, c'est toujours pour se laisser prendre.

CLAUDINE.

Vous ne me donnez pas une haute idée de votre maîtresse.

HONORINE.

Soyez tranquille; madame vaut bien monsieur.

CLAUDINE.

Je conclus de tout ceci que nos maîtres ne se conviennent pas du tout.

HONORINE.

Ce ne sont pas nos affaires.

CLAUDINE.

Non, ils ne se conviennent pas. Il faut rompre cette liaison; absolument, il le faut.

HONORINE.

Comme il décide! comme il tranche, ce petit Claude!

ACTE II, SCÈNE III.

CLAUDINE.

Entendons-nous pour cela, ma chère Honorine.

HONORINE, souriant, à part.

Ma chère Honorine ! cela promet.

CLAUDINE.

Unissons nos efforts; détournons-les tous deux d'un penchant qui ferait le malheur de leur vie.

HONORINE

Ce serait, je crois, le parti le plus sage ; mais la sagesse a tort, quand le cœur a parlé. Dire du mal à une femme de l'amant en faveur, c'est bien le moyen de se faire écouter, vraiment ! Et vous, croyez-vous réussir auprès de votre maître, en attaquant ses goûts, en lui parlant raison? Prétendez-vous, avec vos dix-huit ans, et votre jolie figure, vous ériger en Caton? Mon cher ami, j'ai promis à votre parrain de faire votre éducation ; je vois que je vous suis nécessaire, et je tiendrai ma parole.

CLAUDINE.

Vous êtes trop bonne, assurément.

HONORINE.

Oh! je ne ferai rien que pour moi : j'ai certains petits projets.....

CLAUDINE, souriant.

Auxquels je vous conseille de renoncer.

HONORINE.

Vos yeux me disent le contraire.

CLAUDINE.

Mes yeux vous trompent.

HONORINE.

Oh ! je les en défie. Je me connais en hommes.

CLAUDINE.

Je le vois bien.

HONORINE.

Vous manquez d'usage du monde; cela viendra.

CLAUDINE.

Croyez-vous ?

HONORINE.

Je vous en réponds. Vous avez de l'esprit, beaucoup d'esprit, pour un Savoyard.

CLAUDINE.

Vous me flattez.

HONORINE.

En trois ou quatre leçons, je ferai de vous un petit homme accompli. Je retourne près de madame; il faut quelquefois sacrifier ses plaisirs à son devoir. Nous nous reverrons dans le courant de la journée. Adieu, Claude; adieu, mon bon ami.

SCÈNE IV.

CLAUDINE, seule.

Je ne puis rien attendre d'un semblable caractère. Légère, inconsidérée, Honorine ne compatira pas à des peines qu'elle ne peut éprouver. Cachons-lui donc un mystère dont elle abuserait, sans méchanceté peut-être, mais dont l'abus me perdrait sans retour.

SCÈNE V.

BELTON, CLAUDINE.

BELTON, très-gaîment.

Ah! te voilà, Claude!

CLAUDINE, poussant un cri de joie et de surprise.

Ah!

BELTON.

Je suis bien aise de te rencontrer; j'ai un besoin de parler, d'être entendu... d'avoir quelqu'un qui me réponde... Il ne suffit pas d'être heureux; il faut trouver à qui le dire.... De ma vie, je n'ai eu de jour aussi agréable que celui-ci... Je suis enchanté de tout ce qui m'environne. Il n'y a pas jusqu'à ce petit Benjamin...

CLAUDINE, vivement.

N'est-il pas vrai, monsieur, qu'il est charmant?

BELTON.

Oui, charmant, c'est le mot.

CLAUDINE, tendrement.

Vous l'aimerez, monsieur, vous l'aimerez.

BELTON.

Eh! comment s'en défendre!... c'est le petit être le plus aimable... il court, il s'assied, il rit, il boude, il caresse, il égratigne, et tout cela dans l'intervalle d'une seconde. Le contrarie-t-on? il se met dans une colère, mais dans une colère à faire rire aux éclats.

D'un coup de pied, il vient de me casser le plus joli déjeuner de porcelaine...

CLAUDINE.

Oh! je le gronderai, monsieur, je le gronderai.

BELTON.

C'est inutile ; je l'ai puni.

CLAUDINE, avec une sorte de crainte.

Vous l'avez puni !

BELTON.

Je l'ai mis à même d'un tas de gimblettes, et je lui ai déclaré, très-sérieusement, que, s'il en laissait une, il ne casserait plus rien chez moi.

CLAUDINE.

Ah! vous avez l'ame d'un père.

BELTON.

C'est vrai, au moins. Je lui en tiendrai lieu, je te le promets.

CLAUDINE, très-tendrement.

Vous ferez plus ; vous le serez, monsieur, vous le serez.

BELTON.

Il est certains momens où je crois l'être en effet. Ses petites mains caressent-elles mes cheveux, ses lèvres effleurent-elles mes joues, j'éprouve une douce émotion, qui m'était inconnue.

CLAUDINE, à part.

Quel espoir vient ranimer mon cœur ?

(Pendant le couplet suivant, elle s'afflige par degrés.)

BELTON.

Il me semble alors être au sein du plus heureux

ménage. Madame Dernetti est à moi ; c'est son fils, c'est le mien que je caresse. De mes bras il passe dans les siens. Il s'échappe, nous lui sourions, nous l'appelons à la fois ; et notre Benjamin, incertain, interdit, ne sait auquel se rendre. Son embarras nous amuse, ses graces naïves nous attirent. Nous nous approchons insensiblement, et, bientôt unis tous les trois, dans ces étreintes délicieuses, dont l'amour seul sait connaître le prix, nous nous félicitons d'avoir doublé notre existence, nos sensations, notre bonheur.

CLAUDINE, laissant tomber sa tête sur sa poitrine.

Ah ! mon Dieu, mon Dieu !

BELTON.

N'est-il pas vrai que ce tableau est enchanteur ?

CLAUDINE.

Pour vous, monsieur.

BELTON.

Et pour la mère de l'enfant chéri...

CLAUDINE.

Que le père n'a pas rejetée.

BELTON.

Il faudrait être un monstre...

CLAUDINE.

Il y a pourtant des hommes comme cela.

BELTON.

Impossible.

CLAUDINE.

J'en connais, moi, monsieur.

BELTON.

En vérité, Claude?

CLAUDINE.

Qui méprisent, qui oublient la victime infortunée...

BELTON.

De tels êtres sont une erreur de la nature.

CLAUDINE.

Qui, toujours inaccessibles à la honte, se livrent au délire de leur imagination, tracent gaîment des scènes de bonheur...

BELTON.

Tu ne sais pas? celle-ci, je vais la réaliser.

CLAUDINE, avec effroi.

Vous allez, dites-vous...

BELTON.

J'épouse madame Dernetti.

CLAUDINE, s'écriant.

Vous vous mariez!

BELTON.

Cela t'étonne? le mariage seul peut fixer un homme dissipé.

CLAUDINE.

S'il m'était permis de m'expliquer librement...

BELTON.

Parle, mon ami. Ton esprit est vif, cultivé, et je t'avoue que je tiens à toi par un sentiment que je ne puis définir, mais qui m'attache fortement. Explique-toi, Claude, sans crainte, sans détour.

CLAUDINE.

Vous me le permettez?

ACTE II, SCÈNE V. 411

BELTON.

Je t'y engage.

CLAUDINE.

Eh bien! monsieur, les vertus domestiques n'ont de charmes que pour celle qui a été élevée dans la médiocrité et le travail.

BELTON.

Il est d'heureuses exceptions.

CLAUDINE, se livrant davantage.

Non, monsieur. Ce n'est pas dans un état distingué qu'on trouve une femme sensible.

BELTON, avec sévérité.

Claude!

CLAUDINE.

La dissipation, suite ordinaire de la fortune; l'orgueil que donne la considération; les jouissances continuelles de l'amour-propre; l'indifférence, qu'amène insensiblement la satiété, tout éloigne vos grandes dames des plaisirs simples et innocens. Elles plaisent, on les épouse. Bientôt le prestige se dissipe. Il ne reste qu'une femme frivole, dont la tête est toujours exaltée, et le cœur toujours froid; à qui l'imagination tient lieu de sentiment, l'affectation de naturel. Charmante pour tout le monde, hors pour son mari, on la rencontre partout; lui seul ne la trouve jamais. Elle sourit avec grace au mot le plus insignifiant; lui seul n'est jamais écouté. Le mépris ulcère son cœur; il veut s'expliquer, il parle raison, on le persifle; il s'emporte, on en rit; il déplore son malheur; on lui refuse jusqu'à la compassion, qui ne guérit pas les plaies de l'ame, mais qui en adoucit l'amertume.

BELTON.

Comme ce garçon pense ! comme il parle !

CLAUDINE.

Par combien de nœuds, au contraire, celle qui tient tout de son mari ne s'y attache-t-elle pas ? Elle ne peut jouir de sa fortune présente, sans se rappeler son état passé ; elle ne met à son amour d'autres bornes que celles de sa reconnaissance, et sa reconnaissance n'en connaît pas ; elle voit, dans un seul homme, son amant, son époux et son bienfaiteur. Quels droits il a acquis sur elle ! quel doux empire est le sien ! S'il est sans éclat, qu'il a de charmes cet empire qui soumet les ames ! Convenez-en, monsieur, vous qui êtes fait pour l'apprécier et en jouir.

BELTON.

Dites-moi, Claude ; qui vous en a tant appris ?

CLAUDINE, avec timidité.

Apprend-on à sentir ?

BELTON.

On apprend à parler.

CLAUDINE.

Les mots viennent d'eux-mêmes au-devant de la pensée.

BELTON.

Claude !

CLAUDINE.

Monsieur ?

BELTON.

Mon étonnement seul m'a fait vous entendre jusqu'à la fin. Je vous conseille, à vous qui savez tant, d'apprendre encore à respecter les convenances, les affections de votre maître, à ménager surtout une femme que vous ne connaissez encore que par ses bienfaits, mais qui s'est acquis des droits à votre reconnaissance et à votre respect. Souvenez-vous de cette leçon, et ne me forcez pas à vous parler un langage que vous entendriez avec peine, et dont je ne me servirais qu'à regret.

SCÈNE VI.

BELTON, CLAUDINE, MADAME DERNETTI.

(Pendant cette scène, Claudine s'approche, s'éloigne et écoute, en feignant de s'occuper à ranger, etc. Elle exprime, par un jeu muet, ses alarmes, sa douleur, etc.)

MADAME DERNETTI, d'un petit air piqué.

Vous êtes bien aimable, M. Belton. Depuis une grande heure, on est seule, on vous attend, on vous désire.... On vous croit à des affaires sérieuses, et on vous trouve en conversation réglée avec votre jockey.

BELTON.

Et, même avec mon jockey, je ne m'occupais que de vous.

MADAME DERNETTI.

Eh! que m'importe, à moi, que vous disiez à tout

l'univers que vous m'aimez, que je vous aime? c'est à moi seule qu'il faut le dire; c'est moi qui veux vous le répéter. Mon cher ami, l'amour seul sait bien entendre; il n'est que lui pour bien répondre. Vous ne vous doutez pas de tout cela, vous; vous ne savez rien prévoir; il n'y a pas de ressources avec vous.

BELTON.

Ah! je ne sais rien prévoir? Je ne conviendrai jamais de cela.

MADAME DERNETTI.

Vous en conviendrez, quand il en sera temps. Je vous réserve une surprise...

BELTON.

Qui ne vaut pas celle que je vous ai ménagée.

MADAME DERNETTI.

Ah! c'est trop fort. Eh bien, je vais vous convaincre. Vous avez peut-être cru, comme beaucoup d'autres qui seront ce soir chez moi, que je n'ai voulu donner une fête que pour étaler un certain faste, pour échapper à l'ennui, à la faveur de la foule et du bruit?

BELTON.

Ah! ce ne sont pas là vos motifs?

MADAME DERNETTI.

Non, monsieur, ce ne sont pas là mes motifs. Le sentiment, et un grain de malignité, m'ont donné l'idée que je vais vous communiquer. Au moment où certaines dames, fort intéressantes, se permettent, près de vous, ces jolis petits riens, inintelligibles pour tant

ACTE II, SCÈNE VI. 415

de gens, mais que vous savez si bien entendre ; où certains messieurs, très-complètement ennuyeux, m'excèdent le plus tendrement du monde, je me lève, et je dis, avec une dignité comique : « Le « moyen le plus simple et le plus gai de faire une « confidence à ses amis, c'est de les réunir à table. Je « vous déclare donc ici, avec une satisfaction que « vous allez partager, qu'au premier jour j'épouse « Belton, que j'aime de tout mon cœur, parce qu'il « est fort aimable. Félicitez-moi, embrassons-nous, « et passons dans la salle du bal. » Je m'amuse intérieurement de l'embarras de ces dames ; vous jouissez du dépit de vos rivaux ; nous nous regardons, nous nous entendons, nous sommes contens l'un de l'autre, et tout cela ne vous a coûté ni adresse ni prévoyance.

BELTON.

C'est quelque chose que cela ; il faut que j'en convienne.

MADAME DERNETTI.

Ah ! vous en convenez ?

BELTON.

Oui, j'aime à vous rendre justice. Cependant, votre prévoyance pouvait aller plus loin. Au reste, j'ai prévu pour vous, et cela revient au même.

MADAME DERNETTI.

Voyons ce qu'a produit votre féconde imagination.

BELTON.

A l'instant où on ne respire que le plaisir, où il

anime tous les yeux, où une douce chaleur colore toutes les joues de l'incarnat du désir; à l'instant, enfin, où on ne danse plus pour les autres, mais pour soi, je fends la presse, je parais au milieu du cercle tracé par l'amour et la folie. On s'arrête, on s'étonne à l'aspect de l'homme noir que je conduis par la main, et dont rien n'altère l'extérieur sérieux, maniéré, et important. Cet homme, madame, est un notaire.

MADAME DERNETTI.

Ah! Ah!

BELTON.

Je pique la curiosité, j'éveille l'attention. On se presse, on nous entoure; je prends la parole à mon tour, et je dis, avec une dignité tragique : « Mesda-
« mes et messieurs, madame Dernetti vous a fait
« part de son mariage; moi, je vous invite à signer
« au contrat. Cela vous fatiguera moins qu'une an-
« glaise, et sera bien aussi agréable. » L'un arrache le parchemin, l'autre saisit une plume, un troisième court après l'écritoire. En cinq minutes, soixante personnes ont signé, et vous aussi, madame, sans réflexion et sans lire. Vous savez que l'amour a rédigé les articles, et il n'est pas spéculateur.

MADAME DERNETTI.

C'est quelque chose que cela.

BELTON.

Ah ! vous en convenez !

MADAME DERNETTI.

Oui, j'aime à vous rendre justice.

ACTE II, SCÈNE VI.

BELTON.

Voyons la suite.

MADAME DERNETTI.

Ah! il y a une suite!

BELTON.

Mon chapelain est prêt; il nous attend où vous savez, à quatre pas d'ici. Je dis un mot, je pars comme l'éclair; on vous entraîne, et vous êtes tout étonnée d'être ma femme, sans que cela vous ait coûté ni adresse ni prévoyance.

MADAME DERNETTI.

Ah! par exemple, ce tour-là est un peu gai.

BELTON.

Je crois qu'il vaut bien tous les vôtres.

MADAME DERNETTI.

Je suis vaincue, il faut que je l'avoue; mais je me vengerai. Vous allez être mon mari; c'est là que je vous attends.

BELTON.

Un mari toujours sensible, toujours délicat, toujours empressé, n'a jamais rien à craindre.

MADAME DERNETTI.

Mon cher ami, voilà la véritable recette; tâchez de vous en souvenir.

SCÈNE VII.

BELTON, CLAUDINE, MADAME DERNETTI, HONORINE.

HONORINE.
Madame, votre marchande de modes.

BELTON.
Ah! voyons l'ajustement de noces.

MADAME DERNETTI.
J'avoue encore que je n'en avais pas prévu l'usage.

BELTON.
Oh! j'ai prévu bien autre chose; et pour peu que cela vous plaise...

MADAME DERNETTI, riant en sortant avec Belton.
Non, non. Je ne suis pas fâchée qu'il me reste quelque chose à prévoir.

SCÈNE VIII.

CLAUDINE, HONORINE.

CLAUDINE, dans le plus grand désordre.
C'en est donc fait! Cette nuit rompt à jamais tous les nœuds... Infortunée!

HONORINE, un peu derrière.
Ah! mon Dieu! qu'a-t-il donc, ce cher enfant?

CLAUDINE.
Cruelle Dernetti!

ACTE II, SCÈNE VIII.

HONORINE.

Il se plaint de madame!

CLAUDINE.

Mon courage m'abandonne. Que résoudre? que faire?... je fuirai... oui, je fuirai. Je ne serai pas témoin de ce fatal mariage... Dernetti!... Belton!

HONORINE.

C'est un amant déguisé. Ah! M. Ambroise...

CLAUDINE, avec force.

Que dis-je? il n'est pas fait ce mariage... il ne l'est pas... on peut le rompre... je le romprai. Un infortuné qui se noie saisit, tout d'une main désespérée, tout, jusqu'à la vague qui va le submerger.

HONORINE.

Et moi, qui, modestement, avais des vues sur lui....

CLAUDINE.

Je vais trouver Belton, je me nomme, je me déclare... Non, je ne le verrai pas. Dominé par ses passions, entraîné par son amour, est-il en état de m'entendre?... C'est à madame Dernetti que je peindrai mon état, mon désespoir. Elle est femme; elle doit être délicate et sensible; elle aura pitié de moi.

HONORINE.

J'en doute un peu.

CLAUDINE.

Oui; c'est le seul parti auquel je puisse m'arrêter, et je vais à l'instant... (*Elle va pour sortir, et aperçoit Honorine.*) Ah! c'est vous, mademoiselle Honorine? Je vous en prie, je vous en supplie, que je voie madame, que je la voie, il le faut.

HONORINE.

Si vous aviez agi selon les règles, si vous vous étiez confié à moi, je vous aurais averti des difficultés...

CLAUDINE.

Eh! je les connais toutes! je sais trop que je n'ai plus rien à redouter...... Allez, allez donc. Chaque minute est un siècle qui ajoute à l'horreur de ma situation.

HONORINE.

Puisque monsieur me l'ordonne...

CLAUDINE.

Ai-je des ordres à donner? Un peu de complaisance, voilà tout ce que j'espère, tout ce que j'ose attendre de vous.

HONORINE, à part.

Par quelle fatalité ne s'attache-t-on jamais à l'objet à qui l'on sait plaire? S'il m'avait aimée, moi...

CLAUDINE.

Eh! par grace, Honorine...

HONORINE.

J'y vais, monsieur, j'y vais.

SCÈNE IX.

CLAUDINE, seule.

Elle va venir, elle va me connaître..... me pardon-

ACTE II, SCÈNE XI.

nera-t-elle d'oser aimer Belton, de me déclarer sa rivale?... Si cet aveu, loin de la toucher, révoltait son orgueil; si un éclat humiliant était le seul fruit d'une démarche... Ah! Benjamin! Benjamin! je m'exposerai à tout : ton intérêt, mon devoir, me l'ordonnent, et je dois n'écouter qu'eux. On vient... je tremble. Mes genoux ploient... je ne me soutiens plus.

SCÈNE X.

HONORINE, CLAUDINE, Madame DERNETTI.

MADAME DERNETTI.

Et c'est à moi qu'il veut parler? cela me paraît étonnant.

HONORINE.

Son trouble, le désordre de ses idées, annoncent une confidence qui pourra vous amuser.

MADAME DERNETTI.

Il suffit; laisse-nous.

SCÈNE XI.

CLAUDINE, Madame DERNETTI.

MADAME DERNETTI.

Claude, vous avez, dit-on, quelque chose d'important à me confier?

CLAUDINE.

Oui, madame. J'ai voulu vous voir, vous parler, vous confier mes peines. Je l'ai demandé avec ardeur.... Maintenant, les mots expirent sur mes lèvres... je ne puis...

MADAME DERNETTI, affectueusement.

Qu'avez-vous, mon ami? Quels peuvent être vos chagrins?

CLAUDINE.

Des chagrins! ah! oui, j'en ai..... Faut-il vous les faire partager?...

MADAME DERNETTI.

Vous m'étonnez, Claude. Que peut-il y avoir de commun entre nous?

CLAUDINE.

Vous voyez ma timidité, mes alarmes.... daignez me rassurer; arrachez-le moi, ce malheureux secret, qui me fatigue, qui m'oppresse, et qui ne peut s'échapper.

MADAME DERNETTI, avec réserve.

Je n'imagine pas, Claude, que vous puissiez me rien dire qui soit indigne de moi.

*CLAUDINE.

Hélas! puis-je offenser personne? C'est moi qui fus outragée, et c'est moi qui suis punie... Cet enfant... ce malheureux enfant...

MADAME DERNETTI.

Poursuivez, mon ami.

CLAUDINE.

Cet enfant... ah! madame!

MADAME DERNETTI.

Eh bien, cet enfant?

ACTE II, SCÈNE XI.

CLAUDINE.

Un étranger traverse notre village; il trouve à l'écart une pauvre fille, qui, pour son malheur, avait quelque beauté; elle ne soupçonnait pas qu'il existât des vices; et cet homme, abusant de son innocence, la laissa en proie aux regrets qui suivirent un crime dont elle ne fut pas même la complice.

MADAME DERNETTI, d'un ton pénétré et impatient.

Achevez, achevez donc.

CLAUDINE.

Elle devint mère. Son respectable père rougit pour la première fois; il ne put accoutumer ses yeux à des objets qui, sans cesse, lui rappelaient sa honte. Il chassa sa malheureuse fille, qui traîna dans nos montagnes son enfant, sa misère et son désespoir.

MADAME DERNETTI, en désordre.

Mais le père?.... le père de l'enfant?..... c'est de lui qu'il faut m'entretenir.

CLAUDINE.

Tout entier à d'autres amours, il oublie et son fils et sa déplorable mère. Cette nuit, il élève, entre eux et lui, une insurmontable barrière.

MADAME DERNETTI, s'écriant.

Belton est le coupable!

CLAUDINE, tombant à ses genoux.

Et voilà sa victime.

MADAME DERNETTI.

Cruelle fille! que m'avez-vous appris? (*Très-froidement.*) Mademoiselle, votre situation me touche; cependant, je ne vois pas ce que je puis faire pour vous.

CLAUDINE, tristement.

Vous ne le voyez pas!

MADAME DERNETTI.

Parlez, mademoiselle, que me demandez-vous?

CLAUDINE.

Tout, madame, tout. Hélas! je n'ai, pour vous toucher, que l'excès du malheur. Jugez de l'horreur de mon sort, par l'état humiliant où je ne crains pas de m'abaisser. C'est la mère de Benjamin, qui embrasse les genoux de celle qui va lui ravir son père; qui est réduite à implorer sa générosité, sa protection... Ne condamnez pas mon enfant à une éternelle proscription. Délivrez-nous tous deux du poids de l'infamie; entendez ma voix suppliante; que ce ne soit pas en vain que j'aie rougi devant vous. Ne me repoussez pas, madame, ne me repoussez pas. Il est là-haut un être qui compte les larmes de l'innocence, et qui bénit celui qui les recueille.

MADAME DERNETTI, la relevant.

Levez-vous, levez-vous donc, mademoiselle. (*Après un temps.*) Vous m'embarrassez beaucoup... je ne sais que vous répondre... je voudrais... je ne puis... (*Très-vivement.*) Mais par quelle singularité m'avoir choisie pour un aveu de cette espèce? voilà ce qui ne s'est jamais vu, et il faut que cela m'arrive, à moi! Votre confidence ne me flatte pas du tout, mademoiselle; elle est déplacée, pénible, inconcevable.

CLAUDINE.

Je souffre, madame; vous le voyez, et vous ne prononcez pas!

ACTE II, SCÈNE XI.

MADAME DERNETTI.

Je souffre aussi, mademoiselle. Croyez-vous que je vous aie entendue de sang-froid?... Mais enfin, que pouvez-vous raisonnablement attendre de moi? dois-je me punir d'une faute, qui m'est tout-à-fait étrangère? D'ailleurs, dépend-il de moi de ramener à vous un homme (*adoucissant le ton;*) qui paraît vous avoir oubliée, qui m'aime, qui m'est cher, et avec qui je ne romprai pas parce que vous avez à vous en plaindre?

CLAUDINE.

Ainsi donc, personne ne répond au cri de ma douleur! Les cœurs se ferment, me rejettent... La mort, la mort..... voilà ce qui me reste!

MADAME DERNETTI.

Elle m'accuse maintenant. Tout ceci est bien extraordinaire. Dites-moi, fille injuste, que me reprochez-vous? vous traité-je avec dureté? douté-je de votre candeur? soupçonné-je un récit dont vous seule attestez la vérité? je vous plains, je partage votre peine, je ferai tout pour l'adoucir; mais je ne puis renoncer à Belton; le sacrifice est au-dessus de mes forces; je ne vous le dois point; il serait absurde de l'exiger; il est même indécent de me presser ainsi. (*Claudine se trouve mal, madame Dernetti court à elle.*) Mademoiselle... mademoiselle.... et personne pour la secourir! Ma bonne amie, reprenez vos sens, revenez à vous.... je n'ai pas voulu vous affliger davantage. S'il m'est échappé quelque chose... (*Elle cherche dans ses poches.*) Et je n'ai pas mon flacon... Au contraire, je dois l'avoir... (*Elle cherche encore.*) Et non, je ne l'ai pas... En honneur, je ne sais plus, à mon tour, ce que je fais, ni ce que je dis. (*Elle appelle.*) Honorine! Honorine!

SCÈNE XII.

CLAUDINE, Madame DERNETTI, HONORINE.

MADAME DERNETTI.

Eh! venez donc, mademoiselle. J'appelle, je m'écrie, et vous n'entendez rien.

HONORINE.

Qu'avez-vous donc, madame?

MADAME DERNETTI, montrant Claudine.

Ce que j'ai! ne le voyez-vous pas?

HONORINE, soulevant Claudine.

Je vais le conduire chez son maître.

MADAME DERNETTI.

Chez son maître! non, mademoiselle, vous ne le conduirez pas chez son maître. (*A part.*) Je ne veux pas qu'elle rentre là.

HONORINE.

Donnez-moi du moins vos ordres, madame. Où le conduirai-je donc?

MADAME DERNETTI.

Partout, excepté là. Dans votre chambre, si vous voulez.

HONORINE, souriant.

Dans ma chambre, madame?

MADAME DERNETTI.

Dans la vôtre, dans la mienne, qu'importe?

HONORINE.

Dans la mienne, madame, puisque cela est indifférent.

MADAME DERNETTI.

A la bonne heure.

HONORINE.

Ses grands yeux se rouvrent, il reprend ses sens. Comme cet air de langueur lui va bien! Regardez-le donc, madame.

MADAME DERNETTI.

L'observation est heureuse... Voyez si elle finira! Cette fille est d'une maladresse! Sortez, sortez donc, je le veux, je vous l'ordonne.

SCÈNE XIII.

MADAME DERNETTI, seule.

Quel fâcheux incident! quelle position est la mienne! Au moment même où je touche au bonheur, le sort me trouve une rivale, je ne sais où; elle entre ici, je ne sais comment; et je m'alarme, je ne sais pourquoi, car elle ne peut être à craindre, et, s'il fallait juger les hommes sur certains écarts de jeunesse...... L'occasion, d'ailleurs, se présente quelquefois si naturellement, qu'en vérité on ne peut leur faire un crime... Cette fille, cependant, ne me paraît pas méprisable. Son air, son langage, sa douceur, ont un caractère...

Ce M. Belton avait bien affaire de courir les montagnes de la Savoie!... Voilà comme ils sont tous. Parlant sans cesse d'aimer, et ne connaissant que le plaisir; sans reconnaissance, sans humanité; sacrifiant la femme qu'ils ont trompée à celle qu'ils veulent tromper encore; promettant le bonheur, et ne faisant que des victimes; par combien de bassesses, de mensonges, ils arrivent à une vieillesse prématurée, qu'empoisonne le mépris, que poursuit le remords!... Tout cela est bien beau, bien vrai; ces réflexions sont sublimes; mais elles ne décident rien, et il faut prendre un parti.

SCÈNE XIV.

MADAME DERNETTI, HONORINE.

HONORINE.
Madame appelle?

MADAME DERNETTI.
Non, madame n'appelle pas.

HONORINE.
Madame paraît inquiète.

MADAME DERNETTI.
De quoi vous mêlez-vous?

HONORINE.
Si madame voulait me dire...

MADAME DERNETTI.
Si mademoiselle voulait se taire... Quelle fureur avez-vous donc de vouloir me pénétrer malgré moi?

Envoyez-moi Ambroise, envoyez-le-moi à l'instant. C'est un homme droit, je veux l'interroger; et vous, mademoiselle, gardez le silence le plus absolu, et sur vos conjectures, et sur les conséquences que vous ne manquerez pas d'en tirer.

SCÈNE XV.

HONORINE, seule.

Elle a de l'humeur, beaucoup d'humeur. Le prétendu Claude s'est déclaré; voilà ce que je conjecture. Il a déplu, voilà ma conséquence. Cependant, on est préoccupée, irrésolue, et rien de si aisé que de se défaire d'un importun. D'ailleurs, on veut interroger Ambroise... il y a quelque chose... il y a quelque chose. Voilà ce que je grille de savoir, ce que j'ignore, et ce qui est humiliant, désespérant, diabolique. Exécutons les ordres de madame, amenons-lui Ambroise. On ne me renverra pas, je l'espère. D'ailleurs, j'entends fort bien par le trou de la serrure, et ce sera mon pis-aller.

FIN DU DEUXIÈME ACTE.

ACTE III.

SCÈNE PREMIÈRE.

HONORINE, seule.

Je ne reviens pas de ma surprise. Ce petit Claude, si joli, si séduisant, que j'étais si disposée à aimer, que j'aimais peut-être déja, dont j'ai envié un moment la conquête à madame, cè petit Claude n'est plus qu'une jeune fille, bien intéressante et bien malheureuse, que le trop aimable Belton a trompée comme cent autres. Et je n'ai pas deviné cela! Et le bonhomme Ambroise a mis en défaut ma pénétration, s'est joué de ma crédulité! Il n'est pas possible d'être plus complètement dupe de soi-même et des autres.

SCÈNE II.

AMBROISE, HONORINE.

AMBROISE.

Que je suis aise de vous rencontrer, mademoiselle Honorine!

ACTE III, SCÈNE II.

HONORINE, d'un petit air piqué.

Vous n'y gagnerez pourtant rien, monsieur Ambroise.

AMBROISE.

Quoi! refuserez-vous de m'instruire des desseins de madame sur cette pauvre Claudine?

HONORINE.

Vous instruire! vous adresser à moi, dont vous vous êtes éloigné avec affectation, que vous n'avez pas jugée digne de votre confiance? Vous êtes perdu dans mon esprit, mais perdu sans retour.

AMBROISE.

Pouvais-je vous confier un secret qui n'était pas le mien, demander vos bons offices dans une entreprise que je condamnais, et dont j'aurais voulu détourner cette infortunée? Mademoiselle Honorine, ne vous jouez pas de mon inquiétude; rassurez-moi sur le sort de cette enfant. Je vous ai laissée avec madame; qu'a-t-elle fait? qu'a-t-elle dit? qu'a-t-elle résolu? Répondez-moi, de grace, répondez-moi.

HONORINE.

Ce cher Ambroise! Dissipez vos alarmes. Une femme enjouée, sensible et généreuse concevoir une méchanceté, et la consommer froidement! cela ne se peut pas. Claudine n'a rien à craindre.

AMBROISE.

Je ne sais, mademoiselle Honorine; mais je ne suis pas sans inquiétude. Madame écoutait mon récit avec bonté; elle paraissait touchée, lorsqu'un sentiment contraire a paru l'agiter... Elle se lève, me fait retirer...

HONORINE.

Et se promène à grands pas dans son appartement. Elle s'assied, se lève encore, s'arrête devant une glace, se regarde avec complaisance, et dit à demi voix: Oui, je le fixerais, si un tel homme se fixait jamais. Un soupir allait s'échapper ; elle voit que je l'observe, et se met à son piano. L'instrument est sourd, discord ; deux ou trois morceaux sont détestables. On essaie des pastels; la main est pesante. On efface, on recommence, on déchire, et les crayons volent en éclats. Enfin, on s'aperçoit qu'on fait l'enfant, on en convient de bonne foi; un sourire annonce le calme, et on me fait la grace de m'adresser la parole. On conçoit d'abord mille projets extravagans, inexécutables. On réfléchit ensuite, et on s'arrête à celui-ci. Nous avons, dans les vallées du Piémont, une jolie habitation et quelques arpens. Claudine en aura la propriété; mais elle partira sans voir Belton, et sans espoir de le revoir jamais.

AMBROISE.

Non, mademoiselle, non. Claudine est malheureuse, elle n'est pas méprisable, et personne n'a le droit de l'avilir. Qui osera mettre un prix à son honneur, et se flatter de le lui faire recevoir? Tant que je lui resterai, elle ne sera à la merci de personne. Qu'on me la rende, qu'on me la rende à l'instant. Je l'arrache de cet hôtel, je la conduis hors de la ville, je lui donne tout ce que je possède au monde, et je me repose sur l'active et bienfaisante providence du soin de la soutenir et de la consoler.

HONORINE.

Plaisanterie à part, voilà de la véritable grandeur : l'entourage n'est quelque chose, que quand l'individu n'est rien. J'entends quelqu'un. C'est madame, sans doute. Laissez-moi; je vais lui parler encore, et vous pouvez tout attendre de l'intérêt que vous m'inspirez.

AMBROISE.

Veillez, mademoiselle Honorine, veillez exactement sur cette triste victime. Instruisez-moi des moindres détails, et, surtout, que personne ici n'oublie que je représente son malheureux et respectable père, et que j'ai seul le droit de prononcer sur son sort.

SCÈNE III.

HONORINE, madame DERNETTI.

HONORINE, voyant venir madame Dernetti.

Son air est tranquille, enjoué même. Voilà l'état où elle doit être pour m'entendre. Madame paraît remise.

MADAME DERNETTI.

Mais, je le crois.

HONORINE.

Il était difficile de se défendre d'un moment d'humeur...

MADAME DERNETTI.

Et cela fait un mal, mais un mal!...

HONORINE.

Qui dure peu quand on a de la raison...

MADAME DERNETTI.

On pardonne un moment d'erreur, de faiblesse...

HONORINE.

Sans doute. Ces messieurs sont faits ainsi.

MADAME DERNETTI.

Mais, se faire un jeu de la séduction, de la perfidie; ériger les vices du cœur en principes, perdre sans pitié un enfant de quatorze ans...

HONORINE.

Oh! c'est affreux!

MADAME DERNETTI.

A propos, et Claudine?

HONORINE.

Elle se dispose à partir.

MADAME DERNETTI.

A-t-elle paru satisfaite de mes arrangemens?

HONORINE.

Elle n'a pas répondu, madame, elle a pleuré.

MADAME DERNETTI.

Mais, c'est répondre...

HONORINE.

Sans rien dire : des pleurs marquent également la surprise, la joie, la tristesse; c'est tout ce qu'on veut que des pleurs. D'ailleurs, madame s'inquiète peu que ses ordres flattent ou non.

MADAME DERNETTI.

Pas du tout, Honorine : je voudrais la savoir heureuse... Elle est vraiment à plaindre cette fille-là.

HONORINE.

Mais, madame, je fais un raisonnement...

ACTE III, SCÈNE III.

MADAME DERNETTI.

Tu raisonnes donc ?...

HONORINE.

Rarement, cela fatigue ; mais, que ne fait-on pas pour vous ?

MADAME DERNETTI.

Eh bien, ce raisonnement...

HONORINE.

Si un penchant décidé eût uni Belton à Claudine ; si on avait à craindre qu'il reprît ses premiers fers, il serait prudent de les séparer pour jamais. Mais, si le premier minois fripon a le droit de lui tourner la tête ; si la fantaisie, le caprice, l'entraînent sans cesse vers des objets nouveaux ; si l'habitude lui fait un besoin de l'inconstance, qu'aurez-vous gagné en éloignant cette fille ? il trouvera mille Claudine dans Turin, et vous n'exilerez pas toute la ville.

MADAME DERNETTI.

Tu as raison.

HONORINE.

Il a déja eu ici quelques petites aventures...

MADAME DERNETTI.

Je le sais, et tout cela est effrayant.

HONORINE.

Dans le fait, c'est une terrible chose que le mariage.

MADAME DERNETTI.

Tous les dangers sont pour nous.

HONORINE.

Un homme ne risque rien...

MADAME DERNETTI.

Que de faire le malheur de sa femme...

HONORINE.

Qui a bien, à la vérité, certains petits moyens de consolation...

MADAME DERNETTI.

Honorine !

HONORINE.

Mais qui ne s'en sert jamais : c'est convenu. Ainsi, une femme jeune, aimable, sensible, que néglige un époux volage, est absolument sans ressources. Se plaint-elle...

MADAME DERNETTI.

Il l'évite...

HONORINE.

Et la voilà seule avec sa vertu...

MADAME DERNETTI.

Qui fait supporter bien des choses...

HONORINE.

Mais, qui n'a rien de bien amusant.

MADAME DERNETTI.

C'est pourtant là le sort de la plupart des femmes.

HONORINE.

Il serait dur d'en augmenter le nombre. Au reste, quand on a prévu le danger, il est facile de s'y soustraire.

MADAME DERNETTI.

Quand on n'aime pas.

HONORINE, vivement.

Vous êtes sauvée.

ACTE III, SCÈNE III.

MADAME DERNETTI.

Tu prétends...

HONORINE.

Non, madame, vous ne l'aimez pas. Vous avez désiré la conquête d'un homme à la mode, qui ne devait pas vous échapper. Quelques agrémens personnels, un caractère facile, des attentions flatteuses, certains rapports d'esprit et de goût, ces entretiens si vifs, si variés, ces tableaux piquans, enfans d'une aimable folie, mais étrangers au sentiment, tout cela vous a plu, vous a amusée un moment; votre imagination brillante a paré l'illusion des formes de la vérité. Que vous dirai-je enfin ? vous avez cru vous aimer, vous vous êtes trompés l'un et l'autre. Cela est si vrai, qu'en ce moment même votre cœur n'est pour rien dans les combats que vous vous livrez; ce n'est pas lui qui souffre; l'amour-propre seul est affecté. Le regret de n'avoir adopté qu'une chimère, le désagrément d'en convenir, la crainte, l'embarras d'une rupture, voilà ce qui vous agite. Mais, de l'amour!... si vous en avez, vous en avez si peu, si peu, qu'en honneur ce n'est pas la peine d'en parler.

MADAME DERNETTI.

Tu es bien sûre de cela, Honorine ?

HONORINE.

Oh! très-sûre, madame : je vois mieux que vous dans votre cœur. Vous avez du caractère, et, sans effort, sans faiblesse, vous remercierez Belton avec cette gaîté, cette amabilité qui vous caractérisent.

MADAME DERNETTI.

Quoi! si brusquement? sans réfléchir, sans attendre?...

HONORINE.

Qu'il n'y ait plus de remède? On vous épouse ce soir, et vous gémirez demain. Non, madame, vous ne vous sacrifierez pas au plaisir de faire un ingrat; vous conserverez votre repos et votre liberté. La société vous réclame, continuez d'en faire l'ornement et les délices. Vivez pour vous et pour ceux qui vous savent bon gré de vouloir bien être charmante.

MADAME DERNETTI.

Rompre avec Belton! c'est d'une bizarrerie, d'une extravagance...

HONORINE.

L'épouser serait d'une témérité, d'une déraison!...

MADAME DERNETTI.

Mais, le ridicule?...

HONORINE.

On s'en moque.

MADAME DERNETTI.

La malignité...

HONORINE.

On la brave.

MADAME DERNETTI.

Le monde...

HONORINE.

Est un sot.

MADAME DERNETTI.

Qu'il faut ménager...

HONORINE.

Quand on lui fait l'honneur de le craindre. Avec un peu d'esprit, on en fait ce qu'on veut. Voici Belton.

SCÈNE IV.

HONORINE, MADAME DERNETTI, BELTON.

MADAME DERNETTI.

Il est vraiment bien, cet homme-là.

HONORINE.

Où serait le mérite de désoler un magot?

BELTON, s'approchant.

Une conférence secrète!

MADAME DERNETTI.

Honorine, il me vient une idée.

HONORINE.

Il faut la suivre, madame.

MADAME DERNETTI, après lui avoir parlé bas.

Enfin une mise élégante, mais simple.

HONORINE.

Je vous devine. Charmant! délicieux!

MADAME DERNETTI.

N'est-il pas vrai? Va donc, va.

BELTON.

Comment donc, du mystère?

HONORINE, sortant.

Pas d'impatience, on ne vous fera pas languir.

SCÈNE V.

Madame DERNETTI, BELTON.

BELTON.

Du mystère, deux heures avant la noce?

MADAME DERNETTI.

Cela vous étonne?

BELTON.

Et me pique.

MADAME DERNETTI.

Que voulez-vous? les femmes sont comme cela. Oh! elles ont des défauts cruels.

BELTON.

Et vous en convenez? vous êtes modeste.

MADAME DERNETTI.

Vous ne l'auriez pas cru?

BELTON.

Je l'avoue. Il est des femmes à qui un peu de vanité sied tant, à qui elle est si pardonnable!

MADAME DERNETTI.

Moi, je ne me pardonne rien. J'ai un défaut capital, et j'en conviens de bonne foi.

BELTON.

Ah! ah!

MADAME DERNETTI.

Quoi! vous n'avez pas remarqué ma légèreté, mon inconséquence? Jamais je ne suis d'accord avec moi-même; jamais je ne sais ce que je veux.

BELTON.

Savez-vous que vous m'inquièteriez, si j'étais moins sûr de vous?

MADAME DERNETTI.

Savez-vous que je tremblerais, si je comptais moins sur votre indulgence?

BELTON.

Ah! bon Dieu! ceci devient sérieux.

MADAME DERNETTI.

Beaucoup plus que vous ne pensez. Je croyais vous aimer...

BELTON.

Moi, je vous en réponds.

MADAME DERNETTI.

Je me flattais de posséder votre cœur.

BELTON.

Il est tout à vous.

MADAME DERNETTI.

Pas du tout. Nous n'avons fait qu'un rêve agréable. L'instant du réveil est venu, et le charme s'évanouit.

BELTON.

Voilà la lubie la mieux conditionnée...

MADAME DERNETTI.

Tout comme il vous plaira.

BELTON.

Enfin, femme capricieuse et charmante, où voulez-vous en venir?

MADAME DERNETTI.

A une conséquence toute simple. Le mariage est une affaire beaucoup trop sérieuse pour nous, et nous resterons où nous en sommes, si vous voulez bien le permettre.

BELTON, piqué.

Par exemple, madame...

MADAME DERNETTI.

Non, nous ne nous convenons pas du tout. D'ailleurs, mon cher ami, je sais de vos nouvelles.

BELTON.

Quoi! des liaisons sans conséquence, de pures bagatelles vous paraissent...

MADAME DERNETTI.

Des bagatelles! l'expression est heureuse. Ah, un voyageur voit les choses en grand, et ne s'arrête pas aux détails.

BELTON.

Un voyageur?

MADAME DERNETTI, le fixant.

Rien n'est plus dangereux que la manie des voyages. Elle isole, elle flétrit le cœur. L'habitude de ne voir que des objets nouveaux, fait qu'insensiblement on se détache de tout.

BELTON.

Vous pourriez bien avoir raison.

MADAME DERNETTI.

On passe, on s'inquiète peu de ce qu'on laisse après soi : s'occupe-t-on, à cinquante lieues, de ceux qu'on a condamnés aux larmes, au désespoir? On s'étourdit sur le mal qu'on a fait; on l'oublie. Ceux qui souffrent ne l'oublient pas.

BELTON.

Je ne crois pas avoir à me reprocher...

MADAME DERNETTI.

Vous ne le croyez pas! et votre voyage aux Glaciers? et la vallée de Chamouni? et le Montanverd?

BELTON, avec timidité, cherchant à la pénétrer.

Le Montanverd?

MADAME DERNETTI.

Vous le connaissez, le Montanverd?

BELTON, baissant les yeux, et balbutiant.

Oui, madame, j'y ai passé.

MADAME DERNETTI.

Vous vous en souvenez?

BELTON.

Je m'en souviens.

MADAME DERNETTI.

Et votre cœur ne vous fait pas de reproches?

BELTON.

De grace, épargnez-moi.

MADAME DERNETTI.

La ruine de cette enfant n'est-elle à vos yeux qu'une chose sans conséquence, qu'une pure bagatelle? Sa jeunesse, son innocence, ne devaient-elles pas vous la rendre respectable? vous en êtes-vous depuis occupé un moment? vous êtes-vous informé de son sort? avez-vous même pensé aux maux incalculables que vous avez accumulés sur sa tête?

BELTON, avec timidité.

Elle est en effet malheureuse?

MADAME DERNETTI.

Et sa misère est votre ouvrage.

BELTON.

Je l'en garantirai.

MADAME DERNETTI.

Je vous ai prévenu.

BELTON.

Vous, madame?

MADAME DERNETTI.

Moi, qui ne lui dois rien.

BELTON.

Vous la connaissez donc?

MADAME DERNETTI.

Je la connais.

BELTON.

Et sa conduite?...

MADAME DERNETTI.

Fut toujours digne d'éloges.

BELTON.

Elle était sage! Ah! qu'ai-je fait!

MADAME DERNETTI.

Vous ne connaissez encore que la moitié de vos torts.

BELTON.

Achevez donc, madame.

MADAME DERNETTI.

Vous l'avez rendue mère.

BELTON.

Grand Dieu!

MADAME DERNETTI.

Méconnue par un père vertueux et rigide, abandonnée de toute la nature, livrée aux horreurs de l'indigence, mais toujours fidèle à ses devoirs, elle vous a conservé votre fils; elle l'a nourri de ses sueurs, des bienfaits des ames sensibles; elle l'a conduit dans vos bras, et c'est lui que vous avez embrassé.

BELTON, s'écriant.

Benjamin! (*Avec un serrement de cœur.*) Ah! madame, que je me sens humilié!

MADAME DERNETTI, lui serrant la main.

Bien, mon ami, bien! Celui qui rougit de ses fautes n'est pas loin de les réparer. Honorine, faites entrer.

BELTON.

De grace, madame, éclairez-moi, conseillez-moi, conduisez-moi.

MADAME DERNETTI.

Qui se repent, ne prend conseil que de lui-même. Interrogez votre cœur, consultez votre conscience Voilà les juges incorruptibles qu'il faut seuls écouter.

SCÈNE VI.

Madame DERNETTI, BELTON, HONORINE, CLAUDINE, en habit de son sexe, mise avec une élégante simplicité, conduite par Honorine, et tenant BENJAMIN par la main.

(On s'observe quelque temps du coin de l'œil. Honorine envoie Benjamin vers Belton ; celui-ci l'embrasse avec transport, et s'approche vivement de sa mère. Il s'arrête à quelques pas. Belton, Claudine, sont l'un vis à vis de l'autre, les yeux baissés.)

MADAME DERNETTI, à Belton.

Allons, mon cher ami, un peu de courage. N'en avez-vous que pour vous rendre coupable ? Reprenez cet air ouvert, riant, qui annonce un homme content de lui, ou bien près de le devenir. Mais, regardez-la donc. Elle est jolie, sensible, spirituelle ; (*Belton jette un coup d'œil à la dérobée sur Claudine.*) c'est la mère de Benjamin. (*Elle prend Claudine et Belton par la main, et les attire l'un à côté de l'autre. Ils restent comme madame Dernetti les a placés, toujours les yeux baissés.*) Ils sont interdits, embarrassés. Honorine, retirons-nous : nous sommes de trop ici.

(Elle baise Claudine au front, et sort avec Benjamin et Honorine.)

SCÈNE VII.

BELTON, CLAUDINE.

BELTON.

Je l'avoue, mademoiselle, je suis dans un extrême embarras.

CLAUDINE.

Hélas, monsieur, vous voyez le mien!

BELTON.

J'ose à peine vous fixer.

CLAUDINE.

Vous me haïssez donc?

BELTON.

Je vous crains.

CLAUDINE, avec une extrême douceur.

Vous me craignez, monsieur Belton!

BELTON.

J'ai tant de reproches à me faire!

CLAUDINE.

Ah! vous en fais-je aucun?

BELTON.

Vous avez tant souffert!

CLAUDINE.

Je l'avais oublié.

BELTON.

Ah! malheureux, quel cœur j'ai déchiré!

CLAUDINE.

Ne parlons plus de cela; c'est moi qui vous en prie.

BELTON.

Quoi! vous me pardonnez!

CLAUDINE.

N'êtes-vous pas le père de Benjamin?

BELTON.

Ce mot me dicte mon devoir. Une éducation

vicieuse, une jeunesse ardente, trop d'opulence, l'exemple d'un monde corrompu, tout a contribué à ma perte. Ce moment me rend à l'honneur ; il ne sera pas perdu pour la vertu. Vous avez oublié mon crime ; je n'ai qu'un moyen de le réparer. Mettez le comble à vos bontés, acceptez ma fortune et ma main. Je vous demanderai votre cœur quand je l'aurai mérité.

CLAUDINE, lui présentant la main.

Que le vôtre soit le prix du mien !

(Belton saisit sa main et la baise.)

SCÈNE VIII.

BELTON, CLAUDINE, AMBROISE, BENJAMIN, Madame DERNETTI, HONORINE.

AMBROISE, frappant sur l'épaule à Belton.

A merveilles, à merveilles, monsieur Belton ! Tous les hommes font des fautes ; bien peu les réparent comme vous.

MADAME DERNETTI.

Embrassez-moi, Belton. (*Ils s'embrassent. A Claudine.*) Ma chère amie, il voulait des conseils, j'avais lu dans son ame, je me suis bien gardée de rien dire. Jouissez de son retour, il lui appartient tout entier. (*A Belton.*) Mon ami, Ambroise prendra votre voiture, il nous amènera le père Simon. Vous accueillerez un vieillard, à qui vous

ACTE III, SCÈNE VIII.

devez un dédommagement, et le bonheur de sa fille est le plus doux que vous puissiez lui offrir. Allons, mon ami, l'heure approche; préparons-nous pour une fête, dont le but ne sera pas manqué : elle célèbrera votre réunion. Belton, l'homme noir n'aura qu'un nom à changer : ce que je voulais faire pour vous, je le ferai pour Claudine. (*A Claudine.*) Mon enfant, les dons de l'amitié n'humilient jamais : vous ne me refuserez pas. C'est le tribut d'un bon cœur, qui a vu vos peines, qui les a partagées, et qui s'applaudit de pouvoir contribuer à votre bonheur.

FIN DE CLAUDINE DE FLORIAN.

LA LANTERNE MAGIQUE,

OU

LE CORDONNIER DE DAMAS,

PIÈCE CURIEUSE

EN TROIS ACTES ET EN PROSE.

PRÉFACE

Par MARTINVILLE.

Un beau jour Pigault, mécontent
Des cordonniers de sa patrie,
Voulut nous prouver le talent
Des cordonniers de la Syrie.
Je n'ai vu qu'un faible ouvrier.
D'être bien chaussé, je me pique :
Ce n'est pas à son cordonnier
Que je donnerai ma pratique.

PERSONNAGES.   ACTEURS.

NADIR, bacha, gouverneur de Damas.   Guibert.
HERCIDE, jeune Circassien.   Valcour.
MORAD, cordonnier de Damas.   Dumont.
ALI, chef des eunuques du sérail.   St.-Martin.
ACOMAT, eunuque.   Raffile.
HUSSEIN, *idem.*   Boicheresse.
ATALIDE, jeune Circassienne, esclave du bacha de Damas.   *Mesd.* Truchy.
PIRRHA, femme de Morad.   Chesnier.

Personnages muets.

Eunuques blancs et noirs.
Gardes.
Femmes du sérail.

La scène est à Damas.

Représentée, pour la première fois, à Paris, sur le théâtre de la Cité-Variétés, le 24 nivose an VI de la république.

LA LANTERNE MAGIQUE,

OU

LE CORDONNIER DE DAMAS.

ACTE PREMIER.

Le théâtre représente la boutique de Morad, garnie des ustensiles de la cordonnerie.

SCÈNE PREMIÈRE.

HERCIDE, D'ABORD SEUL, PUIS PIRRHA.

HERCIDE, entrant et se frottant les yeux.

Il est déjà grand jour. Vite, à l'ouvrage. (*Il s'assied sur un carreau.*) Ne nous brouillons pas, s'il est possible, avec l'ami Morad, le cordonnier le plus vaniteux, et le plus bourru de l'empire ottoman. (*Il travaille.*) Il est plaisant que le fils du gouverneur de Tamar apprenne à faire des babouches à Damas. Quelqu'affligeante que soit la métamorphose, nos aimables ne pourraient s'empêcher d'en rire, et, foi de musulman, je suis tenté d'en rire moi-même. Cet amour!... cet amour, que de choses il fait faire! Tu l'as voulu, Hercide! il faut prendre ton parti.

(Il travaille.)

PIRRHA, entre et donne le coup d'œil à la boutique.

Déja à l'ouvrage! Il est charmant, ce petit Hercide.

(Elle lui jette un coup d'œil expressif, et sort.)

HERCIDE, sans prendre garde à Pirrha.

Mon parti! je suis en vérité trop heureux d'être apprenti cordonnier. Fatigué des conquêtes faciles, et résolu de me fixer, je sors de Tamar avec dix mille sequins, et je m'enfonce dans les forêts de la Circassie : c'est le pays de la beauté. J'en rencontre mille qui n'ont que des attraits, et je passe outre. J'arrive un soir chez la respectable Roxane. Son air, ses manières, sa conversation m'attachent, m'intéressent. J'apprends qu'elle a passé sa jeunesse à Tamar, et que les suites d'une passion malheureuse l'ont contrainte à s'exiler de sa patrie. Je la plains, je la console, je lui offre mes services. Atalide, sa belle, sa séduisante fille paraît, et je ne vois plus qu'elle. La chaumière devient un palais, le souper le plus frugal un repas délicieux. La douce confiance, l'amour naissant, l'espoir du bonheur, tout ajoute aux charmes de la soirée. Je ne marchande pas la touchante Atalide ; je propose ma main. Si j'avais eu un sceptre, je l'aurais mis à ses pieds.

(Il travaille.)

PIRRHA, met près d'Hercide un pot et une cuiller.

Voilà le déjeuner.

(Elle lui frappe doucement sur la joue, et sort.)

ACTE I, SCÈNE I.

HERCIDE.

Pendant plusieurs jours, je réitère mes instances... Mon langage, vrai comme mon cœur, brûlant comme mon amour, obtient enfin un sourire d'Atalide. Elle m'abandonne sa main, Roxane m'embrasse, et je crois toucher à la suprême félicité... Tout à coup, un bruit confus se fait entendre... je sors inquiet, troublé... c'est une horde de Tartares.... On nous entoure, on nous presse; on enlève Atalide, que je ne pouvais défendre. Égaré, hors de moi, je suis la trace des ravisseurs; j'arrive avec eux à Damas. Atalide, ma belle, ma sensible Atalide est renfermée dans le sérail du bacha. Je veux la retrouver ou mourir. J'attends la nuit, je brave tout, et je saute les murailles des jardins. Je vais, je viens, je retourne, je cherche Atalide; des eunuques me découvrent... les poignards brillent dans les ténèbres. Je fuis, je m'éloigne, et je me retrouve dans les rues de Damas. J'entre dans un caravansérail, je change mes habits contre ces guenilles, et je me dispose à sortir de la ville : l'alarme s'était répandue dans le sérail, et on examinait soigneusement ceux qui se présentaient aux portes de Damas. Je retourne sur mes pas, incertain de ce que je dois faire. Morad ouvre sa boutique. Je lui propose cinquante sequins pour m'apprendre son métier; il me prend au mot, et je suis ici à l'abri des recherches des officiers du sérail; j'habite sous le même ciel, je respire l'air que respire Atalide... Je suis à portée de tout tenter pour la rendre à l'amour. Atalide!... Atalide!

SCÈNE II.

HERCIDE, MORAD.

MORAD, brusquement.

Que diable contes-tu là? Il y a une heure que je t'entends pérorer...

HERCIDE, travaillant.

Je faisais certaines réflexions...

MORAD.

Sur notre art?

HERCIDE.

Sans doute.

MORAD.

Oh! les arts, les arts... rien n'est beau comme cela. Le gai, l'agréable, le terrible, tout me convient, tout me plaît, me séduit. C'est par amour du beau, du grand, que je me suis logé dans ces catacombes, bâties du temps des croisades, et....

HERCIDE, se pique.

Aïe! je suis d'une maladresse...

MORAD.

Oui, c'est le mot. (*Prenant la babouche que travaille Hercide.*) Cela n'est pas cousu, n'a pas de grace. Ce drôle-là me perdra de réputation.

HERCIDE.

Vous êtes vif, maître Morad.

MORAD.

Qu'on se taise, et qu'on fasse mieux.

ACTE I, SCÈNE II.

HERCIDE.

Vous avez aussi commencé.

MORAD, avec emphase.

Oui, comme les autres finissent.

HERCIDE.

J'espère, à force de soins, égaler un jour mon maître.

MORAD, avec dédain.

Ce jeune homme est avantageux. (*Il prend une de ses babouches, et la lui présente.*) Regarde, superbe, et humilie-toi. Vois cette coupe hardie, dont je suis l'inventeur; admire cette couture égale, cette élégance, cette propreté. La favorite du sérail est seule digne de chausser cette babouche.

HERCIDE, avec intérêt.

Vous chaussez la favorite du sérail?

MORAD, se mettant à l'ouvrage.

Qui la chausserait donc? Est-il à Damas une jolie femme que Morad n'ait chaussée?

(Il travaille.)

HERCIDE.

Ainsi, vous approchez quelquefois la favorite?

MORAD.

Pas du tout; l'usage le défend, et, tout entier à mon art, je m'occupe peu des femmes. Un grand homme ne veut avoir de tyran que la gloire.

HERCIDE, à part.

Le sot! (*Voulant le pénétrer.*) Si vous n'approchez pas les femmes du bacha, vous devez avoir au moins quelques relations dans le sérail?

MORAD.

Des relations! des relations! j'y ai la plus grande influence, entendez-vous, mon ami. Le bacha fait de moi un cas particulier, et il a raison.

HERCIDE.

Ah! vous voyez quelquefois le bacha?

MORAD.

Au contraire, je ne l'ai jamais vu, et, selon les apparences, je ne le verrai jamais; mais, je corresponds avec lui par la voie de l'eunuque qui vient prendre mes babouches, et je sais que je suis au mieux dans son esprit.

HERCIDE, à part.

Cet homme ne peut me servir à rien.

MORAD.

Mais, laissons tout cela, et égayons le travail par la petite chanson.

HERCIDE.

Bien pensé, maître Morad. Allons, le paradis de Mahomet; vous chantez cela comme un ange.

MORAD.

Certes, je le crois.

Premier couplet.

De mille et quelques paradis
Que promet la fable ou l'histoire,
Il n'en est qu'un où je veux croire,
Et c'est à celui des houris.
J'aurai maîtresse toujours belle,
Qui dispense d'être fidèle,
Que je changerai chaque jour.

ACTE I, SCÈNE II.

Je leur prouverai, tour à tour,
Que ma flamme est toujours nouvelle.
Vive le paradis d'amour. (*bis.*)

Deuxième couplet.

La beauté jette quelques fleurs
Sur les épines de la vie ;
Mais, la cruelle jalousie
En corrompt bientôt les douceurs.
Je veux du plaisir sans contrainte ;
Je veux, sans entendre une plainte,
Voler vers un nouvel objet.
Ah ! pour être heureux en effet,
Mes amis, jetons-nous sans crainte
Entre les bras de Mahomet.

Troisième couplet.

Il est un pays renommé,
Où la beauté, toujours sensible,
Conçoit qu'il est encor possible
D'aimer après avoir aimé.
Loin de s'aigrir pour des fadaises,
Des deux côtés on prend ses aises,
Sans faire d'éclat indiscret.
Pour goûter le bonheur parfait,
Il faut vivre avec des Françaises,
Et mourir avec Mahomet.

SCÈNE III.

MORAD, PIRRHA, HERCIDE, qui s'amuse, en travaillant, de la querelle des deux époux.

PIRRHA, à Morad.

Vous chantez! vous chantez!... Vous êtes charmant, mon mari.

MORAD.

Je le sais bien, ma femme.

PIRRHA.

Il s'agit bien de chansons.

MORAD.

J'aime la musique.

PIRRHA.

Moi, j'aime l'argent.

MORAD.

L'argent! fi donc! passion des petites ames.

PIRRHA.

Et la bonne chère?

MORAD.

J'avoue que je ne la hais pas.

PIRRHA.

Et avec quoi dîneras-tu?

MORAD.

Et les sequins d'Hercide?

PIRRHA.

Et tes dettes?

MORAD.

Je ne me mêle pas de cela.

ACTE II, SCÈNE III.

PIRRHA.

N'a-t-il pas fallu les payer?

MORAD.

Hé bien! fais-en d'autres.

PIRRHA.

Joli expédient! Si tu travaillais plus vite...

MORAD, avec importance.

Je soigne ce que je fais.

PIRRHA.

Et on meurt de faim.

MORAD.

Mais, la gloire?

PIRRHA.

Mais, ton ménage, imbécille?

MORAD, avec dignité.

Ma femme, souvenez-vous que nous ne vous avons prise que pour avoir un héritier de nos talens.

PIRRHA, avec colère.

Qu'est-ce que cela signifie? insolent, paresseux, entêté.

MORAD.

Ma petite femme, mon cœur, je ne vois pas qu'il soit nécessaire de nous dire nos vérités.

PIRRHA.

Il est au moins inutile de te répéter les tiennes.

MORAD.

En ce cas, fais m'en grace.

PIRRHA.

J'enrage.

MORAD.

A toi permis.

PIRRHA.

Et tu crois que j'enragerai en silence?

MORAD.

J'y compte.

PIRRHA.

Tu décompteras.

MORAD.

Qu'on se taise.

PIRRHA.

Chansons.

MORAD.

Je le veux, je l'ordonne.

PIRRHA.

Je parlerai, je crierai, je te désolerai, je te désespérerai.

MORAD, hors de lui.

Quoi! le bacha contient deux cents femmes, et je n'en mettrai pas une à la raison!

(On entend des éclats de rire en dehors. Hercide se retourne.)

PIRRHA.

Le bacha! A qui va-t-il se comparer?

MORAD.

La comparaison n'a rien qui cloche. Il est né à Tamar, et moi à Téméruch; son père était teinturier, et le mien corroyeur; il a voyagé, et moi aussi; il a couru à la fortune, et je me suis consacré aux arts; il a été janissaire, officier et bacha, (*avec dédain*), comme il y en a tant; j'ai été apprenti, puis maître;

ACTE I, SCÈNE III.

je suis aujourd'hui le premier homme du monde, dans mon genre, et.... qu'on me fasse bacha à mon tour...

PIRRHA.

Toi, bacha!

MORAD.

Cela m'irait comme à un autre.

PIRRHA.

Tu ferais ce que fait celui-ci?

MORAD.

C'est bien difficile!

PIRRHA.

Tu commanderais des armées?

MORAD.

Pourquoi pas?

PIRRHA.

Tu administrerais la justice?

MORAD.

A merveilles.

PIRRHA.

Tu sacrifierais tes plaisirs à tes devoirs? tu dépouillerais les attributs de la grandeur, pour chercher le malheureux sous son humble toit, le protéger, le servir?

MORAD.

Du meilleur de mon cœur : il n'y a pas de mérite à cela... Ma tête s'échauffe, mon imagination s'agrandit; je conçois des projets sublimes. J'assure la félicité publique. (*Il parcourt le théâtre.*) Je suis bacha.

PIRRHA.

Il est bacha!

(Les éclats de rire se répètent en dehors.)

MORAD, même jeu.

Je commande à Damas...

PIRRHA.

Par Mahomet, la tête lui tourne.

MORAD, même jeu.

On m'obéit, parce que je suis juste; on m'aime, parce que je suis bon; je maintiens l'ordre dans mon gouvernement; j'y appelle l'abondance; j'y anime les arts; ma vie s'écoule au milieu des bénédictions de mon siècle, et la postérité, qui juge les hommes, place mon nom parmi les noms fameux. (*A sa femme.*) Heim! qu'en dis-tu?

PIRRHA, même jeu.

Je fais enfermer mon mari dans l'hôpital des fous; (*regardant Hercide*) je me remarie à un faiseur de babouches, dont l'ambition ne passe pas la cheville du pied; il travaille, et nous avons des pratiques; il est économe, et nous ne devons rien; je le seconde, et nous vivons; ma vie s'écoule au milieu des bénédictions de ma famille, et je m'inquiète peu du jugement de la postérité (*A son mari.*) Heim! qu'en dis-tu?

MORAD.

Que ma femme a de petites vues, un entendement obtus, une ame mesquine, et qu'elle est indigne de me posséder! Que veulent ces gens-là?

SCÈNE IV.

MORAD, PIRRHA, HERCIDE, NADIR, ALI,
dans le fond.

NADIR.

Je n'ai jamais écouté de conversation plus plaisante.

ALI.

Cet homme pourra vous amuser un moment, et sous cet habit modeste, il ne soupçonnera pas le bacha.

NADIR, descendant la scène.

Soit, avançons.

ALI, à Morad, en lui présentant Nadir.

Permettez-vous à un ami des arts de venir admirer un homme dont la réputation s'étend jusques aux bornes de l'empire ?

(Morad salue.)

PIRRHA, à Hercide.

Il se moque de lui.

HERCIDE, à Pirrha.

Cela y ressemble un peu.

MORAD, à Nadir.

Ma réputation est votre très-humble servante, et je lui rends graces de l'honneur que je reçois. Pirrha, des carreaux !

NADIR.

Je resterai debout, seigneur Morad. Je ne m'asseoirai pas devant le premier homme du monde.

(Morad salue.)

PIRRHA, à Nadir, avec humeur.

C'est assez plaisanter. Que lui voulez-vous? des babouches? En voilà.

NADIR.

Des babouches! Je fais sans doute le plus grand cas des siennes ; mais, ce talent n'est pas ce que j'admire le plus en lui. Ce qui m'étonne, ce qui me confond, c'est la facilité avec laquelle il régit les empires.

(Morad salue.)

ALI.

Guerrier, magistrat, publiciste, il est tout, cet homme prodigieux.

(Morad salue.)

PIRRHA, avec impatience.

Encore?

NADIR.

Morad, enfin, a une tête comme la nature n'en avait point organisé encore.

(Morad salue plus bas.)

PIRRHA, trépignant.

Ah, mon Dieu, mon Dieu! cela ne finira jamais.

NADIR.

Et ses vues sublimes seraient perdues pour la félicité publique!

ALI.

Et ses jours précieux s'écouleraient loin du théâtre du monde!

NADIR.

Non. La fortune a des torts envers lui ; mais, je réparerai les torts de la fortune.

MORAD, se gonflant.

Le mérite perce tôt ou tard.

PIRRHA, à Nadir, avec aigreur.

Hé! qui êtes-vous donc, réparateur des torts de la fortune?

NADIR, embarrassé.

Je suis, je suis...

ALI.

Un des premiers officiers du bacha.

HERCIDE, qui devient très-attentif.

Du bacha!

PIRRHA.

Vous! Un des premiers officiers du bacha viendrait dans une boutique!... Finissons cet impertinent badinage.

MORAD, avec un geste menaçant.

Pirrha, vous commencez à m'échauffer les oreilles, et furieusement.

PIRRHA.

On se moque de toi, et je le souffrirai! tu écouteras des sornettes, et je ne te détromperai pas! Réfléchis, sois vrai, et dis-moi si tu es fait pour fixer l'attention de notre gouverneur.

ALI.

Ah! vous ne connaissez pas le bacha. Rien ne lui est étranger, et les habitans de sa province lui sont également chers. Il n'y a pas deux heures qu'il a été en personne chez une pauvre veuve, à qui le cadi refusait justice. Il a destitué le cadi, et donné sa fortune à la veuve.

PIRRHA.

Je reconnais là notre gouverneur. Que Mahomet le bénisse. Mais, c'est précisément parce qu'il aime le peuple, qu'il ne vous a pas envoyés ici pour nous insulter.

NADIR.

J'ai tort, ma bonne, et je ne rougis pas de l'avouer. Si je me suis amusé un moment....

PIRRHA, à Morad.

Tu l'entends, animal.

MORAD.

Amusé, dites-vous, et aux dépens de Morad !

NADIR, souriant.

Je réparerai ma faute. Modérez-vous tous deux, et écoutez-moi. Je suis au mieux avec le bacha, et je me ferai un vrai plaisir de vous être utile.

PIRRHA.

Tenez, seigneur officier, c'est quelque chose de beau que la parole; mais des effets valent mieux. Je n'ai pas de génie, moi, et je ne me repais pas de fumée. Des faits, s'il vous plaît, des faits.

ALI, à Nadir.

Il paraît, seigneur, que Pirrha veut du positif. (*A Pirrha.*) Eh bien! moi, qui ne suis qu'un mince officier du sérail, j'achète les babouches, les outils, les meubles...

PIRRHA.

Et vous ne marchandez pas? et vous payez comptant ?

ALI, lui donnant une bourse.

Et je donne sans compter.

PIRRHA, ouvrant la bourse.

C'est de l'or!... Ah, pardon! mille pardons, mes bons seigneurs. J'ai osé douter, et avec vous le doute est un outrage; mais, aujourd'hui, les hableurs sont si communs, et les bienfaiteurs si rares!

MORAD.

Ah! tu t'adoucis à l'aspect du métal.

NADIR, à Ali.

Il est né à Téméruch, il est mon compatriote; je veux assurer son existence.

ALI, à Nadir.

C'est un original ; mais, je lui crois des qualités.

HERCIDE, à part.

Où vont-ils en venir?

NADIR.

Voyons, mes amis, raisonnons, car on ne peut pas toujours plaisanter : voyons ce qu'on peut faire pour vous.

MORAD.

Raisonnons.

PIRRHA.

Raisonnez.

NADIR.

Morad est né avec de l'esprit; il paraît honnête, désintéressé.

MORAD, à Pirrha.

Ah! qu'as-tu à répondre à cela ?

NADIR.

Et en renonçant aux idées folles qui l'égarent, il peut remplir un petit emploi...

PIRRHA, à son mari en appuyant.

Un petit emploi.

NADIR, à Pirrha.

Qui le conduira peut-être à un autre plus important.

MORAD, à sa femme en appuyant.

A un autre plus important : cela ne tardera pas.

PIRRHA.

Et moi, mon bon seigneur, et moi?

NADIR.

Pirrha est une femme fort estimable, je le crois.

PIRRHA.

Moi, je m'en vante.

NADIR.

Mais, d'une humeur, d'une humeur!... Ah!...

MORAD, à Pirrha.

Il te connaît.

NADIR, à Morad.

Qui quelquefois peut être fondée, il faut que j'en convienne.

PIRRHA, à Morad.

Non, je dis, il ne te connaît pas.

NADIR.

Mais enfin, cette humeur acariâtre...

ALI.

Très-acariâtre.

ACTE I, SCÈNE IV. 473

MORAD.

Excessivement acariâtre...

ALI.

La rend très-propre au service des femmes du sérail.

(Hercide fait un mouvement.)

NADIR.

Oui vraiment, ce sera...

ALI.

Un épouvantail.

PIRRHA.

Reposez-vous sur moi de l'honneur du bacha.

MORAD, à part.

Ainsi, voilà deux affaires arrangées. Je gagne un emploi, et je perds ma femme. Gloire en soit rendue au divin Mahomet.

HERCIDE, à Nadir.

Seigneur officier, qui faites du bien à tout le monde, laisserez-vous dans l'embarras un pauvre apprenti, qui n'avait que cinquante sequins, et qui les a donnés à son maître ?

ALI.

Moi, je te donne tout ce que je viens d'acheter.

HERCIDE, à part.

Ce n'est pas là mon compte.

MORAD.

Que ferait-il de cela ? il n'est encore en état de rien, et il ne fera jamais mieux : cela n'a point de goût, point d'imagination.

HERCIDE, à part.

Comme il me sert ! (*A Nadir.*) Si vous pouviez aussi disposer en ma faveur de quelque petit emploi, je n'aurais d'autre ambition que de justifier vos bienfaits.

NADIR, à Ali.

Il est jeune, sa figure est intéressante.

ALI.

Et s'il était eunuque...

HERCIDE.

Pas du tout, seigneur, Dieu merci.

ALI.

En ce cas, on pourra l'employer dans les jardins extérieurs.

HERCIDE, à part, plein de joie.

Dans les jardins! Je la verrai... de loin; mais, enfin je la verrai.

NADIR.

La proposition paraît lui convenir.

HERCIDE.

Ah! elle comble tous mes vœux.

NADIR.

Je m'applaudis d'avoir pu faire trois heureux en un instant. Adieu, bonnes gens. Dans deux heures, vous aurez de mes nouvelles. (*Frappant sur l'épaule de Morad.*) Moins de vanité, mon cher Morad. (*Souriant à Pirrha.*) Moins d'humeur, Pirrha, moins d'humeur. (*A Hercide.*) Et vous, jeune homme, de l'activité, du zèle, de la reconnaissance: cela mène à tout.

(*Il sort avec Ali. Morad, Pirrha et Hercide les conduisent.*)

SCÈNE V.

HERCIDE, MORAD, PIRRHA.

MORAD, *joyeux et se frottant les mains.*

Me voilà enfin sur la route qu'a parcourue le bacha. A quelques mots près, je suis très-satisfait des procédés de l'officier supérieur.

PIRRHA, *retournant la bourse dans ses mains.*

Ceux de l'officier subalterne m'enchantent.

HERCIDE.

Je te verrai, chère Atalide, je t'approcherai peut-être.

MORAD, *avec une tristesse affectée.*

Pirrha, ma chère Pirrha!

PIRRHA, *de même.*

Morad, mon tendre époux!

MORAD.

Tu vas entrer dans l'intérieur du sérail.

PIRRHA.

Le bacha t'enverra peut-être sur les confins de la Syrie.

MORAD.

Nous allons donc nous quitter!

PIRRHA.

Hélas! et pour la vie.

MORAD, *à part.*

Je l'espère.

PIRRHA, *à part.*

J'y compte.

MORAD.

Tu sais combien je te regrette?

PIRRHA.

Oui, à peu près comme moi.

MORAD.

Ma petite femme !

PIRRHA.

Mon chou !

MORAD, *ouvrant ses bras.*

Le dernier baiser de l'amour.

PIRRHA, *l'embrassant avec transport.*

Celui-ci vaut seul tous les autres.

MORAD.

Ma foi, j'allais te le dire. Mettons-nous à notre aise.

PIRRHA.

Et laissons la grimace.

HERCIDE.

Il y a des mariages bien assortis, il faut en convenir.

MORAD.

Afin de n'avoir plus rien de commun ensemble, partageons maintenant...

PIRRHA, *reprenant son ton aigre.*

Quoi, l'or de l'officier ? c'est à moi qu'il l'a donné.

MORAD.

C'est à nous.

PIRRHA.

C'est à moi.

MORAD.

Oui, pour tes beaux yeux, n'est-ce pas? Voyez-moi cette tête.

PIRRHA.

Je te pardonne tes injures...

MORAD.

En faveur de l'habitude?

PIRRHA.

Non; parce que ce seront probablement les dernières.

MORAD.

Lâche les espèces, et je te le jure.

PIRRHA, *vidant une partie de sa bourse dans le tablier de Morad.*

Les voilà, et que le diable t'emporte.

MORAD.

Je te les rendrais de bon cœur à la même condition.

HERCIDE.

On n'est pas plus aimable que cela.

MORAD.

Ne perdons pas de temps. Mon doliman des grands jours, une toile à mon turban, des parfums, des essences.

PIRRHA.

Mes grains d'ambre, mes plumes de paon, mon voile et mon petit reste de café Moka.

(*Morad et Pirrha font une fausse sortie. Hercide les ramène.*)

HERCIDE.

Dites-moi, mes très-honorés maîtres, que comptez-vous faire de ce que m'a donné l'officier subalterne, et que je vous donne à mon tour?

MORAD.

Ce drôle est magnifique.

PIRRHA, lui frappant sur la joue.

J'ai toujours reconnu du bon dans ce jeune homme.

HERCIDE.

Je vous conseille de prendre la clef en sortant. Il peut venir tel jour où vous ne serez pas fâchés de revoir les formes et les tranchets.

PIRRHA.

Il pourrait bien avoir raison.

MORAD.

Apprenez, mon ami, que toutes ces choses sont maintenant au-dessous de moi, et qu'il ne convient pas à un garçon jardinier de donner des avis à un membre du gouvernement... (*En sortant avec Pirrha.*) Des formes!... des tranchets!... heu!

SCÈNE VI.

HERCIDE, seul.

Au moment où je me croyais sans ressources, la fortune me rapproche d'elle. Je n'ai pour moi que mon amour; mais, il est ardent, impétueux : rien ne lui résistera. Non, je ne me bornerai pas à soupirer, à gémir au pied des murs qui la renferment ; je hasarderai ma vie, je pénétrerai une seconde fois dans le

ACTE I, SCÈNE VII.

sérail; j'en arracherai Atalide... Atalide, que tous les moyens de séduction ont peut-être... Malheureux, qu'oses-tu soupçonner ? Son ame, pure comme le plus beau jour, peut-elle trahir sa foi ?... Non, Atalide m'est fidèle; je la juge d'après mon cœur. Calmons-nous, et réfléchissons un moment. On ne parle à Damas que des rares qualités du bacha; on le dit juste, généreux, sensible. Peut-être il se rendrait à mes prières; peut-être il trouverait de la gloire à la remettre dans mes bras... Quel espoir vient m'abuser! il l'a vue, il l'adore, et, je le sens, on peut renoncer à tout, hors à sa maîtresse... (*Vivement.*) Pirrha va servir les femmes du sérail; elle est intéressée; je peux disposer encore d'une somme considérable; je donnerai, je prodiguerai, je supplierai... La voici, il faut d'abord la pressentir.

(Il remonte la scène derrière Pirrha.)

SCÈNE VII.

PIRRHA, HERCIDE.

PIRRHA, en plumes, collier, etc.

Me voilà, je crois, très-présentable, et les odalisques n'auront point à rougir à mon aspect. Je vais donc être transplantée, du fond d'une boutique, dans celui d'un sérail. Plus d'embarras de ménage, plus d'inquiétudes du lendemain, plus de querelles conjugales; mais aussi des femmes, encore des femmes, toujours des femmes, ou de vilains eunuques qui valent moins encore. Morad est laid, il est paresseux, il est bourru; mais enfin Morad est un homme, et ces animaux-là ont quelquefois leur mérite. Cependant il va s'éloigner, et me voilà veuve. Il n'est pas défendu à une veuve d'être prévoyante, et ce petit Hercide...

HERCIDE.

Ma maîtresse s'occupe de moi ?

PIRRHA.

Oui, je pensais à ta nouvelle condition. Elle paraît douce au premier coup d'œil.

HERCIDE.

Elle m'assure au moins la paix de l'ame, l'abondance...

PIRRHA.

Et l'ennui. Des hommes, encore des hommes, toujours des hommes.

HERCIDE.

Je sens bien qu'il n'est pas facile de se résigner.

PIRRHA.

Non, sans doute. A ton âge on est sensible.

HERCIDE.

Je le suis à l'excès.

PIRRHA.

Et moi, je suis compatissante.

HERCIDE, à part.

M'aurait-elle entendu ?

PIRRHA.

Ainsi, il sera facile de se rapprocher quelquefois.

HERCIDE.

De se parler.

ACTE I, SCÈNE VII.

PIRRHA.

D'être d'intelligence.

HERCIDE.

Elle est charmante.

PIRRHA.

Tous les soirs...

HERCIDE.

Tous les soirs?

PIRRHA.

Quand les odalisques seront rentrées...

HERCIDE.

Après?

PIRRHA.

Je descendrai dans les jardins.

HERCIDE.

A merveilles.

PIRRHA.

Hercide m'y attendra?

HERCIDE.

Je me garderai bien d'y manquer.

PIRRHA.

Et nous y trouverons, sans doute, quelque bosquet écarté où nous pourrons... parler d'affaires.

HERCIDE.

Croyez que je ne mettrai point de bornes à ma reconnaissance.

PIRRHA.

Ni moi à mon entier dévouement.

HERCIDE.

Ah! Pirrha, ma chère Pirrha... ma joie, mon ravissement... Les expressions me manquent... Embrassez-moi.

(Il l'embrasse avec transport.)

PIRRHA.

Je m'étais toujours douté, à son air discret, réservé, qu'il n'aimait pas les jeunes personnes.

HERCIDE, étonné.

Plaît-il?

PIRRHA.

Les jeunes filles sont inconsidérées, volages.

HERCIDE, à part.

Je n'ai pas mal pris le change.

PIRRHA.

Et puis, le danger des intrigues dans un sérail! des eunuques impitoyables, qui vous expédient un homme dans un tour de main.

HERCIDE, à part.

Je suis enferré; il faut feindre.

PIRRHA.

Avec moi, tu n'auras absolument en à craindre.

HERCIDE.

(*A part.*) Je le crois. (*Haut.*) Ainsi, ma chère Pirrha, nous voici parfaitement d'accord.

PIRRHA, tendrement.

Et pour la vie.

HERCIDE.

(*A part.*) La jolie perspective! (*Haut.*) Il me reste un aveu à vous faire.

PIRRHA.

Un aveu! voyons cet aveu... j'aime beaucoup les aveux.

ACTE I, SCÈNE VII.

HERCIDE.

Quelque amour que j'aie pour vous, je ne suis pas insensible aux charmes de l'amitié.

PIRRHA, d'un ton sec.

Masculine, ou féminine?

HERCIDE, embarrassé.

C'est... une femme à qui les liens du sang...

PIRRHA, se refrognant.

Ah! c'est une parente.

HERCIDE.

Une sœur.

PIRRHA.

Qui est dans le sérail?

HERCIDE.

Que je n'ai pas vue depuis... son enfance.

PIRRHA.

Et que vous espérez que je vous ferai voir?

HERCIDE.

Le ciel me garde d'en avoir la pensée. La favorite du bacha, l'objet de ses soins empressés, la dispensatrice des graces, une femme que l'amour et la fortune comblent de leurs plus précieuses faveurs, se permettrait une imprudence qui la ferait rentrer dans la foule des femmes du sérail! Si j'avais soupçonné qu'un bacha amoureux pût croire à la parenté, ne me serais-je pas déclaré à ses officiers? ne pouvais-je pas tout attendre?...

PIRRHA.

Et attendez-vous que je sois plus crédule qu'un

bacha amoureux? Il me faut aussi des preuves de parenté; mais des preuves claires, positives.

HERCIDE, embarrassé.

Femme vraiment adorable... vos inquiétudes, vos alarmes...

PIRRHA.

Pas de mots, des preuves.

HERCIDE, tirant une bourse.

Cette bourse qu'un eunuque m'a remise en secret...

PIRRHA.

Ne prouve rien du tout. On envoie aussi de l'or à son amant.

HERCIDE.

Mais, un amant ne refuse pas de voir sa maîtresse.

PIRRA, d'un ton d'approbation.

Ah!... et possesseur d'une somme assez forte, vous acceptez une place dans les jardins?

HERCIDE.

Comme un moyen d'approcher le bacha, de m'en faire connaître, persuadé qu'alors ma sœur me fera monter rapidement aux emplois les plus distingués.

PIRRHA, à part.

Il y a quelque apparence de vérité dans ce qu'il me dit là. (*Haut.*) Voyons, mon cher ami, qu'attendez-vous de moi?

HERCIDE.

Rien que de simple. Vous direz à ma sœur...

PIRRHA.

Qui se nomme...

ACTE I, SCÈNE VII.

HERCIDE.

Atalide.

PIRRHA.

Bon.

HERCIDE.

Que les Tartares qui l'ont enlevée il y a... il y a dix ans.

PIRRHA.

Fort bien.

HERCIDE.

Ont respecté Roxane, notre digne mère, et que le frère qui était alors avec elle, est maintenant dans le sérail, où il attend tout de sa protection.

PIRRHA.

Après?

HERCIDE.

Je crois que cela suffira... et, comme je vais vivre avec des inconnus, dont je me défie...

PIRRHA.

Oui, vous ferez bien de ne vous fier qu'à moi.

HERCIDE.

Je vous prie de garder cet or...

PIRRHA.

Pour vous le remettre plus tard?

HERCIDE.

Pour en disposer selon vos désirs. Tout n'est-il pas commun entre gens qui s'aiment.

PIRRHA, à part, prenant la bourse.

Il me persuade.

HERCIDE, à part.

Elle est prise.

PIRRHA, à part.

D'ailleurs, que ce soit sa sœur ou sa maîtresse, bien certainement il ne la verra pas.

SCÈNE XVII.

HERCIDE, PIRRHA, MORAD.

MORAD, très-gai, marchant çà et là.

Me voilà prêt, et les gens du bacha ne sont pas ici! me voilà prêt, et on me fait attendre comme un homme ordinaire! Les gens du bacha, les officiers du bacha, le bacha lui-même, où sont-ils donc? Qu'ils viennent, qu'ils paraissent ; je brûle de mettre la main au grand œuvre, de me signaler, de forcer le burin de l'histoire à graver mes hauts faits. Je ne saurais demeurer ici davantage; tout m'y est insipide, et ma femme par-dessus tout.

(Il marque son mépris pour tout ce qui l'entoure.)

PIRRHA.

Ta femme te le rend bien. (*A Hercide.*) Il me semble, en effet, qu'on tarde beaucoup. Écoutez-moi, maître Morad.

MORAD.

J'ai bien autre chose à faire.

PIRRHA.

Ce sont mes dernières paroles.

ACTE I, SCÈNE VIII.

MORAD.

A la bonne heure, et finissez en deux mots : je suis tout entier à mon peuple.

HERCIDE, à part.

L'original! l'original!

PIRRHA.

Si le bacha acquitte la parole de son officier...

MORAD.

Tu en doutes, je crois.

PIRRHA.

Tu as de quoi te faire un équipage proportionné à ton mérite. Si le bacha t'oublie...

MORAD.

Supposition déplacée.

PIRRHA.

Tu iras brusquer la fortune jusque dans Constantinople.

MORAD.

Voilà le seul conseil raisonnable que tu m'aies donné de ta vie.

(Il va, vient, et écoute.)

PIRRHA, à Hercide.

Je l'ai pris par son faible.

HERCIDE.

C'est adroit.

PIRRHA.

Et me voilà libre.

HERCIDE.

L'intention est louable.

(On entend une musique turque.)

MORAD.

Ah! ah! la musique du sérail! j'aime l'éclat, la pompe, la magnificence. Le bacha fait bien les choses, il faut en convenir...

SCÈNE IX.

HERCIDE, PIRRHA, MORAD, HUSSEIN, précédé par quatre Gardes, dix Eunuques noirs composant une musique de deux clarinettes, deux cors, deux bassons, deux paires de cymbales, un fifre, une grosse caisse. Quatre Eunuques noirs portant une espèce de palanquin, couvert d'un riche tapis. Quatre Gardes, tous les Danseurs représentant, la moitié des eunuques noirs, l'autre moitié des eunuques blancs, ferment la marche.

(On fait le tour du théâtre au son de la musique. On se range ensuite, de manière à ce que le palanquin se trouve en travers dans le fond. Les noirs le posent à terre, et quatre gardes se placent de chaque côté du palanquin. Les eunuques noirs et blancs dansent un pas autour de Morad, qui se prête à leur gaieté.)

HUSSEIN, à Morad.

Le bacha, jaloux de te manifester sa haute bienveillance et sa profonde estime...

MORAD, à Pirrha.

Et sa profonde estime.

HUSSEIN.

T'envoie ses gardes, ses eunuques, sa musique et son palanquin de parade...

MORAD.

Grand merci, j'accepte tout, et je monte en palanquin.

(Il monte.)

ACTE I, SCÈNE IX.

PIRRHA.

Tu crois peut-être que je te suivrai à pied.
(Elle monte avec lui.)

MORAD.

Oh! elle ne me lâchera qu'à la dernière extrémité.

HERCIDE.

Moi, je vais modestement vous suivre (*ironiquement*), et je prends la clef de la porte.

MORAD.

Gardes, eunuques et musique, attention au commandement. En avant, marche.
(On sort sur une marche turque, le rideau tombe.)

FIN DU PREMIER ACTE.

ACTE II.

Le théâtre représente l'intérieur d'un palais.

SCÈNE PREMIÈRE.

NADIR, ALI, superbement vêtus.

NADIR.

Il est temps, cher Ali, de reconnaître ton zèle et tes services. Ta fortune, ma faveur, ont paru suffire à tes désirs : je crois te devoir une récompense plus douce, plus flatteuse, ma plus intime confiance. Je vais te dévoiler mon ame tout entière : j'éprouve le besoin d'épancher mon cœur dans le sein de l'amitié.

ALI.

Je ne peux répondre à tant de bontés que par le plus absolu dévouement, par la plus respectueuse et la plus vive affection. Parlez, seigneur.

NADIR.

Mon ami, l'homme qui voit les grandeurs dans l'éloignement, n'en aperçoit que les charmes : c'est lorsqu'il y est parvenu qu'il en découvre les épines. Oui, j'en ai fait la triste expérience. Le bonheur fuit à l'aspect des palais; c'est sous le chaume qu'il se cache.

ACTE II, SCÈNE I.

ALI.

Quel étonnant langage! que manque-t-il, que peut-il manquer à votre félicité?

NADIR.

Tout, mon ami, tout. Tu ignores ce que j'ai sacrifié à l'ambition : lorsque tu m'as connu, j'étais déja monté aux premières places de l'empire.

ALI.

De grace, expliquez-vous.

NADIR.

Je regrette le temps où ce front, maintenant chargé d'ennuis, se couronnait chaque jour des doux rayons du plaisir. Je n'étais pas alors le fameux et triste Nadir. Osmin, inconnu dans Tamar, sans devoirs et sans maître, uniquement occupé d'un objet enchanteur, Osmin épuisait près de Fatime ce que l'amour a de délices. Je chassais un jour, et le succès ne répondait pas à mon ardeur. J'avançai, je m'enfonçai dans les détours d'une immense forêt. J'y fus assailli par des Tartares, qui prétendirent m'ôter la liberté; je la défendis en héros; mais, je succombai sous le nombre. « Jeune homme, me dit leur chef, l'esclavage n'est fait que pour les lâches. Viens, suis mes pas; je te lancerai dans le chemin de la gloire. » Ce mot flatta mon oreille, et l'ambition se glissa dans mon cœur. On me montra des armes, et je devins soldat. Te l'avouerai-je? j'oubliai en un instant cette Fatime si aimante, si fidèle; j'oubliai qu'elle allait être mère; je ne vis plus que les honneurs qui m'attendaient au bout de la carrière, et je la parcourus avec un courage opiniâtre. Je parvins au but, et je sentis que Fatime me manquait.

ALI.

Hé bien?

NADIR.

Je la fis chercher à Tamar : elle avait quitté une ville que mon inconstance lui avait rendue odieuse. Elle était allée cacher son enfant et ses larmes dans une de ces bourgades qu'on rencontre de loin en loin au centre de la Circassie. Je fis de nouvelles perquisitions. Soit que Fatime eût changé son nom, soit qu'elle eût succombé sous le poids de ses peines, mes recherches furent infructueuses. Je reconnus alors le vide des grandeurs. Les soucis, la tristesse me suivirent partout. Je crus leur échapper, en m'occupant uniquement de mes devoirs. Malgré moi je redescendais dans mon cœur, et j'y retrouvais Fatime, qu'embellissaient peut-être encore les tourmens de l'absence. Je me flattai qu'un attachement nouveau la bannirait de ma pensée, et j'entrai, pour la première fois, dans l'intérieur du sérail. J'y cherchais une amante, je n'y trouvai que des esclaves. Que te dirai-je enfin? plusieurs années s'écoulèrent ainsi, et j'avais insensiblement recouvré la paix de l'ame..... (*Après un temps.*) Cruel homme! quel mal tu m'as fait!

ALI.

Moi, seigneur!

NADIR.

C'est toi qui m'as présenté cette jeune Circassienne...

ALI.

Atalide!

NADIR.

Elle mouillait son voile de ses pleurs ; je le soulevai, ses yeux se fixèrent sur les miens, et, pour la seconde fois, je cédai au pouvoir de l'amour.

ALI.

Atalide a su vous plaire!

NADIR

Qui ne charmerait-elle pas! Elle est belle comme Fatime; elle a sa candeur et ses graces; il ne lui manque que son cœur.

ALI.

Elle oserait vous résister!

NADIR.

J'ai déclaré mon amour, non comme un maître qui commande, mais comme un amant qui supplie. Des soupirs ont répondu à mes empressemens, et des plaintes à mes instances. Mon orgueil fut révolté un moment; mais, je m'applaudis bientôt de rencontrer une beauté dont le cœur reste indépendant, même au sein de l'infortune, qui dédaigne les basses complaisances de ces femmes qui ne m'inspirent que le dégoût. Je lui sus gré de sa fierté. Je me proposai, je me flattai de la vaincre; Atalide enfin me parut digne de moi.

ALI.

Ainsi donc, le grand, le sublime Nadir, qui soutint l'honneur des armes ottomanes, qui assura le bonheur de la Syrie, qu'environnent, que pressent le respect, la reconnaissance, l'amour de tout un peuple, Nadir oublierait sa gloire aux genoux de son esclave!

NADIR.

Mon esclave, dis-tu? Elle ne l'est plus depuis qu'elle m'est chère : l'amour l'a rendue mon égale.

ALI.

Vous allez donc vous soumettre aux tourmens, aux caprices qu'éprouvent les amans vulgaires?

NADIR.

Malheur à l'homme qui abuse de son rang; plus malheureux celui qui ose employer la force : c'est le monstre qui rugit l'amour. Moi, je m'avilirais jusqu'à la contraindre; je presserais, dans mes bras, un objet à qui je n'inspirerais que l'horreur, et qui ne répondrait à mes transports que par des sanglots et des larmes! Loin de moi tes conseils insidieux; loin de moi ces horribles jouissances. Ce sont celles d'un barbare : je ne le fus jamais.

ALI.

M'est-il permis d'ajouter un mot?

NADIR.

Parle.

ALI.

Si cette femme avait pénétré votre caractère, qu'elle eût démêlé votre générosité; si enfin elle employait l'artifice...

NADIR.

Elle en est incapable.

ACTE II, SCÈNE II. 495

ALI.

Ce sexe est adroit.

NADIR.

Atalide ne ressemble à personne.

ALI.

Souvent une feinte résistance n'a caché que le désir de subjuguer son maître.

NADIR.

Finissons, il en est temps; ces réflexions me déplaisent. Loin de m'encourager à dégrader l'autel où je veux sacrifier, rappelle-moi à la vertu, à l'honneur, à moi-même, si j'étais capable de m'oublier jamais. Peins-moi une femme, simple comme la nature, belle... comme elle-même; peins-la sans ressources que dans ma générosité, sans force que dans sa faiblesse, et défends-moi d'en abuser. Retourne près d'Atalide; dis-lui que Nadir l'attend, qu'il a besoin de la voir, d'entendre sa voix enchanteresse; dis-lui... dis-lui ce que te dictera ton cœur, et crains de n'en pas dire assez.

(Ali sort.)

SCÈNE II.

NADIR, seul.

Oui, c'est par des soins assidus, par les plus tendres égards, que je prétends triompher d'elle : tout autre moyen est indigne de moi. Je sais ce que peut la reconnaissance sur un cœur sensible; j'obtiendrai des droits à la sienne. Alors, elle partagera mes peines, elle s'affligera de ses propres rigueurs, elle s'empressera d'y mettre un terme, comme je m'empresse, moi, de préparer, de mériter mon bonheur.

SCÈNE III.

ATALIDE, NADIR.

NADIR.

Approchez, belle Atalide. Venez, dissipez votre effroi.

ATALIDE, avec timidité.

Je ne crains rien, seigneur. Si l'innocence cherchait un asyle, c'est près de vous qu'elle le trouverait.

NADIR.

Cette confiance m'honore, cette estime me flatte, et je saurai la justifier. Mais, dites-moi, ces sentimens d'une belle ame, mais d'une ame indifférente, n'ont-ils jamais conduit à un sentiment plus tendre? m'est-il défendu de l'espérer?

ATALIDE.

Que me demandez-vous?

NADIR.

Le bonheur de ma vie.... Que vois-je? la douleur se peint dans vos traits... des larmes s'échappent malgré vous!

ATALIDE.

Elles couleront long-temps.

NADIR, très-tendrement.

Vous ne devez connaître de larmes que celles de la

ACTE II, SCÈNE III. 497

volupté. Quels que soient vos chagrins, j'y saurai mettre un terme. Je porterai le calme dans votre cœur; je rappellerai le sourire sur vos lèvres. Qu'Atalide me dévoile le secret de son ame, qu'elle parle, qu'elle commande, rien n'est impossible à mon amour.

ATALIDE, avec abandon.

Et c'est cet amour même qui fait tout mon malheur; c'est lui qui me sépare à jamais....

NADIR, avec force et jalousie.

Qu'ai-je entendu! De qui vous séparé-je? quel est cet objet que vous pleurez?... (*Avec violence.*) Un homme aurait excité des désirs, aurait mérité des regrets!

ATALIDE, craintive et se reprenant.

Cet être malheureux ne doit exciter ni votre jalousie, ni votre colère. Je regrette une mère, une mère infortunée et respectable, dont j'étais le soutien et l'espoir.

NADIR, à part.

Je respire.

ATALIDE.

On m'a arrachée de ses bras, on m'a ravie à sa tendresse, on m'a traînée en ce sérail. Tout y flatte les yeux, tout y prévient les désirs, et je n'ai la force ni de désirer ni de voir. Je vais, je viens, j'appelle, je soupire, et je suis seule au milieu des plaisirs qui me cherchent. Mes plaintes frappent en vain les airs, elles se perdent dans l'espace, elles ne sont pas entendues de ce qui m'attachait à la vie, de ce qui me la rendait chère. Seigneur, je ne méritais pas votre amour ; l'éclat qui m'environne ne convient point à mon obscurité. Rendez-moi le bonheur paisible que j'ai perdu; renvoyez-moi sous l'humble toit que j'habitais. Il vous en coûtera peut-être; mais, ma reconnaissance sera le prix du sacrifice.

NADIR, hors de lui.

De la reconnaissance !... de la reconnaissance, dites-vous ! et c'est là ce que vous offrez à un cœur qu'un feu terrible, indomptable, pénètre, brûle, dévore, sans pouvoir le consumer. Demandez-moi ma fortune, je la dépose à vos pieds ; un trône, je m'arme pour le conquérir ; ma vie, elle est à vous. Mais, vous perdre !... vous perdre ! non, jamais... jamais. Que dis-je ? hé ! pourquoi vous éloigner ? qui m'empêche de vous conserver à mon amour, et de remplir tous vos vœux ? Vous êtes séparée de votre mère, je la remettrai dans vos bras; elle habite une chaumière, je lui destine des palais ; elle éprouve des besoins, je lui ouvrirai mes trésors, et je ne ferai rien pour elle qui ne soit un hommage à la beauté. (*Il remonte la scène.*) Esclaves, approchez. (*On entre.*) Que l'on cherche les Arabes qui m'ont amené cette odalisque, que l'on coure, que l'on vole avec eux au sein de la Circassie, qu'on amène la mère d'Atalide, et qu'on la respecte comme moi. Allez.

(On sort.)

ATALIDE, à part.

Ma mère dans le sérail ! Hercide, c'en est fait, je ne te verrai plus.

ACTE II, SCÈNE III.

NADIR, *descendant la scène.*

Hé bien! êtes-vous satisfaite? vous reste-t-il encore quelque chose à désirer?

ATALIDE.

Avec quelle grandeur vous vous vengez de moi! avec quelle profusion vous répandez vos bienfaits!

NADIR, *avec le ton de la plus extrême tendresse.*

Dis un mot, un seul mot de consolation et d'espoir, et je n'y mettrai plus de bornes. Je tombe à tes pieds; j'y demande, j'y attends le prix de ma tendresse. Si ton cœur est fermé encore à ce sentiment délicieux qui fait le charme de la vie, laisse-moi du moins entrevoir le moment où il y pénètrera; permets-moi de te créer enfin une seconde existence. Parle, réponds, mon Atalide; ton maître suppliant t'invite à prononcer sur son sort.

(Il lui prend la main.)

ATALIDE, *à part.*

Il a le cœur de mon amant... Je ne sais que lui répondre.

NADIR.

Tu te tais, tu détournes les yeux, tu retires ta main... Ingrate! que t'ai-je fait que de te trop aimer? comment me suis-je attiré ta haine?

ATALIDE, *vivement.*

Moi, vous haïr! (*Avec effusion.*) Vous ne le croyez pas.

NADIR, *se levant ivre de joie.*

Tu ne me hais point! tu ne me hais point!... Tu l'as dit, et je t'en crois... Ah! par grace, dis-le moi,

redis-le moi encore... répète-moi que tu ne me hais point.
ATALIDE.
Ce sentiment pénible me fut toujours étranger, et Nadir ne saurait l'inspirer à personne. Je me plais au contraire à lui prodiguer ce que la plus active amitié a de charmes et de douceurs.
NADIR.
C'en est assez. Ton amant satisfait, heureux, ivre de joie, ne balance plus à t'élever jusqu'à lui.
ATALIDE, avec effroi.
Quel mot avez-vous prononcé ?
NADIR.
Officiers, eunuques, femmes du sérail, rassemblez-vous à ma voix. (*Le théâtre change et représente un superbe jardin où sont rangés les odalisques, les eunuques, etc.*) C'est désormais Atalide qui va commander ici. Qu'on s'empresse de lui plaire, qu'on prévienne ses désirs, qu'on cède à ses moindres volontés. (*On se prosterne devant Atalide.*) Ali, volez à la mosquée, que l'on pare l'autel, que l'encens fume, que l'hymen allume son flambeau : l'heureux Nadir va jurer à son Atalide un éternel amour.

(Ali sort)
ATALIDE.
Non, seigneur, il ne se dégradera point; il n'unira pas son sort à celui d'une esclave...
NADIR.
Oubliez l'injustice de la fortune. Elle vous devait un trône, un temple, des autels.

ACTE II, SCÈNE III.

ATALIDE.

Votre passion vous égare.

NADIR.

Vous en justifierez l'excès.

ATALIDE.

Je dois vous en garantir.

NADIR, *lui présentant sa main.*

C'est trop me résister; venez, suivez mes pas.

ATALIDE.

Je ne puis... non, jamais... jamais.

NADIR.

Vous refusez, vous rejetez mes dons!

ATALIDE.

Je les refuse, et sans retour.

NADIR.

Sans retour, dites-vous! Ah! ce seul mot m'éclaire. (*Avec une sorte de fureur.*) Cet objet dont je t'ai séparée, sans lequel tu ne peux vivre, que tu cherches, que tu appelles en vain... Femme perfide, tu m'as trompé. Ce n'est pas sur ta mère que tu versais des larmes.

ATALIDE.

Hé bien, vous le voulez, je vous dirai l'affreuse vérité. Je vous respecte, je vous estime, et je serais à vous si j'étais encore à moi. Un autre vous a prévenu, un autre a mes plus tendres vœux, et dussiez-vous m'accabler du poids de votre colère, j'en fais hautement l'aveu : jamais son image chérie ne sortira de mon cœur.

LA LANTERNE MAGIQUE.

NADIR.

Je l'en arracherai. Mon amour dédaigné se convertit en haine. Ce n'est plus un amant, un époux qui vous parle ; c'est un maître outragé, jaloux, qui ne connaîtra que ses fureurs. L'effet en sera terrible, et c'est vous qui l'aurez voulu. (*Il remonte la scène, et s'arrête devant les noirs.*) Cet homme qui a pénétré dans les jardins, qui a échappé à votre vigilance, est peut-être le rival heureux qui me ferme son cœur. Il ne renoncera pas au trésor qu'il possède ; sans doute il reviendra. Qu'on veille sans relâche, qu'on le saisisse, qu'on le traîne devant moi.

(Il sort.)

ATALIDE.

Il est resté dans nos déserts ; il soulage, il console ma déplorable mère ; je n'ai à craindre que pour moi. Éloignons-nous de cette foule importune, et dérobons, à tous les yeux, et mes pleurs et mon désespoir.

SCÈNE IV.

ACOMAT, ODALISQUES, EUNUQUES.

ACOMAT, aux eunuques.

C'est une jolie chose que l'amour. S'il fait extravaguer ainsi tous les hommes, nous devons rendre graces au sort de ne l'être plus. Loin d'être les victimes des fantaisies de ces dames, nous avons parfois le petit plaisir de les faire enrager, et cela dédommage de bien des choses.

ACTE II, SCÈNE V.

SCÈNE V.

ACOMAT, ALI, ODALISQUES, EUNUQUES.

ALI, *entrant précipitamment.*

Vos ordres seront exécutés, seigneur, et... (*A Acomat.*) Où est donc le bacha?

ACOMAT.

Il est allé bouder.

ALI.

Le pontife se prépare...

ACOMAT.

Et la noce est flambée.

ALI.

Atalide se défend encore!

ACOMAT.

Oh! elle a bec et ongles, cette fille-là.

ALI.

Refuser la main du bacha! elle a donc un amant?

ACOMAT.

Hé, parbleu!...

ALI.

Qu'elle ne nomme point.

ACOMAT.

Pas si dupe.

ALI.

Nadir n'a qu'un parti à prendre; c'est de suivre mes conseils, et je vais l'y déterminer.

ACOMAT.

Sans doute. Il ne faut pas gâter les femmes. (*Ali fait une fausse sortie.*) Un mot, seigneur Ali. Il est bien permis au bacha d'avoir de l'humeur; mais est-il nécessaire que nous en ayons aussi, nous qui ne sommes pas amoureux ?

ALI.

Que veux-tu dire ?

ACOMAT.

Et l'original que vous attendez? et les préparatifs que nous avons faits pour le recevoir?...

ALI.

Fais de cet homme ce que tu voudras.

(Autre fausse sortie.)

ACOMAT.

J'ai carte blanche; j'en ferai bon usage.

ALI, revenant.

Ah! je te sais bon gré de m'avoir parlé de Morad. Tu m'enverras sa femme, je veux l'attacher à Atalide. Cette odalisque se défie de celles qui la servent, elle craint leur sévérité. Pirrha gagnera sa confiance; elle saura le nom d'un homme qu'il est essentiel de connaître, que peut-être il faudra perdre, que du moins il faut éloigner.

(Il sort.)

ACOMAT, à ce qui l'entoure.

Le bacha et son conseil intime sont sérieusement occupés; laissons-les faire, et ne pensons qu'au plaisir. Rions ici pendant qu'on soupire là-bas.

SCÈNE VI.

ACOMAT, HUSSEIN, ODALISQUES, EUNUQUES.

HUSSEIN.

Notre homme est à la porte du sérail.

ACOMAT.

Fais-le entrer.

HUSSEIN.

Mais, il a avec lui un apprenti qui ne veut pas quitter son maître.

ACOMAT.

Il faut exécuter l'ordre. Qu'on le lâche dans les jardins extérieurs, et qu'on n'en entende plus parler. Va. (*Hussein sort.*) Allons, tendres odalisques, laissez pour un moment votre nonchalante langueur, et prenez la peine de sourire. (*Aux Eunuques.*) Vous, mes soucieux et fidèles compagnons, préparez-vous à me seconder. On vient : en place.

SCÈNE VII.

ACOMAT, HUSSEIN, MORAD, PIRRHA,

ODALISQUES, EUNUQUES. SUITE.

(On entend une musique éloignée. Les femmes baissent leur voile, et se rangent dans le fond du théâtre. Les hommes se placent sur les côtés, un blanc et un noir alternativement. Le son de la musique approche par degrés. Morad paraît, marchant majestueusement appuyé sur l'épaule de Hussein. Pirrha le suit avec des marques de satisfaction ou de dégoût,

LA LANTERNE MAGIQUE.

selon le genre des physionomies qu'elle regarde. Les eunuques se détournent à son aspect ou lui font des mines. Morad s'arrête au milieu du théâtre. Les hommes défilent devant lui et lui font une profonde révérence. Les femmes se croisent avec les hommes, défilent aussi devant Morad, et lui baisent la main. Morad fait des lazzi d'étonnement et de joie. Acomat lui prend la tête à deux mains, l'embrasse, lui fait faire un tour qui le jette dans les bras d'un autre eunuque, qui le passe à un troisième, et ainsi de suite jusqu'au dernier. On se retrouve en place. La musique cesse.)

MORAD, *saluant à la ronde.*

Je suis enchanté de vos politesses. On trouve ici de l'aménité, de l'affabilité, de la cordialité.

ACOMAT.

Nous tenons à l'urbanité.

MORAD.

J'ai de la réciprocité.

ACOMAT.

Que d'indulgence et de bonté!

MORAD.

C'est trop flatteur, en vérité.

PIRRHA.

Finissez votre verbiage. Voyons sans tarder davantage pourquoi j'ai quitté mon ménage. Dans ce galant aréopage, quel est le cœur doux ou sauvage, dont le soin me tombe en partage?

ACOMAT.

Vous le saurez dans un moment. (*Lui montrant le côté par où Ali est sorti.*) Passez dans cet appartement. Là, notre chef, éloquemment, vous contera, très-longuement, les douleurs d'un fidèle amant, dont

ACTE II, SCÈNE VIII.

vous calmerez le tourment, en gagnant insensiblement l'amitié d'un objet charmant, qu'il faut pousser au sacrement, par l'attrait du raisonnement. (*La renvoyant.*) Procédez à l'enchantement.

SCÈNE VIII.

ACOMAT, HUSSEIN, MORAD, ODALISQUES, EUNUQUES. SUITE.

MORAD, avec emphase.

Et moi, que l'oisiveté glace, qui brûle d'illustrer ma race, il est temps qu'on me satisfasse, et qu'on m'accorde aussi la grace de nommer l'importante place désignée à ma noble audace.

ACOMAT.

Avant tout, je dois de ces lieux étaler la pompe à vos yeux. C'est par des sons délicieux, par des mouvemens gracieux, par les transports les plus joyeux, que nous allons, jeunes et vieux, vous préparer, de notre mieux, aux travaux les plus glorieux.

MORAD.

J'aime la danse et la musique, et je me prête sans réplique au plan vraiment honorifique, qu'aussi poliment on m'explique.

ACOMAT, à part, en riant.

Je n'y tiens plus, il est unique. (*A une femme du sérail.*) Le grand Morad est amateur...

MORAD.

Je suis mieux, je suis connaisseur.

ACOMAT.

Venez, objet plein de candeur, venez par votre art enchanteur, charmer son oreille et son cœur.

(Deux noirs approchent une harpe.)

MORAD, après le morceau.

C'est bien, c'est très-bien.

ACOMAT.

Trouvez-vous cela?...

MORAD.

Je suis satisfait, très-satisfait, complètement satisfait.

ACOMAT.

Si vous le permettez, j'unirai ma voix au son de son instrument.

MORAD, d'un ton de protection.

Oui, mon ami, vous m'obligerez.

ACOMAT.

AIR. (*Avec accompagnement de harpe.*)

Le papillon léger, volage,
N'a pour guide que les plaisirs.
Une fleur reçoit son hommage,
Une autre s'ouvre à ses désirs.

Le tourtereau toujours fidèle,
Tristement chante son ennui,
Et sa constante tourterelle
Chante aussi tristement que lui.

Loin de nous la mélancolie.
Qui veut couler les plus beaux jours,
N'est fidèle qu'à la folie,
Et sans cesse change d'amours.

ACTE II, SCÈNE VIII.

MORAD.

Comment, diable ! je suis émerveillé.

HUSSEIN.

Parbleu ! je le crois : c'est le premier chantre du sérail.

ACOMAT, aux danseurs.

Allons, enfans, de la gaieté, de la légèreté, des graces, et surtout de la précision.

BALLET.

(Les hommes et les femmes qui ne dansent pas, se rangent derrière Morad et forment une espèce de cour. Parmi les femmes se glissent, sans être aperçues du public, des vieilles, exactement vêtues et voilées comme les autres. Les danseuses tiennent des guirlandes de fleurs, dont elles forment, avec leurs danseurs, différentes figures. Elles viennent ensuite en décorer, ou plutôt en charger grotesquement Morad.)

MORAD, avec emphase.

Je suis enchanté des marques de considération dont vous me comblez. Je regrette seulement de n'avoir pas vu ces odalisques dont les attraits égalent sans doute les talens.

ACOMAT.

Vous les verrez; vous ferez mieux. Il y a long-temps sans doute que vous êtes guéri de votre amour pour Pirrha.

MORAD.

Je ne me souviens pas même de l'avoir jamais aimée.

ACOMAT.

Le bacha, qui n'a rien d'un turc, vous accorde

celle de ces femmes qui sera assez heureuse pour vous plaire. Levez ces voiles et fixez votre choix.

(Les eunuques apportent des carreaux. Les femmes s'assoient sur les deux côtés du théâtre, les vieilles les premières vers l'avant-scène.)

MORAD.

Le bacha me rend des honneurs, m'accorde une grande place, et me prête sa femme! quel bacha que ce bacha-là! (*Rêvant.*) Cependant, accepter... Pourquoi pas? Non..., si fait. La tentation est forte, et ma foi, j'y succomberai. Mahomet, Soliman, Sélim, ont sacrifié à la beauté; Morad peut lui consacrer ses loisirs. Procédons à l'examen. (*Il lève un voile, on rit.*) C'est une maman. Je les respecte infiniment; mais, voilà tout. (*Il lève un second voile.*) Celle-ci est encore plus respectable. Voyons ailleurs. (*Il lève un troisième voile, on rit.*) Oh! Mahomet! la trisaïeule de la génération vivante! Passons de l'autre côté. (*Il traverse le théâtre, et lève un voile. On rit.*) Que diable! le bacha a donc fait une collection d'antiques! je ne m'étonne plus de sa générosité. (*Les quatre vieilles caressent et lutinent Morad.*) Laissez-moi, laissez-moi, laissez-moi donc... Aïe! aïe! elles pincent, elles égratignent, elles sont enragées, ces femmes-là. (*Il leur jette les guirlandes dont il est chargé. Les vieilles s'embarrassent les jambes, et sortent en trébuchant.*) (*A Acomat.*) Écoutez, seigneur officier. (*Acomat s'approche.*) Toutes réflexions faites, je ne crois pas devoir imiter ces Asiatiques efféminés, qui passent leur vie dans les langueurs

ACTE II, SCÈNE IX.

d'un sérail. Je le répète, je me consacre à la gloire. Je veux trouver en elle seule mon amante, mon idole et ma plus précieuse récompense. Laissons les fadaises, et pensons au solide. Parlons emploi.

ACOMAT, à la foule, avec emphase.

Le seigneur Morad veut traiter d'affaires importantes.

MORAD.

Oui, j'assemble mon conseil.

ACOMAT.

Retirez-vous, espèce futile et superficielle, et laissez-moi seul avec l'amant de la gloire.

(On sort en ordre, en faisant des éclats de rire.)

SCÈNE IX.

ACOMAT, MORAD.

MORAD, avec impatience.

Sachons enfin, mon cher, pourquoi je suis ici.

ACOMAT.

Pour décider vous-même sur votre sort à venir. Tous les emplois vacans sont à votre disposition.

MORAD.

Oh! je n'en veux exercer qu'un.

ACOMAT.

C'est souvent trop pour bien des gens.

MORAD.

Point de réflexions, s'il vous plaît. Voyons les emplois vacans.

ACOMAT, *déroulant un parchemin.*

Primo, la place de cadi de Damas.

MORAD.

Je veux bien commencer par là.

ACOMAT, à part.

Il est modeste. (*Lisant.*) Mais, comme on ne doit point prendre de place au-dessus de ses forces, le successeur du cadi destitué, qui manquerait d'intégrité...

MORAD.

J'en suis abondamment pourvu.

ACOMAT.

Je vous en fais mon compliment. (*Lisant.*) Qui manquerait d'intégrité, ou qui commettrait une faute par ignorance des lois...

MORAD.

Diable emporte si je les connais.

ACOMAT.

Sera empalé à l'instant.

MORAD.

Passons à autre chose.

ACOMAT, lisant.

Il y a une mosquée à desservir à Gaza...

MORAD.

Je ne me sens pas de goût pour le sacerdoce. N'importe, voyons les conditions.

ACOMAT, lisant.

Il faut connaître l'alcoran.

ACTE II, SCÈNE IX.

MORAD.

C'est avec cela qu'on m'endormait quand j'étais petit.

ACOMAT, lisant.

Il faut renoncer au vin.

MORAD.

Au vin!

ACOMAT, appuyant.

Au vin.

MORAD.

A peine ?...

ACOMAT, lisant.

D'être empalé...

MORAD.

Quel diable de refrain avez-vous choisi là? Empalé! empalé! je le serais indubitablement. Passons à un autre emploi.

ACOMAT, lisant.

Celui de chef des eunuques du sérail sera vacant demain. (*A Morad.*) Superbe place.

MORAD.

Que faut-il savoir pour l'exercer dignement?

ACOMAT.

Rien.

MORAD.

J'accepte.

ACOMAT.

Mais, il faut se soumettre préliminairement... Vous m'entendez?

MORAD, avec effroi.

Passez, passez.

ACOMAT.

Ma foi, je suis au bout.

MORAD.

Quoi! il n'y a plus rien sur votre pancarte? vous en êtes bien sûr?

ACOMAT, cherchant son parchemin.

Ah! si fait, si fait. Le chef des cuisines du bacha...

MORAD.

Le chef des cuisines!

ACOMAT.

A besoin d'un aide intelligent...

MORAD, s'écriant.

Moi, aide de cuisine! Que deviendraient les destins de l'empire?

ACOMAT, souriant.

Ils ne seront pas compromis. Comme le seigneur Morad annonce les plus étonnantes dispositions, il pourra, en tournant et retournant ses casserolles...

MORAD.

Des casserolles! quelle horreur!

ACOMAT.

Il pourra s'instruire dans la jurisprudence, la tactique, le droit public, et en peu de temps...

MORAD, les poings sur les côtés.

Je crois m'apercevoir que votre seigneurie se moque de la mienne.

ACOMAT, avec ironie.

Voyez quel tact!

ACTE II, SCÈNE X.

MORAD.
Corbleu! ne vous y jouez point.
ACOMAT.
Je n'ai garde. Morad est dangereux.
MORAD.
Morad est un homme à vous étriller, et d'importance, entendez-vous, mon petit officier?
ACOMAT.
Faquin!
MORAD.
Imberbe!
ACOMAT.
Insolent!
MORAD.
Incomplet!
ACOMAT. (Il frappe dans ses mains, et on entre.) Défaites-moi de cet animal, et consignez-le dans les cuisines. (*On saisit Morad, qui se défend.*) Qu'il y soit bien traité. Excellente chère, le vin à discrétion, et peu de chose à faire. Allez.
MORAD, qu'on entraîne.
Par Mahomet, j'empoisonnerai le bacha, ses officiers, ses eunuques, ses femmes; je mettrai le feu au sérail, et je m'ensevelirai honorablement sous ses ruines.

SCÈNE X.

ACOMAT, PIRRHA.

ACOMAT, riant.
Ah! ah! ah! l'amant de la gloire n'entend pas rail-

leric, et dans son fastueux délire, il était homme à me mener loin. Voilà sa digne moitié. (*A Pirrha.*) Hé bien! vous quittez Atalide?

PIRRHA.

Au contraire, elle me fuit.

ACOMAT.

Elle ne sait pas vivre, cette fille-là.

PIRRHA.

Elle a beau faire, je la mettrai à la raison.

ACOMAT

Je vous le conseille. Le bacha a une furieuse démangeaison de mariage. S'il n'épouse pas, il s'en prendra à vous, à nous, et enfin à lui-même. C'est maintenant la très-vénérable, très-prudente et très-adroite Pirrha qui tient dans ses mains les destinées de la Syrie.

(Il sort.)

SCÈNE XI.

ATALIDE, PIRRHA.

PIRRHA.

Ma foi, je ne m'embarrasse ni de la Syrie, ni des Syriens. Je ferai les affaires du bacha, parce que cela doit avancer les miennes, et la petite, en dépit d'elle, sera bachafe avant la fin du jour.

ATALIDE, rêvant.

Suis-je assez malheureuse! Poursuivie par un homme que je ne saurais aimer, obsédée par ses gens, il m'est impossible d'être un moment à moi.

ACTE II, SCÈNE XI.

PIRRHA.

Ah! voici la cruelle.

ATALIDE.

C'est la nouvelle arrivée. Je la hais plus que les autres.

PIRRHA.

Il faut d'abord pénétrer son secret, et savoir à quoi m'en tenir sur la prétendue fraternité. Écoutez donc, la petite?

ATALIDE.

Laissez-moi.

PIRRHA.

Quand vous m'aurez entendue.

ATALIDE.

Laissez-moi, laissez-moi, vous dis-je.

PIRRHA.

Non, mon petit cœur. Je suis payée pour vous parler, et je vous parlerai. Je parlerai si haut que vous m'entendrez malgré vous. Je vous tracasserai, je vous tourmenterai tant, que vous en passerez par ce qu'il me plaira.

ATALIDE.

Je me donnerais plutôt la mort.

PIRRHA.

Non, mon bel ange, non, vous ne mourrez point, et vous obéirez. Ah! vous êtes rétive, récalcitrante! Vous avez de la tête! mais, j'en ai une aussi, et qui vaut bien la vôtre, je vous en avertis.

ATALIDE.

L'abominable femme!

PIRRHA.

Chansons que tout cela. Le bruit ne me fait pas peur. Écoutez, je ne peux pas vous faire grand bien...

ATALIDE.

Je le crois.

PIRRHA.

Mais, je peux vous faire beaucoup de mal.

ATALIDE.

Et vous en êtes très-capable.

PIRRHA.

Cependant, si je suis contente de vous, si vous êtes douce, traitable, docile...

ATALIDE.

Rien que cela ?

PIRRHA.

Je me relâcherai un moment de ma sévérité ; je compatirai aux peines de ce petit cœur-là ; je vous parlerai de quelqu'un qui vous intéresse, et beaucoup.

ATALIDE, très-vivement.

Parlez, parlez donc.

PIRRHA.

Vous ignorez le sort de votre mère ?

ATALIDE, avec la plus grande chaleur.

Vous en avez entendu parler?

PIRRHA.

Mieux que cela.

ATALIDE.

Vous en avez des nouvelles ?

PIRRHA.

Des nouvelles positives.

ACTE 1, SCÈNE XII.

ATALIDE.

Que vous a apportées?.....

PIRRHA, la fixant de très-près.

Votre frère.

ATALIDE, stupéfaite et troublée.

Mon frère... mon frère, dites-vous?

PIRRHA, avec force.

Vous n'avez pas de frère?

ATALIDE, tremblante.

Oui..... oui..... je me rappelle.....

PIRRHA, tranchant net.

Hercide est votre amant.

ATALIDE, s'écriant.

Qui vous l'a dit?

PIRRHA.

Votre incertitude, votre trouble, vos alarmes. Ah! vous avez un amant! Je le connais, il me trompe, il me joue, et je ne me vengerais pas!

ATALIDE.

Des piéges, des perfidies, voilà tout ce que je devais attendre de vous.

PIRRHA.

Hercide est dans les jardins extérieurs.

ATALIDE.

Ciel!

PIRRHA.

Il est en la puissance du bacha, et vous savez comment punit un homme outragé et tout-puissant.

ATALIDE, suppliante.

Pirrha, ma bonne Pirrha.

PIRRHA.

Ah! la petite se radoucit.

ATALIDE.

Je tombe à vos genoux.

PIRRHA.

Peine inutile.

ATALIDE.

Je les mouille de mes larmes.

PIRRHA.

Je suis inexorable.

ATALIDE, *se levant, avec l'accent du désespoir.*

La mort! la mort! voilà ce qui me reste.

PIRRHA.

Je peux me taire encore; mais, vous n'avez qu'un moment.

ATALIDE.

Parlez, prononcez, ordonnez.

PIRRHA.

Oubliez ce traître d'Hercide.

ATALIDE.

Mon cœur se brise.

PIRRHA.

Recevez la main du bacha.

ATALIDE.

Ce supplice est affreux.

PIRRHA.

Vous balancez ! (*Fausse sortie.*) Je vais trouver Acomat; je nomme votre amant, je le livre à son rival.

ACTE II, SCÈNE XI.

ATALIDE, la ramenant.

Arrêtez, arrêtez......(*Après un temps.*) Dieu!..... grand Dieu!.....

PIRRHA.

Eh bien!

ATALIDE, d'une voix éteinte.

Dites au bacha que je me sacrifie.

(Elle s'assied sur un tertre.)

PIRRHA, sortant.

Je la sépare à jamais d'Hercide. Les circonstances, les lieux, la crainte, le conduiront à mes pieds.

SCÈNE XII.

ATALIDE, seule.

(La nuit vient très-lentement.)

Cruelle femme, que t'ai-je fait? Il est donc des mortels qui se plaisent à persécuter, qui se repaissent des pleurs de l'infortune..... Il faut s'immoler ou le perdre; je ne balance pas. Puisse-t-il supporter la vie, rendre justice à mon cœur, se dire enfin : elle m'aimait pour moi-même, elle m'a sacrifié sa félicité, sa vie, tout son être.

SCÈNE XIII.

ATALIDE, HERCIDE.

HERCIDE, avançant avec précaution.

Personne.

ATALIDE, avec amertume.

Ah! ma mère, ma mère! l'amour a fait votre tourment, et je suis aussi sa victime.

HERCIDE, apercevant Atalide.

C'est une femme.

ATALIDE.

Vous fûtes trahie par un ingrat...

HERCIDE.

C'est sa voix.

ATALIDE.

Et je perds l'amant le plus tendre.

HERCIDE, tombant à ses genoux.

Non, Atalide, il t'est rendu.

ATALIDE.

Dieu tout-puissant! Hercide à mes genoux! Hercide dans mes bras! (*Ils se tiennent embrassés. Atalide se dégageant avec force.*) Malheureux! que cherches-tu ici?

HERCIDE.

Mon amante et le bonheur.

ATALIDE.

Il n'en est plus pour nous... Tu ne sais pas...

HERCIDE.

Je sais tout.

ATALIDE.

Le bacha...

HERCIDE.

Est un barbare.

ATALIDE.

Il exige ma main.

ACTE II, SCÈNE XIII.

HERCIDE.

Je viens la lui ravir.

ATALIDE.

Il faudrait un prodige...

HERCIDE.

Il ne faut que du courage. La nuit commence à étendre ses voiles. Pour arriver jusqu'à toi, j'ai franchi des fossés, des murailles ; nous les repasserons sur les ailes de l'amour. Nous fuirons, nous irons chercher un coin de terre où l'homme soit indépendant ; nous y vivrons l'un pour l'autre. Sans besoins que celui d'aimer, sans désirs que ceux que tu fais naître, je trouverai en toi une amie, une amante, une épouse ; tu seras ma famille, ma richesse, mon univers, mon tout.

ATALIDE.

Que les illusions de l'amour sont douces !... mais qu'elles sont loin de la réalité ! Tu parles de fuir ! cent eunuques qu'il faut éviter, une garde nombreuse dont il faut tromper la vigilance, des habits dont la richesse me décèlera dans les rues de Damas, les satellites du bacha qui en occuperont les portes... Mon ami, la fuite est impossible et mon malheur inévitable.... on sait que je t'adore, que tu es dans les jardins, on menace de te livrer. Si je résiste...

HERCIDE.

Tu sais aimer, et tu connais la crainte !

ATALIDE.

Oui, je crains, mais pour tes jours. Éloigne-toi,

je t'en supplie, je t'en conjure : si tu es découvert, on te traîne au supplice.

HERCIDE.

Je n'en redoute qu'un, c'est de te perdre. Je cours, je vole au-devant des autres.

ATALIDE, avec la plus extrême tendresse.

Tu veux donc que je meure aussi.

HERCIDE.

Te serais-tu flattée de survivre à cet affreux hymen?... Viens, suis mes pas. Si le succès est incertain, il n'est pas impossible, et s'il faut succomber tous deux, que ce soit du moins en cherchant le bonheur.

ATALIDE.

Tu le veux, je ne résiste plus, je m'abandonne à toi.

HERCIDE, avec enthousiasme.

Je retrouve enfin mon amante.

(Il lui prend la main et l'emmène.)

ATALIDE.

Ciel!... j'entends du bruit... on vient... la mort est sur ta tête.

HERCIDE.

Je la méprise, je la brave.

ATALIDE, le poussant vers la coulisse.

Fuis.

HERCIDE.

Jamais.

ATALIDE, le poussant plus vivement.

Fuis, te dis-je, je le veux, je l'ordonne. Tu m'o-

ACTE II, SCÈNE XIV.

béiras si vraiment je te suis chère. (*Hercide se retire.*) Le sort ne se lasse pas de nous persécuter.

SCÈNE XIV.

ATALIDE, PIRRHA, ALI, NADIR, précédés d'une foule d'esclaves portant des flambeaux allumés.

NADIR, ivre de joie, descendant la scène.

(*A Pirrha.*) Elle est persuadée, rendue, et c'est à vous que je le dois! Ah! la reconnaissance égalera le bienfait. (*A Atalide.*) Atalide, belle Atalide, vous avez prononcé le bonheur de ma vie... vous renoncez à votre amant...

(Atalide fait un mouvement.)

PIRRHA, à part, à Atalide.

Taisez-vous, si vous aimez Hercide.

NADIR.

C'est à votre heureux époux à vous le faire oublier, à effacer les transports insensés qui l'ont égaré tantôt, à en mériter le pardon. La nuit s'oppose encore à mes empressemens ; le pontife, les prêtres, les ministres des lois, tout repose, hors ceux que tourmente ou que charme l'amour. (*Lui prenant la main.*) Venez; les premiers rayons du jour éclaireront mon triomphe. Puisse votre cœur, répondant enfin au mien, partager, augmenter, éterniser mon ivresse.

(Il sort avec Atalide ; le reste suit.)

FIN DU SECOND ACTE.

ACTE III.

Le théâtre représente l'appartement des femmes.

SCÈNE PREMIÈRE.

MORAD, EN COSTUME DE CUISINIER, ET POURSUIVI PAR ACOMAT, HUSSEIN, ET PLUSIEURS EUNUQUES.

MORAD, criant.

Non, non, non, je ne resterai pas là.

ACOMAT.

Faquin!

MORAD.

Faquin toi-même.

ACOMAT.

Pénétrer la nuit dans l'appartement des femmes!

MORAD.

Je pénètrerais en enfer, pour éviter vos fourneaux, vos casserolles, votre piment, votre opium, et cætera, et cætera. Je ne suis pas cuisinier, je ne suis pas fait pour l'être, et par la sambleu, je ne le serai pas.

ACOMAT.

Veux-tu te taire, malheureux!

ACTE III, SCÈNE I.

MORAD.

Je veux crier, tempêter, jurer.

HUSSEIN.

Tu vas nous perdre tous.

MORAD.

Je m'en bats l'œil.

ACOMAT, aux eunuques.

Qu'on le bâillonne, qu'on le transporte.

(On fait un mouvement.)

MORAD, tirant son grand couteau.

Par la mort, je donnerai de mon grand couteau dans le ventre du premier qui s'approchera. Ce tranchelard, dans la main de Morad, sera le sabre de Mahomet. (*Il se met en garde, et se défend alternativement devant ceux qui sont près de lui.*) Ha!..... ha!..... ha!.....

(Pirrha et les femmes sortent effrayées de leurs cabinets.)

PIRRHA.

Comment! c'est toi qui fais ce tintamare?

MORAD, lui donnant un soufflet.

Mêle-toi de tes affaires.

ACOMAT, à Morad.

Un soufflet à une femme!....

MORAD, donnant un soufflet à Acomat.

C'est la mienne.

HUSSEIN, à Morad.

A un officier du sérail!

MORAD, donnant un soufflet à Hussein.

J'en ai au service de tout le monde. (*Souffletant ceux qui sont près de lui, qui se renversent les uns sur les autres.*) Et pan à droite, et pan à gauche, et pan par-ci, et pan par-là. (*A Acomat, son couteau levé.*) Ouvre-moi les portes, coquin, ou je vais t'essoriller.

LES FEMMES, effrayées.

Au secours, au secours !

SCÈNE II.

MORAD, ACOMAT, HUSSEIN, PIRRHA, ALI, NADIR.

ALI.

Quels sont les téméraires.....

MORAD, à Nadir.

Hé! venez donc, officier supérieur.

NADIR, à Morad.

C'est toi qui troubles le silence qui règne sans cesse en ces lieux.

MORAD.

C'est moi qui vais vous assourdir; c'est moi, qui, dans ma colère, suis homme à renverser, à bouleverser la Syrie tout entière, si je n'obtiens bonne, prompte et éclatante justice.

ALI.

Que dirais-tu, si on te la rendait ?

MORAD.

Qui vous demande votre avis, docteur ?

NADIR.

Sais-tu qu'un homme qui ose pénétrer ici est à l'instant puni de mort ?

ACTE III, SCÈNE II.

PIRRHA.

C'est de droit.

MORAD, à Pirrha.

Et tu voudrais déja que la chose fût faite. (*A Nadir.*) Mais, seigneur officier, on écoute un homme avant de l'empaler.

NADIR, souriant.

Cela serait assez difficile après.

MORAD.

Vous m'avez plu au premier coup d'œil.

NADIR.

C'est très-heureux.

MORAD.

Vous avez je ne sais quoi qui inspire la confiance.

NADIR.

Vous me flattez.

MORAD.

Pas du tout, ou le diable m'emporte, et je vais vous conter en gros ce que j'ai souffert en détail. (*On le tire par son doliman.*) Non, je déclarerai tout, et vous ne gagnerez rien avec vos courbettes et vos grimaces. (*A Nadir.*) Dites à votre impertinent bacha... (*On le tire plus fort.*) Tirez tant qu'il vous plaira; je vous abandonne mon doliman. (*Il s'en débarrasse.*) Dites à votre impertinent bacha....

ALI.

Malheureux!

NADIR, d'un ton sévère.

Qu'on le laisse parler.

MORAD.

Que sa valetaille, plus impertinente encore, a seule causé tout ce tumulte; que ces drôles-là, de leur autorité privée, m'ont transformé en tourne-broche; qu'ils m'ont bafoué, vilipendé, mystifié; qu'il est responsable des sottises de ses gens, et que je prétends en avoir satisfaction.

NADIR.

Acomat, un homme estimable n'abuse jamais de la faiblesse, et n'insulte pas à l'infortune. Mes principes vous sont connus, et vous osez les enfreindre, vous, qui devriez être le premier à les faire respecter!

ACOMAT, s'excusant.

Seigneur....

MORAD.

Il parle bien, l'officier supérieur; mais, il parle en bacha.

ALI.

C'est le bacha lui-même.

MORAD.

J'en suis, parbleu, bien aise. (*Lui présentant la main.*) Touchez-là, seigneur bacha. Je sais bon gré au Grand-Seigneur d'avoir avancé un homme tel que vous. Je lui en ferai compliment à la première occasion, et je vous demande pardon de mes impertinences.

NADIR, à Morad, en souriant.

Je suis sensible aux félicitations, d'un genre tout-à-fait neuf, que je viens de recevoir de toi, et je t'engage à bannir toute inquiétude : (*avec sentiment*) mon

ACTE III, SCÈNE II.

cœur est trop plein de son bonheur, pour qu'aucun autre sentiment puisse y trouver accès.

MORAD.

Je suis enchanté, seigneur bacha, de vos aimables procédés; mais, ce faquin (*montrant Acomat*) en sera-t-il quitte pour la mercuriale que vous lui avez faite?

NADIR.

Non. Comme tu l'as très-bien observé, je suis responsable des sottises de mes gens, et je te dois une éclatante réparation. Prononce sur le sort de cet homme, je l'abandonne à ta justice.

MORAD.

Et je jugerai....

NADIR.

Sans appel.

ACOMAT, à part.

Aïe, aïe.

MORAD, à Acomat.

Approchez, petit officier. (*Acomat s'incline.*) Plus bas, plus bas encore : vous êtes devant votre juge. Il est inutile, je crois, de perdre le temps en accusations, interrogations, confrontations, interpellations, et autres mots en *ion*, rocambole des tribunaux : les faits sont prouvés; je prononce.

ACOMAT, à part.

Je suis perdu.

MORAD, à part.

Je crois que le coquin frissonne. (*A Acomat, avec emphase.*) Au plus coupable acharnement, ton cœur malfaisant s'abandonne ; il n'est pas de vil traitement que n'ait souffert mon auguste personne... Si Morad s'en souvient, ton juge te pardonne. (*Au bacha, en se frottant les mains.*) Je crois, mon cher ami, que voilà un petit jugement que Salomon lui-même ne désavouerait pas.

NADIR.

Je suis content de toi. (*A Ali.*) Qu'on lui donne deux cents sequins.

MORAD.

Laissez donc, bacha, laissez donc. De l'argent, parce que je n'ai pas été lâche! je fais plus de cas de votre estime, que de tous les sequins de l'empire.

NADIR.

Tu es cadi de Damas.

MORAD, sautant çà et là.

Je suis cadi!..... je suis cadi!..... Place au cadi, qu'on se range devant le cadi... (*Revenant au bacha.*) Ah, diable! et les lois que je ne connais pas?

NADIR.

Le magistrat vraiment intègre n'a besoin que du flambeau de sa conscience. (*A Ali.*) Qu'on aille aussitôt l'installer.

MORAD.

Adieu, équitable, estimable, inappréciable bacha. Foi de magistrat, je viendrai vous revoir, et nous raisonnerons justice, en fumant amicalement à la même pipe, et en buvant le sorbet dans la même tasse.

(Il sort avec Ali.)

SCÈNE III.

PIRRHA, NADIR, ACOMAT, HUSSEIN,
Femmes, Suite.

NADIR.

J'ai fait un magistrat, qui d'abord n'imprimera pas le respect, mais qui bientôt commandera la confiance. (*A Pirrha.*) Occupons-nous maintenant des plus chers intérêts de mon cœur. Que pense, que dit, que fait Atalide?

PIRRHA.

Elle attend le moment de la cérémonie....

NADIR, avec une sorte d'inquiétude.

Sans impatience?

PIRRHA.

Et sans effroi.

NADIR, vivement.

Serait-il vrai?...

PIRRHA, à part.

Il faut mentir. (*Haut.*) Le jour s'approche, et déja ses femmes, chargées des plus riches étoffes et des bijoux les plus précieux, se sont présentées devant elle. Elle a souri à la brillante parure, qui va donner un nouvel éclat à sa beauté.

NADIR, impatienté.

Après?

PIRRHA.

Je l'aimerai, a-t-elle dit à demi-voix; je l'aimerai,

et comment m'en défendre? il est tendre, délicat, généreux; il a tout ce qui séduit les ames.

NADIR, avec transport.

Femmes du sérail, eunuques, esclaves, je prends une compagne qui règne sur mon cœur, et qui me promet le sien. Je ne veux de garant de sa fidélité que ses sermens et sa vertu; je ne veux près de moi qu'une femme, en qui je trouverai les qualités et les charmes de toutes. Vous, qu'un usage cruel à soumis à ma puissance, vous qui tombiez à mes genoux, et qui me maudissiez peut-être en secret, rentrez dans les droits de la nature, disposez de votre sort, et soyez assurés que mes bienfaits vous suivront partout. Allez.

(Tous sortent du même côté.)

SCÈNE IV.

PIRRHA, NADIR, ATALIDE.

(Atalide très-richement parée, marche au hasard, triste et pensive. Pendant le couplet suivant, elle rencontre souvent l'œil de Pirrha, qui la contient par son air menaçant.)

NADIR, allant au-devant d'Atalide, du ton de la plus extrême tendresse.

Atalide, c'est vous; c'est vous qui me cherchez peut-être, qui venez dissipper les nuages qu'avait formés une longue et affligeante résistance. Ne craignez pas que je m'en souvienne. Vous ne deviez pas votre cœur à celui qui n'avait pu encore vous offrir le sien; vous ne pouviez en bannir, en un jour, celui qui obtint votre premier sentiment... Atalide, mon Atalide, que le souvenir du passé se perde dans la source inépuisable de félicités qui s'ouvre devant nous. Encore un moment, et l'aurore va renaître; encore un moment, et Nadir n'aura plus rien à désirer. Mon impatience va prévenir, hâter, précipiter le temps... Je te quitte, mais pour ordonner les derniers apprêts, pour déposer enfin à tes pieds mon rang et ma puissance, et te rendre à jamais l'unique arbitre de mon sort.

SCÈNE V.

PIRRHA, ATALIDE.

PIRRHA.

Vous avez suivi mes instructions; vous vous êtes observée, vous n'avez sonné mot; vous méritez des éloges, et je vous loue. Je vais voir si Hercide saura enfin s'exécuter, et s'il le fera d'aussi bonne grace.

ATALIDE, effrayée.

Vous allez, dites-vous...

PIRRHA.

M'informer s'il est disposé à me tenir ce qu'il m'a juré, s'il veut aussi mériter que je me taise. Vous vous mariez malgré vous, et je l'épouserai malgré lui. Vous prenez votre parti, il prendra le sien.

ATALIDE, d'un ton suppliant et douloureux.

Mais, Pirrha...

PIRRHA.

Mais, mais, il faut que cela soit ainsi. Je suis douce,

je suis bonne, je suis obligeante; mais, je n'entends pas qu'on me résiste, et si ce petit traître d'Hercide s'avisait d'être récalcitrant....... J'ai l'oreille du bacha; je n'ai qu'un mot à dire pour le perdre, et je lui ferai voir que la colère d'une femme est le plus terrible des fléaux.

SCÈNE VI.

ATALIDE, seule.

Ce n'est pas assez de m'avoir perdue; elle veut que je connaisse toute l'étendue de mes maux. Elle me confie ses odieux projets sur Hercide, qui, dédaignant ses prières et ses menaces, va braver son ressentiment. Hercide!... cher amant!... Quel mot viens-je de prononcer? malheureuse, tourne tes yeux sur toi-même.... regarde l'or, la soie, les diamans qui te couvrent. Déja tu ne t'appartiens plus : on a paré la victime, il ne reste qu'à l'égorger.

SCÈNE VII.

ATALIDE, HERCIDE, déguisé en eunuque noir.

HERCIDE.

Notre malheur est certain, il est inévitable; l'espoir même est éteint dans mon cœur. J'ai voulu te voir, te parler pour la dernière fois.

ATALIDE, s'écriant.

C'est lui!

HERCIDE, ôtant son masque.

Oui, j'ai gagné un noir, j'ai pris ses habits, j'ai traversé ces pérystiles qu'éclairent cent flambeaux; j'ai percé à travers cette foule d'esclaves, qui célèbrent bassement le triomphe insolent d'un maître; tous les yeux sont fixés sur toi, la fuite est impossible; le barbare va te posséder, et moi je vais mourir!

ATALIDE, suppliante.

Hercide, mon cher Hercide!

HERCIDE.

Mon sort est arrêté. Cette Pirrha, cette femme cruelle...

ATALIDE.

Sais-tu à quel prix elle met son silence? sais-tu ce qu'elle exige de toi?

HERCIDE.

Je connais son amour insensé; le reste n'est pas difficile à prévoir. Mais, je ne rachèterai pas mes jours odieux au prix de mon infamie.

ATALIDE.

Voilà ce que je redoutais.

HERCIDE.

Dans ses transports jaloux, elle me nommera au bacha, qui épuisera sur moi sa vengeance... Il faut finir; je finirai..... mais, en homme supérieur aux évènemens, en homme digne d'Atalide.

ATALIDE.

Et cette Atalide, qui a tout fait pour te sauver, qui perd le fruit du plus amer sacrifice..... crois-tu qu'elle veuille te survivre? crois-tu qu'elle balance à s'unir avec toi dans la nuit du tombeau?

HERCIDE, d'un ton sombre.

Je n'exige, je ne demande rien.

ATALIDE.

Je vais au-devant de tes vœux.

HERCIDE.

De mes vœux!

ATALIDE.

Ton cœur se brise à la seule idée de me voir en la puissance d'un autre.

HERCIDE, du ton d'un morne désespoir.

Ah! cette idée est affreuse.

ATALIDE.

La mort est le dernier asyle des amans infortunés.

HERCIDE.

Et tu aurais l'affreux courage de la recevoir!

ATALIDE.

Je t'épargnerai l'effort de me la donner.

HERCIDE.

Tu le crois?

ATALIDE.

Me ferais-tu l'injure d'en douter?

SCÈNE VIII.

HERCIDE, ATALIDE, PIRRHA.

PIRRHA.

Je ne l'ai pas trouvé dans les jardins.

HERCIDE, *tirant un poignard avec une joie féroce.*

Hé bien! vois ce fer, c'est le seul ami qui nous reste. Frappons, tombons, mourons dans les bras l'un de l'autre ; que notre dernier soupir soit le supplice du barbare, et notre dernier hommage à l'amour.

ATALIDE.

Donne, donne.

(Elle lui prend le poignard.)

PIRRHA.

Courons, appelons, sauvons-le de lui-même.

(Elle sort précipitamment.)

SCÈNE IX.

ATALIDE, HERCIDE.

ATALIDE, *égarée et fixant le poignard, et attirant Hercide vers une pile de carreaux.*

Je le regarde sans pâlir... Viens... viens... Adieu, adieu, mon Hercide. Détourne les yeux... je vais me frapper.

(Elle lève le bras.)

HERCIDE, *lui ôtant le poignard.*

Arrête... arrête... ton flanc ouvert, tes yeux éteints, tes joues décolorées... cette image me saisit d'horreur. (*Il jette le poignard.*) Je ne peux la supporter.

SCÈNE X.

ATALIDE, HERCIDE, NADIR, PIRRHA, ALI, SUITE.

NADIR, à Pirrha, en descendant la scène.

Où est-il cet homme qui n'est pas coupable, disiez-vous à Acomat, et qui ose approcher Atalide? (*A Hercide.*) Que signifient ce désordre, ce poignard?... Réponds?...

HERCIDE.

J'ai voulu mourir avec elle.

NADIR.

Traître, qui es-tu?

HERCIDE, avec noblesse et calme.

Le fils du gouverneur de Tamar, ton égal et ton rival heureux.

NADIR, furieux.

Qu'on le traîne au supplice.

ATALIDE.

Barbare!

(On saisit Hercide.)

HERCIDE, à Nadir.

Tu combles mes vœux les plus doux. Mais, veille sur Atalide, sauve-la de son désespoir. Qu'elle vive, même pour toi, lorsque je ne serai plus.

NADIR, remontant la scène.

Qu'on l'entraîne.

ATALIDE, ramassant le poignard, et le cachant dans son sein.

Je suis encore maîtresse de mon sort.

SCÈNE XI.

ATALIDE, NADIR, ALI.

NADIR, *descendant la scène.*

Et toi, toi! que j'ai tant aimée; pour qui j'ai oublié et mon rang et nos usages; dont je n'ai pas dédaigné l'obscurité et la misère; toi, enfin, qui as payé mes bienfaits par la plus noire ingratitude, par la plus coupable perfidie, que diras-tu qui puisse atténuer ce forfait?

ATALIDE.

Que feras-tu pour effacer le tien? Monstre! tu envoies au supplice un homme, dont le seul crime est de m'aimer, que mon infortune a conduit à Damas, et que le hasard t'a livré. Je l'adorais... Une femme, une furie à suspendu le glaive sur sa tête. Pour l'en détourner, éperdue, égarée, j'allais t'ouvrir mes bras, je me jetais dans les tiens... Sa mort me rend à moi-même. N'espère plus rien de moi. Je te voue une haine implacable, éternelle. Puisses-tu toujours aimer sans jamais être heureux! Puissent les objets divers de tes atroces désirs frémir d'horreur à ton approche, et répondre à tes soupirs par des imprécations! Périssent tes grandeurs et ta funeste autorité! Puisses-tu, déchu de ton rang, oublié, avili, détesté, être poursuivi, sans relâche, par l'ombre menaçante de mon amant! Puisse enfin ton cœur froissé, meurtri, déchiré, éprouver à son tour les tourmens qui dévorent le mien.

(Elle chancelle.)

NADIR.

Je ne me connais plus. Ma rage est à son comble... Je brûle de l'immoler, et mon lâche cœur me parle encore pour elle. Elle chancelle, elle tombe!... (*Il court à elle et la soutient.*) La mort se peint dans tous ses traits... (*Il sent le poignard.*) Un fer.... quel sinistre dessein!... (*Il déchire le haut de sa tunique, et retire le poignard. On voit un portrait en médaillon pendu au cou d'Atalide.*) Un portrait! (*Il le fixe.*) Est-il possible? Ciel! (*Il le détache, et en se levant.*) Quel hasard! quel prodige!... (*Il retourne à Atalide, qui revient à elle.*) Atalide, Atalide, revenez à vous, ouvrez les yeux, parlez, répondez. Ce portrait!...

ATALIDE, s'écriant autant que le permet sa faiblesse.

Rendez-le-moi, c'est celui de mon père.

NADIR.

Son père! son père!.. Dieu tout-puissant! (*A Ali.*) Ne perds pas un moment. Arrache ce jeune homme au supplice. Cours, vole. Tu me réponds de sa vie sur ta tête.

SCÈNE XII.

ATALIDE, NADIR.

ATALIDE.

Qu'entends-je!

NADIR.

Venez, répondez-moi, je vous en prie, je vous en conjure... Comment se nommait votre père?

ACTE III, SCÈNE XII.

ATALIDE, étonnée.

Osmin.

NADIR.

Et, qui vous a donné ce portrait?

ATALIDE.

Je le tiens de ma mère.

NADIR.

Son nom?

ATALIDE.

Roxane.

NADIR.

Pas d'autre nom?

ATALIDE.

Dans des temps plus heureux, elle s'appela Fatime.

NADIR.

O mon Dieu! mon Dieu! je te remercie, tu m'as épargné un double crime, et tu rends la paix à mon cœur... Mais, on tarde bien à paraître... Leur empressement aurait-il égalé mes fureurs!

ATALIDE.

Mes idées se heurtent, se confondent... Je ne sais que penser, que croire, qu'espérer.

NADIR.

C'en est fait, il est mort!... il est mort!... Non... J'entends du bruit... on vient... C'est lui... c'est lui-même.

SCÈNE XIII.

ATALIDE, NADIR, HERCIDE, ALI, PIRRHA, SUITE.

NADIR.

Hercide, voilà votre épouse. Atalide, embrassez votre père.

HERCIDE ET ATALIDE, ensemble.

Ciel!

ATALIDE.

Mon père!

NADIR.

Oui, c'est moi qui ai abandonné ta malheureuse mère, c'est moi qui ai brûlé d'un coupable amour, c'est moi que la violence des passions entraînait à tous les crimes, et qui veux les réparer tous. Je reviens pour toi au sentiment de la nature, je te donne à ton heureux amant, et je vais te rendre ta mère. Pour moi, confus, humilié devant elle, je demanderai, je mériterai, j'obtiendrai l'oubli de mes torts. J'ai fait le malheur de ses jeunes ans; il lui reste encore de beaux jours, je les embellirai, et, plus tard, je serai l'appui, la consolation de sa vieillesse.

ATALIDE ET HERCIDE, embrassant Nadir.

O mon père, mon digne père!

PIRRHA.

Voilà donc ce mariage fait, et mes projets au diable. Ma foi, je ne m'y attendais guère.

HERCIDE, d'un ton sec.

Cela vous contrarie un peu.

PIRRHA.

Beaucoup ; mais, il faut savoir prendre son parti. J'espère que les jeunes époux n'auront pas de rancune. Je les ai tourmentés, à la vérité ; mais, enfin, j'ai fait leur bonheur sans le savoir.

HERCIDE.

Et sans le vouloir.

ATALIDE.

Laissons-cela, mon ami ; occupons-nous de nous-mêmes.

PIRRHA.

Seigneur bacha, vous avez donné la volée aux femmes du sérail, je ne suis plus nécessaire ici. Je vais retrouver mon cadi, dont je ne suis pas fort éprise...

HERCIDE.

Je le crois.

PIRRHA.

Mais, on tient à ses petites habitudes, et mon cadi vaut encore mieux que rien.

SCÈNE XIV.

ATALIDE, NADIR, HERCIDE, ALI, PIRRHA, ACOMAT, HUSSEIN, MORAD, SUITE.

MORAD, forçant l'entrée.

Je veux lui parler ; je lui parlerai, te dis-je.

ACOMAT.

Le bacha n'a pas le temps de vous écouter.

MORAD, écartant Acomat.

Il le prendra, morbleu! il s'agit d'affaires d'état. (*S'approchant.*) Mon cher bacha, mon digne ami, vous m'avez fait installer, et aussitôt j'ai convoqué tous les plumassiers de ma dépendance. Je leur ai notifié mon projet de réformer les lois; ils m'ont recommandé la forme. Je leur ai déclaré que je n'entendais pas qu'un procès durât plus de huit jours; ils m'ont objecté la forme. Je leur ai défendu de recevoir de l'argent des plaideurs; ils m'ont encore cité la forme. Fatigué de tant de formes, j'ai répliqué que si j'avais les miennes, je les leur jetterais à la tête. Mes assesseurs et l'auditoire m'ont insolemment ri au nez. Je me suis emporté; ils ont ri plus fort. J'ai poché des yeux; j'ai cassé des dents. On a fait pleuvoir sur moi les registres, les écritoires, et tous les meubles de ma salle du conseil. Je me suis sauvé, on m'a poursuivi, et je me réfugie ici, à travers les gourmades et les huées du peuple. Les hommes ne méritent pas le bien qu'on veut leur faire; ils sont indignes d'être gouvernés par Morad, et je retourne philosopher chez moi.

HERCIDE.

Voilà la clef.

MORAD.

Dans mon désespoir, je suis capable... de me raccommoder sincèrement avec ma femme.

ACTE III, SCÈNE XIV.

PIRRHA, lui présentant la main.

Tope.

NADIR.

Morad, nous parlerons dans un autre moment de ce qui t'intéresse. Aujourd'hui, je suis tout à mes enfans.

(Passant entre Hercide et Atalide.)

Venez. Que l'hymen vous unisse, et que les plaisirs les plus doux effacent jusqu'au souvenir de vos maux.

(Le théâtre change, et représente un jardin plus élégant que le premier. Les eunuques et les femmes du sérail dansent un ballet général. Le bacha, ses enfans, ses officiers, Pirrha et Morad président à la fête, qui se termine par un feu d'artifice.)

FIN DE LA LANTERNE MAGIQUE.

LES
RIVAUX D'EUX-MÊMES,

COMÉDIE

EN UN ACTE ET EN PROSE.

PERSONNAGES.	ACTEURS.
DUPONT, aubergiste et maître de poste.	Faur.
DERVAL, officier de cavalerie.	Clauzel.
FORVILLE, *idem*, au même régiment.	Chevalier.
Madame DERVAL.	Mesd. Faur.
LISE, suivante de madame Derval.	Toussaint.
GARÇON d'auberge, parlant.	Buisson.

Personnages muets.

Officiers de différens corps.
Garçons d'auberge.

La scène est dans une auberge de village, à six lieues de Paris, sur la route de Flandre.

———

Représentée, pour la première fois, sur le théâtre de la Cité-Variétés, le 22 thermidor an VI, et sur le Théâtre-Français.....

LES RIVAUX D'EUX-MÊMES,

COMÉDIE.

Le théâtre représente un salon commun, avec des portes de côté. Une table avec papier, plume et encre.

SCÈNE PREMIÈRE.

DUPONT, GARÇONS D'AUBERGE.

DUPONT.

Allons, enfans, de l'activité, du zèle; que toutes les chambres soit prêtes, et surtout la plus grande propreté. Ou je me trompe fort, ou la journée sera bonne. Nous sommes sur la route de Flandre; les officiers blessés à Fontenoy se font transporter à Paris. Il y en aura qui auront besoin de repos; d'autres seront obligés d'attendre mes postillons et mes chevaux. Nous les recevrons de notre mieux, et nous les garderons le plus long-temps que nous pourrons. Ne perdons pas de temps, que chacun se rende à son poste. (*On sort.*) Vous, monsieur le chef de cuisine, courez le village avec vos aides, et prenez ce que vous trouverez de mieux : il n'y a rien de trop bon pour des vainqueurs. Allez, mon ami, allez.

SCÈNE II.

DUPONT, seul.

C'est un homme bien précieux, que ce maréchal de Saxe! il bat les Anglais, et fait les affaires des aubergistes et des maîtres de poste. C'est vraiment un homme admirable. Tâchons de faire notre métier comme il vient de faire le sien. (*Ecoutant.*) Oh, oh! une voiture! c'est de bonne heure. Voyons ce que c'est.

SCÈNE III.

DUPONT, un GARÇON.

LE GARÇON.
C'est une demoiselle dans un cabriolet.

DUPONT.
La demoiselle dans ce salon, le cabriolet sous la remise, et le cheval à l'écurie.

(Le garçon sort.)

SCÈNE IV.

DUPONT, seul.

Une demoiselle! je n'en suis pas fâché : nos officiers ne les haïssent pas. Si celle-ci est aimable, la conversation s'engagera, et quand on cause, le temps s'écoule, et on ne pense pas à partir.

SCÈNE V.

LISE, DUPONT.

DUPONT.

Hé ! c'est la femme de chambre de madame Derval.

LISE.

Mieux que cela, c'est madame Derval elle-même.

DUPONT.

Elle arrive ?

LISE.

Elle me suit.

DUPONT.

Seule ?

LISE, d'un air mystérieux.

Seule. Elle vient attendre ici quelqu'un...

DUPONT.

Vous me dites cela d'un air de mystère...

LISE.

Mais, c'est qu'il y en a beaucoup.

DUPONT, souriant d'un air intrigué.

Ah ! vous me conterez cela, mademoiselle Lise.

LISE.

J'ai pris le devant tout exprès.

DUPONT.

En vérité ?

LISE.

Écoutez-moi, mon cher Dupont.

DUPONT.

Je ne perds pas un mot.

LISE.

On a marié ma maîtresse...

DUPONT.

A l'âge de dix ans. Je sais cela.

LISE.

Monsieur Derval...

DUPONT.

N'en avait encore que quatorze. Après ?

LISE.

Mais, il donnait dès lors les plus belles espérances. C'est le fils d'un excellent officier, qui, de simple soldat, est parvenu, à force de mérite, aux grades supérieurs, et qui, je ne sais dans quelle affaire, a sauvé la vie à notre vieux maître. Enfin, c'était un de ces arrangemens d'amitié et de convenance...

DUPONT.

Qui ne sont pas sans exemple. D'ailleurs, je reconnais là le cœur de monsieur d'Heynel. Je lui dois ma petite fortune, et certes... Mais, continuez mademoiselle.

LISE.

Vous concevez qu'une demoiselle de dix ans, et un jeune homme de quatorze...

DUPONT.

Ne se marient que pour la forme.

LISE.

C'est cela précisément. Le jeune homme, en des-

SCÈNE V. 555

cendant de l'autel, monta dans une chaise de poste avec son gouverneur...

DUPONT.

Et partit avec résignation.

LISE.

Avec assez d'humeur.

DUPONT.

Voyez-vous le petit espiègle.

LISE.

On lui obtint du service dans un régiment de cavalerie, et au retour de ses voyages, il fut joindre l'armée devant Prague.

DUPONT.

Sans voir sa femme?

LISE.

Depuis six ans, il n'a point approché Paris.

DUPONT, souriant.

Madame a donc aussi voyagé?

LISE.

Elle n'a point quitté sa mère, et n'est point sortie de la banlieue.

DUPONT.

Quelle patience!

LISE.

Et quel ennui! Une femme de seize ans, vive, sensible...

DUPONT, souriant.

Et peut-être un peu curieuse. Enfin?

LISE.

Derval a eu l'honneur de prendre un drapeau à la bataille de Fontenoy, il a obtenu un congé...

DUPONT.

Ah! c'est trop juste.

LISE.

Et il arrive aujourd'hui à Paris, avec l'empressement d'un mari de vingt ans, qui brûle de connaître sa femme, dont les lettres lui ont provisoirement tourné la tête.

DUPONT.

Je ne vois rien de mystérieux dans tout cela.

LISE.

M'y voici.

DUPONT.

Je redouble d'attention.

LISE.

Ma maîtresse, faite comme les Graces, jolie comme les Amours, fine comme un lutin, et persuadée de ce qu'elle vaut...

DUPONT.

C'est tout simple.

LISE.

Se défie, cependant, de la bizarrerie des hommes.

DUPONT.

Et peut-être n'a-t-elle pas tort.

LISE.

Son mari s'est fait d'elle une si haute idée, qu'en dépit de sa petite vanité, elle craint parfois de ne pas réaliser la chimère qu'il s'est créée. Elle sent que

SCÈNE V. 557

Derval, délicat, bien élevé, ne laissera rien percer des sensations qui pourraient lui être défavorables, et elle veut être bien sûre de la façon de penser de son mari. Depuis six ans, il ne l'a pas vue. Elle est devenue méconnaissable pour lui ; elle compte se présenter à son jeune époux, sans en être connue, et elle vous prie d'aider au succès de sa petite ruse.

DUPONT.

La fille de mon bienfaiteur n'a que des ordres à me donner.

LISE.

Elle s'appellera madame d'Alleville ; elle sera partie pour se rendre près de son mari, dangereusement blessé à Fontenoy ; vous n'aurez de chevaux pour personne ; vous mettrez M. Derval dans une chambre voisine de la sienne...

DUPONT.

J'y suis, j'y suis. Il s'impatientera, il tempêtera ; je le prierai de ménager l'épouse du général d'Alleville, dont la chambre touche à la sienne. En homme qui sait vivre, il demandera la permission de la saluer ; madame d'Alleville l'accordera, M. Derval se présentera, et ma foi...

LISE.

A merveilles, à merveilles.

DUPONT.

Holà ! quelqu'un. (*Un garçon entre.*) Tous les postillons à cheval, tous les chevaux à la première poste, sur le chemin de Paris, un seul bidet ici pour aller chercher les autres quand il en sera temps.

(*Le garçon sort.*) Vous voyez, mademoiselle Lise, que j'entends au premier mot, et que je vais au-delà de vos intentions.

SCÈNE VI.

LISE, DUPONT, un GARÇON.

LE GARÇON.

Un vis-à-vis à quatre chevaux.

DUPONT.

Venant de Flandre?

LE GARÇON.

De Paris.

LISE.

Amenant une dame?...

LE GARÇON.

Et jolie, mais jolie...

LISE.

C'est elle; je cours la recevoir.

DUPONT.

Et moi, je vais tout ordonner.

SCÈNE VII.

DUPONT, le GARÇON.

DUPONT.

Un joli dîner pour cette chambre. (*Il indique une porte à sa gauche.*) Deux couverts.

SCÈNE IX.

LE GARÇON.

Mais, cette dame est seule.

DUPONT.

Deux couverts, et point de réflexions. Du vin de Constance...

LE GARÇON.

De celui que vous faites ?

DUPONT.

Non, du petit caveau. Les domestiques au numéro 10, au bout de la petite galerie ; la tranche de jambon et le Bourgogne à discrétion. Marche.

SCÈNE VIII.

DUPONT, seul.

En occupant les gens à boire, on les empêche de se mêler des affaires de leurs maîtres : il faut penser à tout.

SCÈNE IX.

DUPONT, MADAME DERVAL, LISE.

MADAME DERVAL.

Hé ! bonjour, mon cher Dupont !

DUPONT, avec un sérieux comique.

J'ai l'honneur de présenter mes respects à madame d'Alleville.

MADAME DERVAL.

Bien, très-bien. Voilà le ton qu'il faut prendre.

DUPONT, toujours gourmé.

Le général d'Alleville n'est plus à plaindre, madame. Votre empressement lui fera chérir sa blessure, et votre seul aspect hâtera sa convalescence.

MADAME DERVAL.

Comment donc, de la galanterie!

DUPONT, de même.

Auprès de vous, madame, on n'est jamais galant.

LISE.

On est vrai, et vous le savez bien.

MADAME DERVAL.

De mieux en mieux. Mais, laissons cela, et revenons à nos petits arrangemens.

DUPONT.

Tout est arrangé, madame, comme vous l'avez désiré. Voilà votre chambre (*il montre la porte à gauche*); celle d'à côté est pour monsieur. Vos gens vont s'enivrer à l'extrémité du bâtiment. Je suis discret, mademoiselle est attachée, vous êtes charmante. M. Derval est tendre, le reste va de suite. Je vous salue, et je retourne à mes affaires.

SCÈNE X.

MADAME DERVAL, LISE.

MADAME DERVAL.

Cet homme est vraiment aimable.

LISE.

Hé! pouvez-vous en trouver d'autres?

SCÈNE X.

MADAME DERVAL.

Tu ne me flattes pas?

LISE.

Incapable, madame.

MADAME DERVAL.

Je puis donc espérer que Derval...

LISE.

Daignera vous rendre justice, et sentir tout son bonheur.

MADAME DERVAL.

Ah! c'est que les maris...

LISE.

A la vérité, ils ont quelquefois des torts.

MADAME DERVAL.

On le dit.

LISE.

Ils ont aussi leur joli côté.

MADAME DERVAL.

C'est ce qu'on dit encore.

LISE.

Vous jugerez bientôt de l'un et de l'autre.

MADAME DERVAL.

Plus le moment approche, plus je suis inquiète, préoccupée.

LISE.

Folie. Et tant pis, après tout, pour monsieur Derval, s'il n'est pas ce qu'il doit être. Une jolie femme a tant de moyens de dissipation!...

MADAME DERVAL, d'un air sévère.

Lise!

LISE, se reprenant.

La lecture, la promenade, la musique; que sais-je, moi?

MADAME DERVAL, rêvant.

C'est peu de chose que cela. (*Avec dépit.*) Ces malheureux Bohémiens avaient bien affaire d'arrêter le courrier du ministre de la guerre. Il aurait reçu mon portrait, il me connaîtrait, il ne se serait pas fait une idole...

LISE, avec impatience.

Qui, à coup sûr ne vous vaut pas.

MADAME DERVAL, d'un ton caressant.

Tu le crois?

LISE, du même ton.

Vous aimez à vous l'entendre répéter.

MADAME DERVAL.

Oh! ce n'est pas par amour-propre.

LISE.

Ah! sans doute.

MADAME DERVAL.

Mais, je l'aime tant, ce cher Derval!

LISE.

On assure qu'il est si bien!

MADAME DERVAL.

Je ne tiens pas essentiellement à la figure.

LISE.

Heu! un joli homme en vaut bien un autre. On peut pardonner à celui-ci d'être grand, bien fait, brave.

SCÈNE X.

MADAME DERVAL, avec chaleur.

Et il écrit... il écrit...

LISE.

Comme un ange, madame... (*Finement.*) Il n'aurait aucun de ces avantages, que vous l'aimeriez de même.

MADAME DERVAL, hésitant.

Oui... (*Gaîment.*) Mais, comme tu l'observes fort bien, ces agrémens...

LISE.

N'ont jamais déparé personne.

MADAME DERVAL.

Enfin, nous allons le voir.

LISE.

Moi, je m'en fais une fête.

MADAME DERVAL.

J'étudierai son caractère.

LISE.

Il n'aura pas d'intérêt à vous tromper.

MADAME DERVAL.

Je le voudrais franc, délicat, enjoué...

LISE.

Tendre, surtout.

MADAME DERVAL.

Tu achèves ma pensée. S'il allait m'aimer...

LISE.

Sans savoir qui vous êtes.

MADAME DERVAL.

M'être infidèle.....

LISE.

Par excès d'amour.

MADAME DERVAL.

Cela serait charmant.

LISE.

Divin.

MADAME DERVAL.

C'est bien alors que je compterais sur son cœur.

LISE.

Quel plaisir pour une femme, de tenir tout d'elle-même, de ne rien devoir aux bienséances, aux procédés. Si jamais je me fixe, je veux un homme qui ne connaisse rien de tout cela.

MADAME DERVAL, jouant la frayeur.

Ah! mon Dieu!...

LISE.

Qu'est-ce?

MADAME DERVAL.

Des chevaux! des voitures!

LISE.

Avez-vous cru qu'il arriverait à pied?

(A travers les portes du fond, on voit des officiers traverser le théâtre.)

MADAME DERVAL.

Des officiers!

LISE, impatiente.

Hé, attendez-vous un prélat?

MADAME DERVAL.

Mais, je suis dans un désordre effroyable.

LISE.

Désordre bien avantageux à seize ans.

SCÈNE XI.

MADAME DERVAL.

Un peu d'art ne gâte rien. Je passe dans cette chambre.

LISE.

Je vous suis.

MADAME DERVAL.

Non, non, reste. Tu connais l'uniforme?

LISE.

Habit bleu, revers, paremens citron, agrémens en argent.

MADAME DERVAL.

Observe, étudie, et viens me rendre compte de tout.

(Elle sort.)

SCÈNE XI.

LISE, SUR LE DEVANT DE LA SCÈNE, DERVAL, LA MANCHE DROITE OUVERTE ET RATTACHÉE AVEC DES RUBANS NOIRS, FORVILLE, OFFICIERS DE DIFFÉRENS CORPS, DUPONT.

LISE.

J'aurais eu besoin aussi d'un peu de toilette... Ah! c'est un petit sacrifice que je fais volontiers à madame.

DUPONT.

Par ici, messieurs, par ici.

DERVAL.

Des chevaux, vite, des chevaux.

DUPONT.

Dans deux heures, j'en aurai trente à votre service.

DERVAL, *s'écriant.*

Comment, dans deux heures!

LISE, *à part.*

Voilà l'uniforme.

DERVAL.

Je ferai plutôt la route à pied.

LISE.

Le joli homme! si c'était lui!

FORVILLE.

Modère-toi, mon cher Déricourt.

LISE.

Déricourt! ah! quel dommage.

DERVAL.

Hé, modère-toi toi-même. Tu en parles bien à ton aise.

DUPONT.

Toutes ces chambres sont prêtes, les clefs sont aux portes, ces messieurs n'ont qu'à choisir.

FORVILLE.

Allons, messieurs, puisqu'il faut attendre, logeons-nous au hasard. (*Les officiers sortent de différens côtés. Derval reste avec Forville, qui descend la scène.* (*A Dupont.*) Dites un peu, l'ami; fait-on bonne chère chez vous?

DUPONT.

J'ai un cuisinier de Paris.

DERVAL.

Un cuisinier! des chevaux, des chevaux.

SCÈNE XII.

FORVILLE.

Et vous avez sans doute une espèce de chirurgien dans ce village?

DUPONT.

Très-savant, à ce qu'il dit.

DERVAL.

Je m'en suis tiré avec un coup de bayonnette dans le bras, et cette aimable enfant (*montrant Lise*) vaudra tous les chirurgiens du monde.

(Il lui prend la main.)

DUPONT, sortant.

En ce cas, je vous laisse avec elle.

SCÈNE XII.

FORVILLE, DERVAL, LISE.

LISE.

Finissez donc, monsieur; je ne me connais point en blessures.

DERVAL.

Hé! vous ne faites que cela.

LISE.

C'est sans le savoir.

DERVAL.

Le mal n'est pas moins cruel.

LISE, d'un petit air prude.

Je ne me charge pas de le guérir.

DERVAL, à Forville.

Elle est aimable.

LISE.

Vous êtes indulgent.

DERVAL.

Elle est jolie.

LISE.

Ah! vous êtes connaisseur.

DERVAL.

Embrassons-nous.

LISE.

Quoi, sans se connaître?...

DERVAL.

C'est le plus court moyen de faire connaissance.

LISE.

Je n'aime pas les liaisons précipitées.

DERVAL.

Ce sont les plus piquantes.

LISE.

Et les moins solides.

DERVAL.

Refuser un baiser à un homme qui arrive de Fontenoy!

LISE.

A ce titre-là, j'en donne deux. (*Elle l'embrasse.*) Et vous les rendrez au maréchal de Saxe.

DERVAL.

Il n'est pas dupe. Il aimera mieux les prendre lui-même.

LISE.

Oh! bien à son service. J'aime les héros, moi.

SCÈNE XII.

DERVAL.

Celui-ci l'est de toutes les manières.

LISE.

L'heureux mortel!

FORVILLE.

Mais, Déricourt, tu causes, tu causes, et ces messieurs se logent. Tu oublies auprès de mademoiselle, très-intéressante sans doute, que tu as besoin de repos.

DERVAL.

Tu le crois? moi je suis sûr du contraire.

FORVILLE, l'emmenant.

Toujours le même. Viens, et cherchons un coin où tu puisses être à ton aise.

DERVAL.

Allons donc, puisque mon Mentor le veut.

(Fausse sortie.)

LISE.

S'il m'était permis de vous arrêter encore un moment?

DERVAL, revenant.

Oh! je vous dois la préférence.

FORVILLE, le suivant.

Encore!

LISE.

J'ai entendu parler avec éloge d'un officier de votre régiment.

DERVAL.

Son nom?

LISE.

Derval.

Derval!

DERVAL, étonné.

LISE.

Vous le connaissez?

DERVAL, souriant.

Beaucoup.

LISE

On m'a dit qu'il doit arriver aujourd'hui.

DERVAL.

Et, qui vous a dit cela?

LISE.

Une jeune dame que j'ai laissée à Paris...

DERVAL.

Et qui ne le connaît pas plus que vous?

LISE.

Mais, qui brûle de le voir.

DERVAL.

L'empressement de Derval est au moins égal au sien.

LISE.

Vous croyez donc qu'il arrivera aujourd'hui?

DERVAL, souriant.

Oh! je vous en réponds.

LISE, saluant.

Mille remercîmens, monsieur.

DERVAL, l'arrêtant.

Et c'est là tout ce que vous vouliez?

LISE.

Je n'abuse point de la complaisance de mes amis.

SCÈNE XIII.

DERVAL, s'approchant pour l'embrasser.

Et vous les quittez aussi froidement?

LISE.

Pour ne pas l'être moi-même.

DERVAL.

Au nom du maréchal de Saxe...

LISE.

Il ne gagne qu'une bataille en un jour.

DERVAL.

Et vous ne donnez qu'un baiser par victoire?

LISE, sortant.

Ils n'ont plus de prix quand ils sont prodigués.

SCÈNE XIII.

FORVILLE, DERVAL.

DERVAL.

Elle est charmante, cette fille-là.

FORVILLE.

Étourdi! que penserait ta femme, si elle te voyait?

DERVAL.

Ma foi, mon ami, toute fille un peu jolie à droit aux hommages d'un officier français. Un baiser pris sans conséquence n'est pas une infidélité, et il n'est pas défendu d'adoucir un peu les tourmens de l'absence.

FORVILLE.

Fripon, je te soupçonne des moyens sûrs de les oublier.

DERVAL, tendrement.

Et cependant, j'aime ma femme..... je l'aime... tu le sais... (*Avec dépit.*) Ce maudit homme! n'avoir pas seulement deux chevaux à nous donner!... Tiens, laissons ici nos équipages, et gagnons la première poste en nous promenant.

FORVILLE.

Et ta blessure?

DERVAL.

Ma blessure! c'est bien la peine de penser à cela.

FORVILLE.

Tu as cependant de bonnes raisons de t'en souvenir. Un brevet de lieutenant-colonel, la terre d'Éricourt.

DERVAL.

Oh! sous ce rapport, tu as raison. Il est certain que le maréchal m'a servi chaudement.

FORVILLE.

Et madame Derval sait-elle tout cela?

DERVAL.

Elle sait que j'ai pris un drapeau; mais, je lui ai caché ma blessure pour ne pas l'inquiéter, et je n'ai rien dit de la terre d'Éricourt, pour avoir le plaisir de lui annoncer moi-même cette nouvelle faveur... Et pas de chevaux, pas de chevaux!.. je suis d'une impatience... Sais-tu que pour peu que ma femme ait une figure supportable, je serai l'homme du monde le plus heureux : elle ne m'a pas écrit une lettre qui ne mérite les honneurs de l'impression.... Et se voir arrêté à six lieues de Paris!..... Tu les a lues ces

SCÈNE XIV.

lettres, et tu crains de marcher un peu, pour voir plutôt celle qui les a écrites!

FORVILLE.

Je veux qu'en arrivant à Paris tu n'aies que le cœur de malade.

DERVAL.

C'est ton dernier mot?

FORVILLE.

Absolument.

DERVAL.

Je partirai seul.

FORVILLE.

Je te le défends.

DERVAL, sortant vivement.

Raison de plus...

FORVILLE.

Derval, Déricourt, reste, je t'en prie; je le demande au nom de l'amitié.

DERVAL, revenant et avec dépit.

Ce chien d'homme-là fait de moi ce qu'il veut. (*Appelant.*) Holà! l'ami.

SCÈNE XIV.

FORVILLE, DERVAL, DUPONT.

DUPONT.

Que désire monsieur?

DERVAL.

Une chambre, puisqu'on ne veut pas que je parte.

DUPONT.

Elles sont toutes occupées.

FORVILLE, montrant sa gauche.

Et de ce côté-ci?

DUPONT.

Il n'en reste qu'une.

DERVAL.

Je m'en empare.

DUPONT.

Elle est arrêtée...

DERVAL.

Peu m'importe.

DUPONT.

Pour un officier.

DERVAL.

Fût-ce pour un général.

DUPONT.

Mais, monsieur...

DERVAL.

Paix.

DUPONT.

De grace...

DERVAL, plus haut.

La clef de cette chambre, à la minute, à la seconde, ou je jette la porte en dedans.

SCÈNE XV.

FORVILLE, DERVAL, DUPONT, LISE.

LISE.

Quel vacarme fait-on ici?

SCÈNE XVI.

DUPONT.

C'est monsieur, qui d'autorité veut prendre cette chambre....

DERVAL.

Certainement je la prendrai. Voyons, voyons, où est-elle cette porte?
(Forville le retient.)

SCÈNE XVI.

FORVILLE, DERVAL, DUPONT, LISE, Madame DERVAL.

DERVAL, à Forville.

Ah! mon ami, la céleste figure!
(Il la regarde pendant toute la scène avec le plus vif intérêt.)

MADAME DERVAL, du ton le plus décent.

Je n'aurais pas cru, messieurs, qu'une femme eût à rappeler des officiers français aux procédés qui les distinguent. Vous vous permettez des éclats....

FORVILLE.

Nous étions loin de penser, madame, que nous pussions déranger quelqu'un qui a droit à nos égards. Mon ami, léger, inconsidéré même, mais aussi décent qu'aimable, quand les circonstances l'exigent....

LISE.

C'est bien flatteur pour moi.

FORVILLE.

S'empressera sans doute de réparer ses torts.

DERVAL.

Peut-être, madame, m'est-il permis de vous en reprocher un : c'est de ne vous être pas plutôt montrée. Je n'aurais pas le désagrément de vous avoir déplu.

MADAME DERVAL.

C'en est assez, monsieur. Vos manières, votre langage dissipent jusqu'au souvenir d'une légèreté, bien pardonnable à votre âge.

LISE, à madame Derval.

N'est-il pas vrai qu'il est bien ?

DERVAL, à part.

Je n'ai jamais vu de femme aussi séduisante. (*A Forville.*) Selon les apparences, nous ne partirons que tard.

FORVILLE, finement.

Tu commences à sentir que j'avais raison tantôt.

DERVAL.

Oui, un peu de repos m'est, je crois, nécessaire. Madame est probablement retenue ici comme nous. Permettra-t-elle qu'on cherche à la distraire du petit chagrin que ce contre-temps lui fait sans doute éprouver ?

MADAME DERVAL, hésitant.

Je ne sais, monsieur, si je dois accepter...

LISE.

Hé, madame ! où est l'inconvénient ? La campagne permet certaines libertés....

DERVAL.

Dont nous sommes incapables d'abuser. (*A Dupont.*) Un dîner aussi joli que le permettra le moment. (*Dupont sort.*) Mon ami, je doute qu'on soit fort bien ici; mais le goût supplée à bien des choses, et tu en as tant!...

FORVILLE, riant.

Que tu me fais l'honneur de me choisir pour ton maître-d'hôtel.

DERVAL.

C'est abuser de ta complaisance.

FORVILLE.

Au contraire, je te dois des remercîmens : tu me procures le plaisir d'être utile à madame.

(Il salue madame Derval, et sort.)

SCÈNE XVII.

DERVAL, MADAME DERVAL, LISE, assise et brodant.

DERVAL.

Il y a un instant, madame, je me reprochais sincèrement mon étourderie.

MADAME DERVAL.

Vous vous en applaudissez peut-être à présent?

DERVAL.

Je lui dois le bonheur de vous connaître.

MADAME DERVAL.

On ne tourne pas mieux un compliment.

DERVAL.

Est-il possible de vous en faire?

MADAME DERVAL.

Monsieur n'est pas complimenteur? Ah! il a le goût de la plaisanterie.

DERVAL.

Quelquefois, madame.

MADAME DERVAL.

Et surtout avec les femmes?

DERVAL.

Jamais avec celles qui vous ressemblent, s'il est possible d'en trouver.

MADAME DERVAL.

J'avoue alors qu'on ne saurait être plus poli.

DERVAL.

Je vous proteste, madame, que je n'en ai pas l'intention.

MADAME DERVAL.

Je me garderai bien, monsieur, de vous en supposer d'autre.

DERVAL.

Oh! je vous défie, madame, de rien supposer.

MADAME DERVAL.

Mais, ce que vous me dites-là est très-clair.

DERVAL.

Oh! je fais profession de la plus grande franchise.

MADAME DERVAL.

Vous m'embarrasseriez étrangement, monsieur, si je ne savais à quel point un homme aimable abuse quelquefois de son esprit.

DERVAL.

Cet abus-là, parfois, a son utilité.

MADAME DERVAL.

Auprès des femmes qui me ressemblent?

SCÈNE XVII.

DERVAL.

Auprès de celles qui nous laissent assez de sang-froid pour nous servir de nos ressources.

MADAME DERVAL.

Par exemple, ceci n'est pas flatteur.

DERVAL.

Comment donc?

MADAME DERVAL.

C'est que vous avez beaucoup d'esprit en ce moment.

DERVAL.

Parce que je n'ose déraisonner. Si je n'écoutais que mon cœur...

MADAME DERVAL.

Oh! ne parlons pas de cela, s'il vous plaît.

DERVAL.

Vous ne me faites pas l'honneur de me croire dangereux.

MADAME DERVAL.

Dangereux, non; mais, fort aimable.

LISE.

Aïe! aïe!

DERVAL.

Ce défaut-là, vous le portez à l'excès, et je me garde bien de vous en faire des reproches.

MADAME DERVAL.

Je conçois qu'il est pardonnable.

DERVAL.

Il justifie ce que j'éprouve et ce que je me permets de vous dire.

MADAME DERVAL, riant.

Lise avait bien raison : il arrive à la campagne des choses d'une singularité...

DERVAL.

Ce qui m'arrive à moi est inconcevable. Je descends dans cette auberge, je maudis le retard que j'éprouve, je m'emporte, je vous vois, et...

(Il s'arrête.)

MADAME DERVAL.

Et ?...

DERVAL.

Sans compliment, sans politesse, je suis enchanté de n'être pas parti.

MADAME DERVAL.

C'est du fatalisme, cela. Monsieur me connaît depuis cinq minutes...

DERVAL, tendrement.

En faut-il tant pour vous juger ?

MADAME DERVAL.

Et moi, qui ai la bonté de me prêter à de semblables folies ! Réfléchissez, monsieur, revenez à la raison.

DERVAL.

De la raison auprès de vous ! quelle idée avez-vous donc de vous-même ?

MADAME DERVAL.

Ne vous serait-il pas égal, monsieur, de parler d'autre chose ?

DERVAL.

Égal, non.

SCÈNE XVII.

MADAME DERVAL.

Possible, au moins?

DERVAL.

Si décidément vous l'ordonniez...

MADAME DERVAL.

Je vous en prie.

DERVAL.

Je vais tâcher de vous obéir.

MADAME DERVAL, d'un air indifférent.

De quoi parlerons-nous?

DERVAL.

Un seul sujet m'intéressait.

MADAME DERVAL, vivement.

Celui-là vous est interdit.

DERVAL.

Les autres me sont tout-à-fait indifférens.

MADAME DERVAL.

Votre blessure, monsieur, ne paraît pas dangereuse!

DERVAL.

De laquelle parlez-vous, madame?

MADAME DERVAL.

Monsieur va oublier à Paris les fatigues de la guerre?

DERVAL.

J'ai déja tout oublié.

MADAML DERVAL, avec timidité.

Monsieur n'est pas marié sans doute?

DERVAL.

Il y a un quart-d'heure, je me félicitais encore de l'être.

MADAME DERVAL, d'un petit ton piqué.

En vérité, monsieur, vous n'avez pas la moindre complaisance.

DERVAL, du même ton.

Mais, c'est qu'aussi, madame, on n'est pas exigeante à ce point-là.

MADAME DERVAL.

Si vous continuez, je ne dis plus un mot.

LISE.

Écouter, c'est répondre.

DERVAL.

Hé bien, madame, je porterai la réserve aussi loin que vous pourrez le désirer.

MADAME DERVAL.

A la bonne heure.

DERVAL.

Je me garderai bien de vous parler d'amour.

LISE.

Je ne vois pas ce qui lui reste à dire.

DERVAL.

Que vous importe, après tout, que je n'aie pu vous voir sans la plus forte émotion, vous entendre sans vous trouver accomplie?

MADAME DERVAL.

Encore!

DERVAL.

Quel intérêt peut vous inspirer un homme que vous connaissez à peine, dont le plus grand tort est de ne savoir pas plaire, mais qui est à vous sans

SCÈNE XVII.

retour, et qui vous quittera désespéré de vous avoir vue?

MADAME DERVAL, peinée.

Tant d'opiniâtreté est au moins déplacée.... elle est indiscrète, offensante. Jusqu'à présent, monsieur, j'ai partagé un badinage que je pouvais croire innocent. Je terminerai cet entretien, comme je l'aurais commencé, sans doute, si vous aviez éclairé plus tôt mon inexpérience. On m'a imposé des devoirs, je les respecte, (*tristement*) je les chéris, et je les trahirais en restant plus long-temps avec vous.

(Elle salue et sort.)

SCÈNE XVIII.

DERVAL, LISE.

DERVAL, rêvant, sur le devant de la scène.

On lui a imposé des devoirs.

LISE, toujours assise et brodant.

C'est la première fois qu'elle s'en plaint.

DERVAL.

Elle les respecte.

LISE.

C'est bien la moindre chose.

DERVAL.

Cependant, à travers sa dignité, j'ai cru démêler une teinte de sensibilité...

LISE.

Il pourrait bien avoir raison.

DERVAL.

Une femme polie écoute.

LISE.

Et bien souvent à tort.

DERVAL.

Mais, on n'écoute pas jusqu'à la fin un homme qui déplaît, et qui s'explique nettement.

LISE.

La conséquence est naturelle.

DERVAL.

Elle est charmante.

LISE.

C'est vrai.

DERVAL.

Je ne suis pas mal.

LISE.

Il est modeste.

DERVAL.

Elle me tourne la tête, elle est disposée à aimer : je m'attache à elle... je ne la quitte plus.

LISE.

Oh! le petit scélérat!

DERVAL.

Et j'épuiserai tous les moyens de plaire que m'a donnés la nature.

LISE.

Quel plan diabolique!

DERVAL, *remontant la scène.*

Mademoiselle?

SCÈNE XVIII.

LISE.

Monsieur?

DERVAL.

Vous me seconderez, n'est-il pas vrai?

LISE.

Oh! bien certainement non.

DERVAL.

J'y compte, cependant.

LISE.

Vous avez très-grand tort.

DERVAL.

Vous rejetez le petit traité que je vous propose? (*Tirant sa bourse.*) Voilà pourtant les épingles du marché.

LISE, prenant la bourse.

Ah! on ne refuse pas des épingles.

DERVAL.

Mais, ce n'est pas tout de les prendre.

LISE.

C'est cependant tout ce que je puis pour vous.

DERVAL.

Me voilà fort avancé. Ah ça, vous resterez neutre au moins.

LISE.

C'est ce que je ne peux vous promettre.

DERVAL.

J'ai encore des épingles.

LISE.

Ah! voyons cela.

DERVAL.

Non, je ne m'exposerai pas à perdre deux fois mes arrhes. Répondez-moi franchement, et vous n'aurez pas à vous plaindre. Votre maîtresse va sans doute à Paris?

LISE.

Ma maîtresse va en Flandre.

DERVAL, s'asseyant.

Comment en Flandre!

LISE.

Cela vous paraît extraordinaire?

DERVAL.

Ridicule. Aller en Flandre, lorsque je vais à Paris! Et, que va-t-elle faire en Flandre?

LISE.

Remplir les devoirs dont elle vous parlait tout-à-l'heure.

DERVAL.

Elle a un mari flamand?

LISE.

Ai-je dit un mot de cela?

DERVAL.

De grace, finissons. Quel est-il ce mari? un vieillard, un sot?

LISE.

Respectez vos généraux, s'il vous plaît.

DERVAL.

Elle est la femme d'un officier général?

LISE.

Dangereusement blessé à Fontenoy.

SCÈNE XVIII.

DERVAL.

Nous n'avons que le maréchal-des-camps d'Alleville...

LISE.

C'est son épouse que vous avez eu l'honneur d'entretenir.

DERVAL.

Madame d'Alleville?

LISE.

Madame d'Alleville.

DERVAL.

Vous êtes bien sûre de cela?

LISE.

Vous verrez que je ne connais pas ma maîtresse.

DERVAL.

Friponne?

LISE.

Monsieur.

DERVAL.

D'Alleville n'est pas marié.

LISE.

Comment, il n'est pas marié!

DERVAL.

Vous rougissez? il y a de l'intrigue là-dessous.

LISE.

Pour qui nous prenez-vous?

DERVAL.

Votre maîtresse n'ira point à Tournai : d'Alleville n'a besoin que de son chirurgien. Je me charge de l'épouse prétendue, je serai son consolateur, (*s'as-*

seyant et lui prenant les mains) et si par hasard vous aviez aussi un mari blessé...

LISE.

Finissez donc, monsieur, vous chiffonnez mon ouvrage.

DERVAL.

(*Tournant et retournant la broderie.*) Le joli point ! à qui est-il destiné ?

LISE.

Mais, vous êtes d'une pétulance...

DERVAL, prenant l'ouvrage.

Comment donc, des vers ! ah ! vous faites des patrons avec des billets doux.

LISE.

Vous m'impatientez, au moins. Je vais prendre aussi mon ton imposant.

DERVAL, folâtrant.

Oh ! par exemple, vous, vous n'y gagnerez rien.

LISE.

L'impertinent !

DERVAL, lisant.

Un époux inconnu m'engage ;
Mon cœur, pressé d'aimer, vole au-devant du sien...

(*Se levant vivement.*) Ah ! mon Dieu... mon Dieu !...

LISE, toujours assise.

Qu'a-t-il donc ?

DERVAL, hors de lui.

Ce n'est pas là votre écriture ?

LISE.
Hé! non. C'est celle de ma maîtresse.
DERVAL.
Lise, ma chère Lise, je suis l'homme du monde le plus heureux.
(Il met la broderie dans sa poche.)
LISE, se levant.
Mon ouvrage, monsieur. Rendez-moi donc mon ouvrage.
DERVAL, descendant la scène.
C'est ma femme, c'est elle... Derval, dont on me demandait des nouvelles, d'Alleville qui est garçon, ces vers qu'elle a écrits... C'est elle... c'est elle... Oh! j'en perds la raison.
LISE, stupéfaite et à sa place.
En honneur, je n'y comprends rien.
DERVAL.
Elle est venue au-devant de moi; oh! comme je dois l'aimer... Elle a voulu m'éprouver, oh! comme je vais le lui rendre. (*Appelant et sortant.*) Mon ami, mon ami!
LISE se levant.
Mon ouvrage, monsieur, mon ouvrage... Il a quelque chose d'extraordinaire, ce jeune homme-là.

SCÈNE XIX.
LISE, MADAME DERVAL.
MADAME DERVAL.
Qu'avez-vous donc, mademoiselle? qui peut occasionner ces clameurs?

LISE.

C'est ce monsieur Déricourt qui en conte à toutes les femmes, qui n'est pas trop réservé avec quelques-unes, qui ne l'est pas assez avec d'autres, qui badine, qui folâtre, et qui enlève...

MADAME DERVAL.

Qui enlève?...

LISE.

Un très-beau point, que je ne brodais pas pour lui.

MADAME DERVAL.

Espièglerie d'un jeune homme qui a peut-être moins de tort que vous. Si vous ne vous étiez pas prêtée à ses plaisanteries...

LISE, piquée.

Pas plus que vous, madame, à tous les contes qu'il vous a débités.

MADAME DERVAL.

Des contes! Vous avez des expressions singulières... Cet homme est aimable, il s'amuse; ne fallait-il pas pousser le ridicule jusqu'à s'en fâcher sérieusement? J'ai dû lui imposer silence, je l'ai fait, et je n'attache pas la moindre importance à tout ce qu'il m'a dit.

LISE.

Je vous assure, madame, que cet espiègle-là n'est pas du tout sans conséquence.

MADAME DERVAL.

Point d'apostilles, s'il vous plaît : je sais ce que je dois faire.

SCÈNE XIX.

LISE.

Madame, je me tais.

MADAME DERVAL.

Vous vous taisez!... ce sont vos réflexions que je vous prie de supprimer. Mais, je veux savoir ce qui a pu vous alarmer dans cet homme, (*la contrefaisant*) qui ne vous paraît pas sans conséquence.

LISE.

D'abord, madame, c'est un homme charmant.

MADAME DERVAL.

Je l'ai vu. Après?

LISE.

Il vous aime.

MADAME DERVAL.

Hé! je sais cela.

LISE.

Il a le désir de plaire...

MADAME DERVAL.

Hé! qu'importe?

LISE.

Et il se flatte de réussir : il m'a même proposé de le seconder.

MADAME DERVAL.

Pure étourderie.

LISE.

A la bonne heure; mais, un étourdi aimable...

MADAME DERVAL.

N'est pas à craindre pour une femme prudente...

LISE, à part.

Agée de seize ans.

MADAME DERVAL.

Enfin, jusqu'où ont été vos observations? Est-ce sur ces riens que sont fondées vos craintes obligeantes?

LISE, à part.

Des riens! Il faut déplaire, ou voir comme elle.

MADAME DERVAL.

Hé! parlez, parlez donc. Monsieur Déricourt s'en est-il tenu à des idées générales? Rien de particulier, nulle curiosité, point de questions? Qu'a-t-il dit? Répondez. (*Ironiquement.*) J'ai le plus grand intérêt à bien connaître cet homme dangereux.

LISE.

Vous sentez bien, madame, que lorsqu'on vous a vue, on doit chercher à vous revoir.

MADAME DERVAL.

Au fait, par grace.

LISE.

Et pour cela, il faut au moins savoir votre nom.

MADAME DERVAL.

Et vous avez répondu?...

LISE.

Selon vos ordres, madame d'Alleville.

MADAME DERVAL, retenant un soupir.

Vous avez bien fait. Il vaut mieux peut-être qu'il ne me connaisse pas.

LISE.

Cependant, madame, cette réponse, que vous approuvez, a amené un petit incident qu'il n'était pas possible de prévoir.

SCÈNE XIX.

MADAME DERVAL.

Et lequel, mademoiselle?

LISE.

Monsieur d'Alleville n'est pas marié.

MADAME DERVAL, vivement.

D'où savez-vous cela?

LISE.

De monsieur Déricourt.

MADAME DERVAL, très-chaudement.

Oh ciel! monsieur d'Alleville n'est pas marié! monsieur Déricourt le sait!... Et moi, qui ne me suis informée de rien avant de prendre ce malheureux nom... Imprudente! A la vérité, je n'avais d'autre intention que d'intriguer un moment mon mari. Je ne pensais pas qu'un étranger... Et cet étranger, que doit-il croire à présent? que je suis une femme sans état, sans caractère, sans délicatesse, une de ces femmes avec qui on peut tout se permettre. Me voilà perdue dans son esprit.

LISE, finement.

Hé! madame, que vous importe, à la rigueur, l'opinion d'un homme que vous ne reverrez peut-être jamais?

MADAME DERVAL.

Je ne le reverrai jamais!... je ne le dois pas, je n'en ai pas l'intention; mais, une femme qui se respecte est jalouse de l'estime...

LISE.

Même de ceux qui lui sont indifférens?

MADAME DERVAL.

De tout le monde, mademoiselle, de tout le monde. Mais, ne deviez-vous pas sentir que cette petite ruse ne regardait que monsieur Derval? Ne deviez-vous pas craindre de me compromettre aussi cruellement? Mais, vous ne savez rien prévoir, vous ne savez rien saisir.

LISE.

Hé! madame, dans tout ceci, je ne vois que monsieur Derval qui mérite des reproches : lui seul est cause de ce maudit quiproquo. Un jeune homme blessé, un petit héros, bien sémillant, bien empressé, bien tendre, mais qu'il n'est pas permis d'aimer, est ici depuis une heure ; et un mari, pour qui une femme charmante veut bien courir les champs, se fait attendre ainsi! c'est abominable. S'il avait, de vous voir, l'empressement qu'il exprime dans ses lettres, ne serait-il pas arrivé aussitôt que ses deux camarades? Ne l'aurait-on pas logé dans cette chambre? Monsieur Déricourt aurait-il trouvé l'occasion de vous entretenir? vous aurait-il jetée dans tous ces embarras?

MADAME DERVAL.

C'est une remarque que j'ai déja faite.

LISE.

Et qui sait encore qu'elle figure il aura, ce monsieur Derval? on le dit bien ; mais, il ne suffit pas qu'il soit du goût des autres, il faut aussi qu'il vous plaise à vous. S'il avait quelques rapports avec monsieur Déricourt,...

SCÈNE XIX.

MADAME DERVAL, avec complaisance.

Un peu de son amabilité...

LISE.

Même quelques-uns de ses traits, une partie de ses graces...

MADAME DERVAL, avec abandon.

Oui, je n'y perdrais rien.

LISE.

Ni lui non plus. Enfin, on le prendra tel qu'il est.

MADAME DERVAL, avec un soupir.

Il le faut bien...

LISE.

C'est un mari. Voilà pourtant où nous réduisent des parens qui font tout à leur tête. Marier des enfans qui ne se connaissent point, qui peuvent ne pas se convenir.

MADAME DERVAL.

Au fond, cela n'est pas prudent.

LISE.

Empêcher une jeune personne de disposer elle-même de son cœur.

MADAME DERVAL.

Oh! par exemple, ceci est injuste.

LISE.

Injuste? tyrannique, atroce, révoltant. Je suis persuadée que monsieur Déricourt a été marié comme vous. Il n'a pas l'air fort épris de sa femme, et si vous étiez libres l'un et l'autre...

MADAME DERVAL, d'un ton caressant.

Oh! ne suppose rien, je t'en prie.

LISE.

Supposition bien innocente.

MADAME DERVAL.

Mais, qui n'est pas sans danger.

LISE, d'un air de compassion.

A la vérité, je sens bien qu'il faut rompre cette liaison.

MADAME DERVAL.

Et quitter ce jeune homme avec l'idée défavorable qu'il a dû concevoir de moi!

LISE.

Il serait dur de la lui laisser.

MADAME DERVAL.

Je ne peux m'y résoudre. Je veux le détromper. Je le dois à ma réputation, à ma tranquillité.

LISE.

A monsieur Déricourt lui-même. Il sera enchanté d'apprendre que vous avez toujours des droits à son respect. (*Fausse sortie.*) Je le cherche, je le trouve, je l'amène.

MADAME DERVAL.

Oui, va.... Non, non, demeure. Plus d'entretien particulier; non, Lise, non. Son ami et lui rentreront pour dîner, je m'expliquerai de manière à mettre fin à tout ceci.

LISE.

Voilà ces messieurs.

SCÈNE XX.

Madame DERVAL, LISE, DERVAL, FORVILLE.

FORVILLE, dans le fond.

C'est une extravagance.

DERVAL.

Cela se peut, mais tu t'y prêteras. Elle approche.

MADAME DERVAL, embarrassée.

Je ne sais, monsieur, comment m'excuser auprès de vous.

DERVAL.

Vous n'en avez pas besoin.

MADAME DERVAL.

Je me suis permis un stratagème....

DERVAL.

Agréable pour tous, s'il vous a amusée.

MADAME DERVAL.

Le nom que j'ai pris un moment....

DERVAL.

N'est pas le vôtre, je le sais.

MADAME DERVAL.

Mariée très-jeune à un officier de votre corps.....

DERVAL.

A Derval, je le sais encore, madame.

MADAME DERVAL.

Comment, vous le savez !

DERVAL.

Mademoiselle brodait sur des vers qu'elle m'a dit

être de vous. Vers et broderie, j'ai tout saisi, tout emporté. Enchanté du trésor que je possédais, je courais en jouir auprès de mon ami : jugez de ma surprise lorsqu'il a reconnu l'écriture de sa femme.

MADAME DERVAL, effrayée et interdite.

Ciel! monsieur serait.....

DERVAL.

Derval; mon camarade et mon meilleur ami.

MADAME DERVAL, avec une profonde tristesse.

Ah! Lise!

LISE, du même ton.

Ah! oui, je vous entends.

DERVAL, à Forville.

Parle donc.

FORVILLE, passant respectueusement à côté de madame Derval.

J'étais loin de vous croire ici, madame; mais, je me félicite d'être auprès de vous quelques instans plus tôt.

MADAME DERVAL, à Lise.

Quel ton!

LISE.

Pitoyable, madame.

DERVAL, à Forville.

Plus de vivacité, plus de chaleur.

FORVILLE.

Et si j'allais en avoir trop?

DERVAL.

Ne crains rien, je suis là.

SCÈNE XX.

FORVILLE, toujours réservé.

Quoi qu'on m'ait dit de vous, madame, je vois avec un plaisir inexprimable combien vous êtes au-dessus des éloges. Il ne me reste plus qu'à mériter mon bonheur.

DERVAL.

Pas mal.

MADAME DERVAL, très-froidement.

Je m'efforcerai, monsieur, de le rendre durable.

(Forville lui baise la main.)

DERVAL.

Bien, très-bien, à merveilles!

FORVILLE.

Ah! tu trouves cela de ton goût?...

(Il se présente pour embrasser madame Derval.

DERVAL, le tirant par l'habit.

Ceci n'est pas nécessaire.

LISE, passant entre Forville et sa maîtresse.

Un moment, monsieur. Avant que de faire le mari, il serait à propos de prouver que vous l'êtes. (*Derval glisse son portefeuille dans la poche de Forville.*) Il y a eu une fausse madame d'Alleville, il pourrait aussi se trouver un faux monsieur Derval, et ce dernier quiproquo finirait par n'être pas plaisant. Allons, monsieur, vos preuves.

FORVILLE, tirant le portefeuille.

En faut-il d'autres que ces lettres charmantes, où le sentiment se peint à chaque mot?

MADAME DERVAL, à Lise.

Hélas, c'est lui!

LISE.

J'en ai peur. (*A Forville.*) Vous avez les lettres, c'est fort bien ; mais, qui nous répondra que c'est à vous qu'elles ont été adressées?

FORVILLE.

La supposition est offensante.

LISE.

Ma foi, monsieur, dans une telle circonstance une femme ne saurait avoir trop de circonspection.

FORVILLE, à Derval.

Tire-toi de là.

MADAME DERVAL, à Forville.

Il me semble en effet, monsieur, que votre ton très-raisonnable, et votre style très-léger ne s'accordent pas infiniment.

LISE, à Forville.

Allons, monsieur, c'est bien le moment d'avoir de l'imagination. Voilà du papier. Écrivez un dernier billet doux, et nous sommes prêtes à vous reconnaître.

FORVILLE, à Derval.

Ma foi, je suis à bout.

DERVAL.

Vous me forcez à vous avouer, madame, une supercherie dont mon ami conviendrait avec peine. Peu exercé dans l'art d'écrire, il a cependant senti votre supériorité; il a craint de perdre dans votre opinion, et il m'a pris pour secrétaire.

SCÈNE XX.

MADAME DERVAL.

Quoi, monsieur, ces lettres que j'ai lues avec tant de plaisir....

DERVAL.

Sont de moi, et je le prouve.
(Il s'assied et écrit.)

LISE, à part.

Il ne manquait plus que cela pour achever de nous tourner la tête.

DERVAL, écrivant.

Cependant, mon ami a eu tort d'emprunter une main étrangère, et je le prouve encore.
(Il se lève et lit.)

> Pour bien écrire à ce qu'on aime,
> A-t-on besoin de son esprit ?
> La plume va, court d'elle-même,
> Quand c'est l'amour qui la conduit. »

(Il présente le papier à madame Derval.)

LISE, à part.

Il a juré de se faire adorer.

DERVAL, à Forville.

J'espère que c'est là de la présence d'esprit.

MADAME DERVAL.

Il n'est plus possible de douter.

LISE.

Il faut au moins gagner du temps.

MADAME DERVAL.

A quoi bon ?

LISE.
Pour se consulter, pour prendre un parti. Allons, du courage, éloignez-moi ce mari-là.

MADAME DERVAL.
Ce que vous me dites, messieurs, ce que je vois, la probité que je vous accorde, tout semble se réunir pour me convaincre. Cependant, vous me permettrez de ne rien précipiter.

FORVILLE.
Quoi, madame?....

LISE.
Appuyez, ferme.

MADAME DERVAL, à Forville.
C'est à Paris, c'est en présence de ma famille, que je recevrai, que je reconnaîtrai mon époux. Voilà, monsieur, ma dernière résolution, et, loin de me blâmer, je me flatte que vous me saurez gré de ma prudence.

FORVILLE, à Derval.
Hé bien! où tout cela va-t-il te mener?

DERVAL.
Tu ne le vois pas?

FORVILLE.
Non.

DERVAL.
Tu ne vois pas sa contrainte, la froideur qu'elle te marque?

FORVILLE.
Qu'en résulte-t-il?

SCÈNE XX.

DERVAL

La certitude d'être aimé pour moi-même. Résisterait-elle aux preuves que nous lui avons données, si elle n'était fortement prévenue en ma faveur? Oh! c'est charmant, délicieux, divin.

LISE.

Messieurs, qui passez le temps à causer entre vous, et qui pourriez mieux l'employer, vous connaissez les intentions de madame. Voulez-vous bien vous y conformer?

DERVAL.

Quoi! nous retirer à l'instant même?

LISE.

Si vous le trouvez bon. On vous a notifié qu'on ne reconnaîtrait personne qu'à Paris, et nous n'avons que le temps nécessaire pour nous remettre de l'épouvante qu'inspire d'abord un mari à une jeune personne de seize ans.

DERVAL.

Il n'en est pas moins plaisant qu'on se permette de le mettre à la porte.

LISE.

Il serait bien plus extraordinaire que monsieur n'eût pas le mérite essentiel d'un époux.

FORVILLE.

Et lequel?

LISE.

La docilité.

FORVILLE.

Il n'y a rien à répliquer à cela, pourvu cependant que mademoiselle ait exprimé le vœu de madame.

MADAME DERVAL.

Vous m'obligerez, monsieur, en me permettant de me recueillir quelques instans.

(On se salue.)

DERVAL, à Forville, en sortant.

Ah! mon ami! que je suis heureux! cette femme-là te déteste.

SCÈNE XXI.

LISE, Madame DERVAL.

LISE.

(Elle fixe sa maîtresse les bras croisés, et, après un temps.)

Hé bien! madame?

MADAME DERVAL.

Je suis désespérée.

LISE, vivement.

Du désespoir! fi donc : c'est la ressource des dupes. Osez vous élever contre l'espèce de violence qu'on vous a faite, et réclamez les droits les plus simples. Quoi! un contrat passé à un âge où on ne dispose de rien, une signature, arrachée lorsque vous ne vous connaissiez pas encore vous lieraient pour la vie! Monsieur Derval n'a que le titre de votre époux. Aujourd'hui, on fait tout avec l'argent; vous le prodiguerez pour rompre un nœud mal assorti, et, si vous n'êtes

SCÈNE XXI.

pas à l'homme qui vous est cher, vous ne serez pas du moins à celui que vous ne pouvez supporter.

MADAME DERVAL.

Ah! Lise, quelle cruelle extrémité!

LISE.

Point de mots, madame; ce n'est point avec des exclamations qu'on corrige la fortune. Que le raisonnable, le réfléchi, l'indifférent Derval apprenne le cas que fait une jolie femme d'un sage de vingt ans. Indifférent auprès de vous! c'est étonnant, inconcevable, cela tient du prodige.... (*Avec désordre.*) Ah!... ah!... madame!... madame!... quel trait de lumière!...

MADAME DERVAL, languissamment.

Aurais-tu quelque chose de consolant à me dire.

LISE, avec la plus grande chaleur.

Mes idées se succèdent avec une rapidité... Ce Déricourt qui a été pendant six ans le secrétaire de votre époux, qui pendant cette suite d'années ne l'aurait pas quitté un seul instant, qui aurait écrit pour lui, dans un temps où Derval ne soupçonnait pas l'avantage de bien écrire, pour Derval dont les parens n'ont jamais méconnu l'écriture; ce prétendu Derval qui a, dit-il, reconnu la vôtre, lorsque Déricourt, en la voyant, n'a pas été maître de ses transports; la froideur du premier, qui n'est pas naturelle, la gaîté du second, à qui cette rencontre imprévue devait déplaire, qu'elle devait désoler...

MADAME DERVAL.

Je te devine, et je n'ose espérer.

LISE, avec force.

Déricourt est votre époux!

MADAME DERVAL.

Ah! que j'ai besoin de te croire!

LISE.

Croyez, et punissez-le d'avoir osé ruser. (*Elle appelle.*) Monsieur Derval! monsieur Derval!

MADAME DERVAL.

Que vas-tu faire?

LISE.

Il vous a fait trembler, qu'il tremble à son tour, qu'il se repente, qu'il s'accuse.

MADAME DERVAL, tendrement.

Tu es persuadée que c'est lui, et tu veux l'affliger!

LISE.

Point de pitié. Désoler un mari, c'est venger tout un sexe. Monsieur Derval! monsieur Derval!

SCÈNE XXII.

LISE, Madame DERVAL, DERVAL, FORVILLE.

LISE, à Derval.

Moins d'empressement, monsieur, ce n'est pas vous qu'on demande.

DERVAL.

Je ne quitte jamais mon ami.

LISE.

Pas même auprès de sa femme? ce serait un peu fort.

SCÈNE XXII.

DERVAL.

Hé! que lui veut madame?

LISE.

Et quel compte doit-elle à monsieur?

DERVAL.

Je suis le confident, l'agent, le factotum de Derval.

LISE.

Cela n'empêchera pas madame, qui a réfléchi à ce qui vient de se passer, d'avoir avec monsieur une conversation particulière.

DERVAL.

Particulière!

LISE.

Où je ne serai pas même admise, moi, qui suis son conseil privé.

DERVAL.

Et l'entretien aura lieu?...

LISE.

Eh, parbleu! dans sa chambre.

DERVAL, s'écriant.

Comment dans sa chambre!

FORVILLE.

Tu te décèles.

DERVAL.

C'est égal. Je ne pousserai pas l'épreuve jusque-là.

FORVILLE.

Mais, tu veux que je fasse encore le mari.

DERVAL.

Oui, devant moi.

LISE, à madame Derval.

Que vous ai-je dit?

MADAME DERVAL.

Sa crainte, sa rougeur, son embarras, tout le trahit. Ah! je respire, je renais au bonheur, et je reviens à la gaîté.

LISE.

Intriguez un peu cet aimable fripon-là.

MADAME DERVAL, à Forville.

Je me reproche sincèrement, monsieur, la manière dont je vous ai reçu tantôt. Une réserve, bien naturelle à mon âge, m'a empêchée de vous répéter ce que je vous ai si souvent écrit. Sortez de l'erreur à laquelle j'ai pu donner lieu. J'ai applaudi, en vous voyant, au choix de mes parens, et je sens que l'obéissance a quelquefois ses douceurs.

DERVAL.

En voici bien d'une autre!

FORVILLE, finement.

Je plais, mon ami, je plais, et tu ne t'en doutais pas.

MADAME DERVAL, à Forville.

Nous avons à parler d'affaires importantes. Vous voudrez bien m'accorder un moment.

DERVAL.

Demeure, je t'en prie, je l'exige.

LISE, qui a avancé un siége.

(*A Derval.*) Asseyez-vous, monsieur. Je vous tiendrai compagnie. Vous me raconterez la bataille de Fontenoy, vous me parlerez du maréchal de Saxe...

SCÈNE XXII.

DERVAL.

Point de mauvaise plaisanterie, mademoiselle, s'il vous plaît. (*A Forville.*) Demeure, te dis-je, ou je me fâche sérieusement.

FORVILLE.

Comme tu voudras. Un pareil tête-à-tête ne peut trop s'acheter. (*Présentant la main à madame Derval*) Je suis à vos ordres, madame, et je vous prouverai, par les soins les plus tendres, combien je suis flatté de l'honneur d'être à vous.

DERVAL.

Je jette mon masque; ceci devient trop vif. (*Passant entre Forville et sa femme.*) Un moment, madame. Vous ne savez pas avec qui vous vous retirez.

MADAME DERVAL.

Avec un homme fort aimable, que vous m'avez présenté en qualité d'époux.

DERVAL.

Mais, c'est qu'il ne l'est pas, madame; il ne l'est pas du tout.

MADAME DERVAL.

Ce que vous me dites est-il possible? Ah! j'en serais au désespoir.

DERVAL.

Hé bien, madame, désespérez-vous tout à votre aise. C'est moi qui suis votre mari.

MADAME DERVAL.

Toujours gai, toujours plaisant.

DERVAL.

Je ne plaisante pas, et je n'en ai nulle envie.

MADAME DERVAL.

Rappelez-vous les preuves positives que vous-même m'avez données. Mon jugement les adopte, et mon cœur les confirme.

DERVAL.

Votre cœur! Vous ne me persuaderez pas qu'un cœur s'anime en cinq minutes.

MADAME DERVAL.

Vous m'avez bien juré, vous, que le vôtre s'était enflammé en une seconde.

DERVAL.

Cela fait votre éloge.

MADAME DERVAL.

Je fais aussi celui de monsieur.

DERVAL, après un temps.

Ma chère amie?

MADAME DERVAL.

Il est familier.

DERVAL.

Vous m'avez bien l'air de vous moquer de moi.

MADAME DERVAL.

Oh! je n'oserais.

DERVAL.

J'ai voulu plaisanter, et j'ai eu tort, je le sens. Le plus fin de nous n'est qu'un enfant, même avec la plus ingénue. Mon aimable, ma séduisante amie, vous prétendez me punir. N'est-ce pas vous punir aussi vous-même? Le temps perdu ne se retrouve jamais.

SCÈNE XXIII.

(*A ses genoux.*) Grace, femme charmante, et pour vous et pour moi.

MADAME DERVAL, mollement.

Ah! je suis trop heureuse pour me défendre plus long-temps. Il est si doux de céder à ce qu'on aime!

(Elle le relève et l'embrasse.)

LISE, à part.

Je ne me serais pas rendue ainsi. Il eût acheté la victoire.

SCÈNE XXIII.

LISE, Madame DERVAL, DERVAL, FORVILLE, DUPONT.

DUPONT, à madame Derval.

Il me semble, madame, que tout a réussi selon vos désirs. Permettez-moi de vous rappeler maintenant que vous avez une noce à faire.

DERVAL, à sa femme.

Ma bonne amie, faisons-là ici.

MADAME DERVAL.

Croyez-vous?

LISE.

Oui, le plus tôt sera le mieux.

DERVAL.

Sans étiquette, loin des importuns. Nous admettrons cependant un tiers.

MADAME DERVAL.

L'aimable amour?

DERVAL.

Celui-là ne te quitte point.

MADAME DERVAL.

Puisses-tu penser toujours de même !

DERVAL.

Peut-on changer quand on est bien ?

FORVILLE.

Vous vous êtes éprouvés tous deux, et vous n'avez pas à vous en plaindre. Tenez-vous-en là, je vous le conseille; on ne s'éprouve pas toujours aussi heureusement.

FIN DES RIVAUX D'EUX-MÊMES.

TABLE

DES PIÈCES CONTENUES DANS CE VOLUME.

Le Blanc et le Noir, comédie en trois actes... Page 1
Le Petit Matelot, opéra en un acte.......... 125
Les Sabotiers, opéra en un acte............. 185
L'Esprit Follet, comédie................... 235
Le Major Palmer, opéra en trois actes....... 283
Claudine de Florian, comédie en trois actes... 357
La Lanterne Magique, comédie en trois actes.. 451
Les Rivaux d'eux-mêmes, comédie............ 549

FIN DE LA TABLE.